国家出版基金项目
NATIONAL PUBLICATION FOUNDATION

Un diálogo infinito:

El intercambio cultural entre China y América Latina

Zhang Fan, Guo Cunhai, et al.

朝華出版社
BLOSSOM PRESS

ÍNDICE

PRÓLOGO

Desde el comienzo del siglo XXI, las relaciones entre China y América Latina han experimentado un desarrollo importante, el cual está ligado al avance y ascenso de China. Los intercambios entre ambas partes en materia política, económica, social y cultural son cada día más cercanos y frecuentes: la lejana distancia entre las dos se está acortando.

El contenido de dichos intercambios desarrollados a partir de la segunda mitad del siglo XX había estado definido principalmente por las relaciones políticas y económicas. A su vez, se deseaba que las relaciones socioculturales entre ambas partes diesen posteriormente paso a una nueva fase de mayor nivel. Todo ello contribuyó al progreso de las relaciones político-económicas, que guiarían la dirección del desarrollo entre China y América Latina y constituirán, además, el objetivo central de la evolución de las relaciones entre ambas partes.

En este sentido, queremos destacar la importancia y el valor de los intercambios socioculturales, cuyas consecuencias e influencia presentan un carácter profundo y de largo alcance. En este libro se plantean las cuestiones relativas a los intercambios culturales entre China y América Latina, para lo cual se abordan fundamentalmente los intercambios e interacciones socioculturales; todo ello con una perspectiva de investigación tanto cognitiva como de la práctica de este tipo de intercambios.

En lo concerniente a la dimensión cognitiva, nos ocupamos tanto del conocimiento mutuo entre China y América Latina como de la cognición en relación con los intercambios culturales. En este primer aspecto nos centramos en las investigaciones sobre América Latina realizadas en China y en las investigaciones sobre China realizadas en América Latina; mientras que en el segundo aspecto prestamos atención a los intercambios entre China y América Latina en el ámbito sociocultural. Consideramos que los intercambios socioculturales conforman los principales contenidos, canales de comunicación y esencia con respecto al diálogo y aprendizaje recíproco entre diferentes culturas.

Partiendo de una perspectiva dentro de la teoría de las relaciones internacionales, la radiodifusión y el análisis sociocultural, nuestra investigación tiene como objetivo explorar las agendas en los intercambios sino-latinoamericanos en relación con diversos aspectos: temáticas, contenidos, vías de comunicación, entornos, modos de comunicación, motivaciones, resultados, retroalimentación, entre otros.

En lo concerniente a la dimensión práctica, ahondamos en todo tipo de medidas políticas que en estos últimos años han sido propuestas entre China y América Latina dentro del ámbito de la comunicación sociocultural. Estas medidas incluyen múltiples actividades que van desde los sistemas de diálogo oficiales intergubernamentales, la cooperación empresarial y de la sociedad civil, los foros de expertos, la comunicación entre partidos políticos, organizaciones populares, sectores culturales y medios de comunicación, así como las actividades educativas, artísticas, deportivas, turísticas, editoriales y académicas. Al mismo tiempo, realizamos un análisis retrospectivo y profundizamos en la historia de la comunicación internacional e interregional entre China y América Latina de las últimas décadas y también de los últimos siglos. Con ello, buscamos que este tipo de investigación proporcione un análisis y una descripción académicos que examine simultáneamente la comunicación práctica y la aplicación política desde una perspectiva tanto histórica como actual.

Nuestro punto de partida consiste en que la coexistencia armoniosa entre países, grupos étnicos y civilizaciones presenta una relación de dependencia con respecto al conocimiento mutuo y a la aceptación de la cultura y los valores del otro. No obstante, todo ello implica la premisa básica de una interacción frecuente y especialmente de un contacto cara a cara de carácter directo.

Como temas previos de agenda, hemos seleccionado los siguientes aspectos a tratar en las relaciones entre China y América Latina: elementos del poder blando, diálogo entre diferentes culturas, relaciones oficiales y diplomacia cultural, el proceso de cognición mutua, comparación entre valores culturales, traducción e introducción de las obras literarias, comunicación recíproca, etc. En la investigación de cada uno de los temas abordados, explicamos tanto la situación inmediata en las dos primeras décadas del siglo XXI como la historia de la comunicación entre China y América Latina; además, mencionamos el marco/perspectiva de cognición con el que nos aproximamos a este contexto. Todo ello nos ha permitido profundizar la investigación y, consecuentemente, contribuir al conocimiento de este ámbito y del periodo definido.

CAPÍTULO 1

Los intercambios culturales: Una nueva perspectiva en las relaciones entre China y América Latina

En la segunda década del siglo XXI, las relaciones entre China y América Latina entraron en una nueva fase histórica de cooperación plena en todos sus ámbitos. Los intercambios culturales se convirtieron en un factor clave en el desarrollo de las relaciones bilaterales, y van a ejercer una notable influencia en el propio desarrollo de la relación cooperativa y beneficiosa entre las partes, así como en el diálogo intercultural y en la construcción de una comunidad de futuro compartido entre ellas. Ubicaremos el debate del asunto de los intercambios culturales en el centro del desarrollo histórico y marco de cooperación total de las relaciones entre China y América Latina. También explicaremos la importancia de dichos intercambios en el desarrollo de sus relaciones y, a su vez, en la materialización del derecho de expresión de China en el ámbito internacional.

1.1 Relaciones entre China y América Latina: Temáticas, características de la fase e intercambios culturales

1.1.1 Temáticas de las relaciones entre China y América Latina

Tras la fundación de la República Popular China, sus relaciones con América Latina han logrado completar un recorrido de más de 70 años. Son siete décadas en las que China, América Latina y el mundo en su conjunto han experimentado enormes transformaciones. Para los chinos, América

Latina ha pasado de ser una región desconocida y lejana a convertirse en un lugar familiar y cercano: las revoluciones latinoamericanas, su cultura y su arte fueron la ventana a través de la cual los chinos la conocieron. A partir de finales del siglo XX, mientras sucedían cambios fundamentales en la vida político-económica de China y América Latina, al igual que en los patrones del sistema mundial, las relaciones sino-latinoamericanas fueron desarrollando nuevas características de manera acorde con dichos cambios.

Nuestra investigación comienza con las relaciones comerciales bilaterales, en las que los intercambios económicos, acompañados por el proceso de Reforma y Apertura de China y la transición en el modelo de desarrollo de los países latinoamericanos, han pasado gradualmente a constituir una parte importante de sus vínculos bilaterales. A comienzos del siglo XXI, el desarrollo de las relaciones económicas se aceleró. Un ejemplo de ello es el ámbito comercial. Durante las décadas de 1980 y 1990, el volumen comercial bilateral se mantuvo en solo unos miles de millones de dólares. Sin embargo, en el año 2000 la cifra batió el récord de 10.000 millones de dólares. En 2007, el comercio entre China y América Latina ya superaba los 100.000 millones de dólares, y rebasó los 200.000 millones en 2011.

Mientras en la segunda década del siglo XXI el comercio se estabilizó en unos 200.000-300.000 millones de dólares, la cooperación en asuntos como las inversiones y las finanzas mostró también una asombrosa velocidad. De este modo, los patrones de interdependencia en la reconstrucción de las cadenas económicas sectoriales y las cadenas de valor han ido paso a paso tomando forma. Las interacciones entre China y América Latina se hicieron cada vez más frecuentes, también en los ámbitos de la política, la diplomacia, la sociedad y la cultura, de modo que las relaciones fueron definidas formalmente como una "asociación integral".

De manera general, en estos últimos 70 años se puede apreciar cómo en distintos períodos las relaciones entre China y América Latina han estado guiadas por uno o varios temas centrales. Por ejemplo, durante el período de la Guerra Fría destacó el asunto de las relaciones entre países que se reconocían políticamente o, ya después de la Guerra Fría, estuvo la cuestión de los intercambios comerciales. En el mismo proceso de desarrollo de relaciones, cada gobierno coloca asuntos de variada complejidad dentro de su propia agenda de política exterior. Consecuentemente, los ubica en distintos ámbitos (político, económico, diplomático, entre otros) de acuerdo con la naturaleza correspondiente. Aquí vamos a integrar todos estos asuntos importantes dentro de sus ámbitos respectivos, refiriéndonos como área temática a la agenda política existente. Actualmente existen cinco "áreas temáticas" relativamente definidas:

1. La cooperación comercial. Esta área presenta el contenido de mayor importancia en las relaciones entre China y América Latina, cuyo punto clave ha sido claramente definido dentro del programa de cooperación bilateral impulsado por parte de China. Están incluidos aspectos relacionados con el comercio, las inversiones, las finanzas, junto con la energía, la infraestructura, la agricultura, la industria, la ciencia y tecnología, las tecnologías de la información, etc.

2. Política internacional. En el desarrollo de las relaciones, se considera tanto el impacto como las limitaciones de factores externos a las propias relaciones bilaterales. Con ello nos referimos a la complejidad de los vínculos bilaterales (entre China y América Latina) con EE.UU., Europa, Rusia, Japón y la India.

3. La gobernanza global. Desde el establecimiento de relaciones entre China y algunos países de América Latina, se produjo también un apoyo

mutuo en el escenario internacional. Con la normalización de las relaciones diplomáticas, ambas partes toman cada vez más en cuenta los asuntos de la gobernanza global y regional, así como la coordinación entre los mismos; por ejemplo, la reforma de la ONU y sus organismos específicos, las negociaciones relativas a los mecanismos del comercio internacional y de la administración financiera, así como las negociaciones en torno al cambio climático.

4. Los modelos de desarrollo. Compartir e intercambiar aspectos relativos a los conceptos de desarrollo, sus trayectorias, o los modelos mismos de desarrollo son temas de interés común. Ello adquiere cada vez una mayor importancia con respecto a los objetivos históricos que enfrenta cada uno, favorece el desarrollo y el avance económico de ambas partes, y está relacionado también con la gobernabilidad social y el progreso en el sistema político. Todo ello significa una importante contribución a la agenda global de desarrollo.

5. El diálogo intercultural. El diálogo entre las civilizaciones de China y de América Latina supone una conexión clave para incentivar el intercambio y aprendizaje mutuos. La aceptación e interacción entre distintas civilizaciones en las esferas material, sistémica y cultural suponen que necesariamente se enfrenten a retos comunes y problemas que atañen a la humanidad, de manera que es la única forma de ir hacia un mundo más armonioso.

1.1.2 Características de las relaciones sino-latinoamericanas

En lo concerniente a la investigación de las relaciones internacionales y la política exterior, una tarea habitual consiste en la calificación de las relaciones entre países. En esta sección destacamos el desarrollo caracterizado por fases de las relaciones sino-latinoamericanas.

En distintos periodos históricos, ambas partes han tenido sus objetivos políticos y tareas centrales, lo que ha hecho que las relaciones entre China y América Latina muestren unas características definidas en cada fase. Por un lado, la transición en los patrones internacionales ha generado que ambas partes encuentren oportunidades y presiones distintas en cada fase; por ese motivo, China y los países latinoamericanos se enfrentan a situaciones diferentes en materia de seguridad nacional y desarrollo socioeconómico. Por otro lado, esta experiencia histórica de ya más de 70 años en las relaciones bilaterales ha proporcionado una división ciertamente coherente entre las distintas fases. Si comparamos la década de 1990 con la década de 2000, podremos reconocer la importancia histórica en este tipo de divisiones. Así, reflexionar sobre la segunda década del siglo XXI, o incluso prever la tercera década, nos proporciona una gran herramienta a la hora de analizar el contenido político real de las mismas.

Por tanto, al referirnos a los 70 años de relaciones sino-latinoamericanas, cada década tiene características diferenciadas. Normalmente nos referimos a la década de 1950 como el periodo de la diplomacia entre los pueblos; a la década de 1960 como el periodo del surgimiento de las relaciones oficiales, con giros y vueltas; a la de 1970 como el periodo de apogeo en el establecimiento de relaciones diplomáticas entre China y los países latinoamericanos; a la década de 1980 como el periodo del desarrollo estable en las relaciones gracias a la política de Reforma y Apertura y también al reajuste de la política exterior de China; a la década de 1990 como el periodo del apoyo recíproco tras el fin de la Guerra Fría; a la década de 2000 como el periodo del desarrollo acelerado en la cooperación comercial entre ambas partes; y por último, a la década de 2010 como el periodo en el que las relaciones bilaterales entraron en una fase de asociación integral.

Con la llegada de la tercera década del siglo XXI, la importancia de los intercambios culturales entre China y América Latina es cada día más evidente. Tomando como ejemplo la "cooperación económica y comercial", el principal área temática en las actuales relaciones sino-latinoamericanas, se puede comprobar que los patrones de interdependencia formados en el comercio entre ambas partes presentan un proceso claramente definido.

A comienzos del siglo XXI, las cadenas de mercancías y de valor establecidas entre países y entre regiones en el marco de las relaciones bilaterales entre China y América Latina ya se habían normalizado en gran medida, de manera que tanto el intercambio de mercancías, capitales, servicios y personas como los estándares y sistemas que lo acompañan ya se habían convertido en una parte "orgánica" constituyente del funcionamiento económico y la vida social de ambas partes. Al mismo tiempo, la cooperación y la competición que se producen en estos intercambios bilaterales también han pasado a ser fenómenos "habituales" en este contexto de interdependencia.

En caso de que todavía se produzcan problemas difíciles de resolver en la gestión de estas relaciones interdependientes de cooperación y competencia, se entiende que sus mayores posibilidades de resolución dependerán de la voluntad de comprensión mutua entre los países, empresas e individuos. Dicha resolución requerirá también de otros factores, ajenos a los llamados "asuntos pragmáticos". Dicho de otra forma, si la comunicación entre los pueblos queda rezagada, la cooperación en los demás ámbitos tampoco podrá llegar lejos. En este sentido, las emociones y la comprensión mutua siempre son motivaciones decisivas.

En momentos en que las relaciones entre China y América Latina llevan ya 20 años del siglo XXI, consideramos que estos problemas en los intercambios culturales debieran recibir una mayor atención a un nivel de alta estrategia. Este tipo de cuestiones no solamente son de ayuda y suponen un punto de resolución en el avance constante de la cooperación pragmática, sino que contribuyen también a solucionar aquellos problemas reales y concretos que ya se producen o que se van a enfrentar en la comunicación entre ambas partes. Además, las cuestiones relativas a los intercambios culturales debieran ocupar una función más importante, con el fin de conducir las relaciones entre China y América Latina hacia un estadio más elevado. De este modo, se podrán estimular los intercambios en el diálogo entre ambas civilizaciones, afrontar conjuntamente los retos globales y lograr un efecto de cara a poder construir una comunidad de futuro compartido de la humanidad.

1.2 Investigaciones en diplomacia, relaciones internacionales y conocimiento de América Latina

1.2.1 Metas y procedimientos de la política exterior

En la década de 1960, el especialista en relaciones internacionales Arnold Wolfers, basándose en distintos estándares, realizó una clasificación para el análisis de las metas en política exterior, y distinguió entre "metas de posesión" (*possession goals*) y "metas intermedias" (*mileu goals*). Por metas de posesión[①] se entiende aquellas metas en política exterior por las que

① Arnold Wolfers, *Discord and Collaboration: Essays on International Politics*, Baltimore: The Johns Hopkins Press, 1962, pp.74-77.

los países quieren obtener o conservar objetos de valor; por ejemplo: el territorio, los aranceles o la membresía en el Consejo de Seguridad de la ONU. Las metas intermedias se refieren al entorno en el que los países realizan sus actividades; de este modo, la paz y el derecho internacional no son objetos de posesión de un único país, sino que deben ser alcanzados mediante el esfuerzo conjunto de, al menos, dos países. Estas metas intermedias, también conocidas como "metas ambientales", normalmente se presentan como medios para alcanzar las metas de posesión de los países, si bien las metas intermedias también pueden afectar la naturaleza de las metas de posesión. Las metas intermedias pueden ser compartidas por múltiples países, lo que implica que estos compartan también beneficios comunes[1].

Si nos retrotraemos un poco más en el tiempo, en el momento álgido de la Segunda Guerra Mundial de la década de 1940, el especialista estadounidense Nicholas J. Spykman escribía en su libro *America's Strategy in World Politics* que la humanidad había creado una tecnología que había ganado grandes amigos e influido en muchos otros actores, de manera que estos diversos métodos de influencia se podían dividir en cuatro categorías: persuasión, compra, intercambio y coerción[2]. Cuando los países persiguen metas políticas, aparte del uso de la fuerza militar, también dependen de múltiples factores, tales como: la ocupación del territorio, la condición de las fronteras, el tamaño de la población, la ausencia o presencia de materias

① Arnold Wolfers, *Discord and Collaboration: Essays on International Politics*, Baltimore: The Johns Hopkins Press, 1962, pp.74-77.

② Ver Nicholas J. Spykman, *America's Strategy in World Politics: The US and the Balance of Power*, New Brunswick and London: Transaction Publishers, 2007, pp.17-40. (En adelante, las citas que vamos a utilizar de este libro serán de esta misma edición y las indicamos solo con la información del autor y del número de la página.)

primas, el desarrollo económico y tecnológico, la fortaleza financiera, la homogeneidad étnica, la integración social, la estabilidad política y el espíritu nacional.

Spykman, un experto en geopolítica, hace especial énfasis en varios aspectos del hemisferio occidental, en el que se ubica EE.UU., especialmente en las relaciones entre la América anglosajona y América Latina. Spykman destaca el modo en el que las potencias europeas fortalecieron sus prácticas históricas mediante el uso de lazos culturales.

Por ejemplo, a finales del siglo XIX, la España que había perdido sus colonias promovió el Movimiento Hispanoamericano, el cual tuvo una reacción positiva dentro del ámbito intelectual en España y América Latina. Sin embargo, dado que España ya había perdido su condición de potencia, sus intercambios económicos carecieron tanto de base como de fuerza, por lo que fue incapaz de competir con las potencias que posteriormente se desarrollaron, así que la influencia del Movimiento Hispanoamericano no pudo ir más allá del ámbito de lo cultural-emocional.

En el terreno cultural, Francia presentaba una mayor influencia que España, puesto que Francia fue la fuente principal de la influencia cultural y el espíritu artístico en los círculos intelectuales de la América controlada por España y Portugal. Se puede afirmar que la moda de París y los artículos de lujo provenientes de Francia ocuparon una posición privilegiada en América Latina. No obstante, Inglaterra y Alemania, países "no latinos" que presentaban una condición de desventaja obvia en los intercambios culturales con América Latina, sí lograron una importante influencia mediante su cultura comercial, especialmente a través de la calidad de sus mercancías de exportación, sus inversiones a gran escala, sus créditos bancarios a largo plazo, su tecnología avanzada y el estatus socioeconómico de sus colonos llegados a América[1].

Como potencia más tardía, en la segunda mitad del siglo XIX y mediante el Movimiento Panamericano, EE.UU. logró fortalecer su presencia e influencia en América Latina, fundamentalmente a través de sus necesidades económicas y comerciales. Durante este mismo período, EE.UU. consiguió posicionarse como el gran ideal de referencia en un momento en el que, siendo dicho ideal la raíz principal fortalecedora de los lazos culturales y de pensamiento entre EE.UU. y América Latina, el Nuevo Mundo (América) y el Viejo Mundo (Europa) eran fundamentalmente dos continentes bien diferenciados, de manera que los países del hemisferio occidental presentaban características comunes en su espíritu y conciencia, cuyas similitudes superaban aquellas que pudieran establecerse entre estos países (americanos) y los países de Europa.

En realidad, el punto de vista de Spykman y de otros especialistas estadounidenses no concuerda en absoluto con la realidad de los dos tipos de civilización diferenciados entre el sur y el norte del hemisferio occidental: si decimos que el Movimiento Hispanoamericano presentaba una clara connotación cultural pero no así una base económica, el Movimiento Panamericano, por el contrario, presentaba una base económica pero no así un contenido cultural.

Obviamente, si se tiene en cuenta el concepto positivo de intercambio cultural, los impulsores del Movimiento Panamericano todavía se encontraban realizando esfuerzos en el ámbito cultural y artístico. Después de la Primera Guerra Mundial, la Unión Panamericana ya había establecido organismos específicos enfocados en el intercambio cultural y, sin embargo,

① Ver Nicholas J. Spykman, pp.231-234.

sus efectos políticos tendrían que esperar hasta la década de 1930 con la aplicación de la llamada "política de buena vecindad" (*Good Neighbor Policy*).

A partir de la década de 1930, el Gobierno estadounidense estableció organismos concernientes, junto con el sector privado, e incentivó con gran fe las actividades de intercambio cultural. América Latina se convertía así en un tema bien conocido, incluso en una misión especial. Las agencias de información y noticias, como las revistas *Time* y *Reader's Digest*, el cine, etc., todas fueron parte de esta corriente. América Latina estaba cada vez más integrada a la cultura y el consumo popular de EE.UU., mientras que los cursos y proyectos relativos a los estudios latinoamericanos comenzaron a expandirse en las universidades, academias e instituciones de investigación estadounidenses. En su análisis, Spykman destaca que esta comunicación a gran escala promovió un mayor conocimiento y comprensión de América Latina en el pueblo estadounidense, al tiempo que su propia cultura se enriquecía con esta integración del elemento latinoamericano, aunque la integración del elemento estadounidense (por ejemplo, su espíritu pragmático) en la cultura latinoamericana prácticamente quedó pendiente para un tiempo futuro[1].

La diplomacia en asuntos públicos es otro tema relacionado con lo anteriormente expuesto, cuyo análisis en nuestro caso presenta los siguientes factores: sujetos y objetos, objetivos y medios, como también temas específicos. La interacción entre las acciones de los actores y sus receptores es un elemento determinante en la efectividad de los intercambios culturales, en los que tanto el conocimiento de los receptores como la intención subjetiva son un factor determinante en el impacto de

① Ver Nicholas J. Spykman, pp. 235-236, 246-248 y 253-257.

dichos intercambios.

Mientras tanto, a principios del siglo XXI el "ascenso de China" se convirtió en una "temática" a nivel internacional, y el mundo académico fuera de China reconoció este asunto vinculado al ámbito de la diplomacia pública de China como también la influencia y el potencial de la cultura china (por ejemplo, en cine, pintura, caligrafía, ganadores del Premio Nobel de Literatura, medicina tradicional, acupuntura, artes marciales y gastronomía). Sin embargo, toda su influencia no estaba o no vino determinada por la acción deliberada del Gobierno chino.

Por ello, la pregunta concreta que se ha formulado requiere por nuestra parte de una respuesta seria. En primer lugar, las cuestiones a manejar por parte del trabajo diplomático son altamente complejas. Momentos diferentes y objetivos distintos plantean cuestiones concretas a responder con análisis concretos. En segundo lugar, debemos considerar las condiciones ambientales y la cognición de los objetos en cuestión, ya que su reacción, como también su "interpretación" y "reconstrucción" son pasos cruciales en el análisis.

1.2.2 Investigaciones sobre las relaciones internacionales en China

En pleno debate académico sobre la teoría de las relaciones internacionales en China, el especialista chino Qin Yaqing consideró que, en relación con la construcción de las escuelas teóricas en China, este campo, a pesar de haber alcanzado una conciencia científica y académica, no ha sido capaz de establecer una disciplina teórica y académica original, lo que se explica por la carencia de una formulación teórica central. Qin Yaqing plantea que una cuestión vital en las investigaciones sobre las relaciones internacionales en China es la integración pacífica de China en la sociedad internacional[1].

El punto de partida de la teoría de Qin Yaqing es "idealista", al considerar que el problema fundamental recae sobre contenidos considerados "blandos", como las relaciones sociales, la socialización, la identidad colectiva, entre otros; conceptos que, sin ser conscientemente descritos, pertenecen no obstante a una construcción de "poder blando" y, por tanto, confieren, si todavía cabe, una mayor importancia a los aspectos culturales en las relaciones entre países.

El otro representante en este debate entre escuelas en China es Yan Xuetong, quien propuso su propia teoría del "realismo moral". La cuestión central concebida en las investigaciones relativas a esta teoría consiste en cómo una potencia emergente remplaza la posición de otra potencia dominante existente. Se trata, por tanto, de un principio general de transición del centro de poder mundial.

La explicación propuesta por Yan Xuetong apunta a que el éxito del país ascendente reside en su mayor liderazgo político sobre el país dirigente existente. Según la ecuación de Yan Xuetong, el poder integral nacional incluiría la capacidad de liderazgo de su gobierno, sus recursos militares, económicos y culturales, entre otros aspectos sociales. Entre todos estos factores, la capacidad de liderazgo gubernamental (el poder político) y la cultura pertenecen al poder blando, siendo el poder político la premisa de la efectividad de los demás factores (de la composición del poder). Expresado

① Qin Yaqing, "Cuestiones fundamentales de la teoría de relaciones internacionales y la formación de las escuelas chinas", en *Social Science in China*, núm.3, 2005, pp.165-176. (秦亚青：《国际关系理论的核心问题与中国学派的生成》，载《中国社会科学》，2005年第3期。)

a modo de ecuación, el poder integral del país equivaldría a la suma del poder militar, económico y cultural, multiplicada (esta suma de tres factores) por el poder político [poder integral nacional = (poder militar + poder económico + poder cultural) x poder político]. Evidentemente, este tipo de concepción supone que si el poder político es nulo (igual a cero), los demás tipos de poder carecerán de efecto.

La teoría de Yan Xuetong cae en un tipo de determinismo político, ya que, al mismo tiempo que afirma la base material del poder, declara que el liderazgo político está en la raíz de los contrastes del poder internacional entre países. Yan Xuetong considera que el liderazgo político de los países determina tanto si su poder integral puede mantener su crecimiento, como también la velocidad de crecimiento en su poder integral.

La línea de pensamiento estratégico defendida por el realismo político se caracteriza por destacar el rejuvenecimiento real de la nación como el objetivo más alto y, sin embargo, no por destacar el desarrollo de la economía o el incremento de la riqueza material. El rejuvenecimiento de la nación, en este sentido, establecería una sociedad envidiada por el resto del mundo y obtendría una dignidad internacional que se basaría en el incremento del poder integral y la defensa de los valores de la equidad, la justicia o la civilización, y mantendría así la línea política del poder de la nación y riqueza del pueblo. Si aceptáramos el marco defendido por Yan Xuetong, la línea de pensamiento estratégico del realismo moral se encontraría indudablemente sesgada por su concepción blanda del poder[①].

① Ver Yan Xuetong, *Transición del poder mundial: liderazgo político y competición estratégica*, Beijing: Peking University Press, 2015, pp.5, 21, 29-34 y 239-254.（参见阎学通：《世界权力的转移：政治领导与战略竞争》，北京大学出版社，2015年。）

En general, entre las contribuciones de expertos chinos a la elaboración de la teoría de las relaciones internacionales, el poder blando adquiere una importancia mayor de la que estamos acostumbrados a pensar. El poder blando es un concepto y una demanda política de extrema importancia que, obviamente, se encuentra estrechamente relacionado con los intercambios culturales entre países.

1.2.3 El conocimiento básico de América Latina y las relaciones sino-latinoamericanas

Los países latinoamericanos y caribeños tienen un significado especial para China. Eso reside en que es una región que, durante un largo tiempo, estuvo situada en la "zona marginada" del sistema económico capitalista mundial y del sistema político internacional, y ha experimentado simultáneamente una profunda influencia económico-política hasta su dominio por el mundo desarrollado.

Sin embargo, a diferencia de muchos países en desarrollo de Asia y África, América Latina logró relativamente temprano desligarse del sistema colonial y probar con anterioridad varios modelos de desarrollo económico. Por esto, dentro del grupo de los países en desarrollo, la región latinoamericana consiguió entrar antes en la lista de países nuevamente industrializados y de las nuevas economías emergentes. Este contexto histórico, posición internacional e historia del desarrollo han contribuido a construir una perspectiva particular en la manera en que los pueblos de los países latinoamericanos ven al mundo y se conciben a sí mismos. Dicha perspectiva es producto de la relación con las potencias europeas y mundiales durante varios siglos, por lo que debemos advertir del carácter propio e inherente de la experiencia internacional y perspectiva de los países latinoamericanos.

La cuestión de cómo definir América Latina en un sentido político, histórico o cultural ha sido problemática desde hace mucho tiempo. Los capítulos de este libro van a exponer los conocimientos y el marco conceptual que dan respuesta a esta cuestión desde distintos ángulos y en relación con las diversas preguntas planteadas. En este punto tan solo nos limitamos a exponer este debate con una mirada amplia.

Desde la hipótesis de la confrontación entre civilización y salvajismo en el siglo XIX hasta el debate de la modernización producido en la segunda mitad del siglo XX, América Latina ha sido percibida como parte del mundo "occidental" y proyectada así sobre la concepción del mundo. Sin embargo, es a partir de la mitad del siglo XX cuando América Latina es concebida más frecuentemente dentro de la clasificación de regiones "no occidentales", similares a países del "tercer mundo" de África y Asia[①].

En base a algunas de las características tanto occidentales como "no occidentales" de América Latina –sus aspectos políticos, históricos, sociales y culturales están enhebrados con factores de la tradición y modernidad históricas, y su identidad y paisaje cultural son complejos– se produce una definición flexible de identidad perteneciente a "un tercer espacio" existente entre la identidad occidental y "no occidental": el "mestizaje cultural". Esta definición flexible de identidad se convierte así en el punto de partida de nuestro análisis[②]. Es esta una perspectiva basada en una identidad cambiante construida a partir de la observación del contacto

① A partir de la mitad del siglo XX, muchos académicos chinos conciben la posición de Latinoamérica siguiendo los conceptos de zona intermedia, tercer mundo, países en desarrollo (países del sur) y de nuevas formaciones económicas.

② Ronaldo Munck, *Rethinking Latin America: Development, Hegemony, and Social Transformation*, New York: Palgreave Macmillan, 2013, pp.17-43.

histórico e interacción entre los colonizadores europeos y los pobladores del hemisferio occidental. Dicha perspectiva es también la premisa básica diferencial de cómo entendemos nosotros América Latina.

Partiendo de este posicionamiento, entendemos que son las características diferenciales del "centro" del poder mundial, tales como la historia colonial, la estructura económica y el sistema político, las que introdujeron en las investigaciones culturales los términos de "zona marginada", países de "desarrollo tardío" o expresiones como "poscolonial".

También podemos utilizar un término generalizado –"el desarrollo"– para referirnos a aquellas regiones y países enfrentados al desafío fundamental del desarrollo. Además de su connotación económica, el desarrollo contiene un sentido de cambio político y social, y también de cambio en la posición del centro del sistema internacional. Este cambio de posición del poder mundial permitió a estos países y regiones liberarse gradualmente del destino del llamado "modo de poder colonial" que habían sufrido continuamente desde la época del dominio español y portugués[1].

En 1992, coincidiendo con el 500.º aniversario del viaje de Colón a América, el escritor mexicano Carlos Fuentes volvió a evaluar la historia de América Latina en su libro *El espejo enterrado*. En este, Fuentes compara la historia de la región, llena de giros y vueltas, con la construcción de una Ciudad de México que no se habría de poder completar[2]. Veinte

① Ver Laura Chinchilla, "Introduction: Latin America, A Pending Assignment", en Michael Shifter & Bruno Binetti (eds.), *Unfulfilled Promises*, Washington DC: Inter-American Dialogue, 2019, pp.3-9.

② Ver Laura Chinchilla, "Introduction: Latin America, A Pending Assignment", en Michael Shifter & Bruno Binetti (eds.), *Unfulfilled Promises*, Washington DC: Inter-American Dialogue, 2019, pp.3-9.

años más tarde, al conmemorar el 200.º aniversario de independencia de los países latinoamericanos, la imagen de una construcción inacabada coincidía exactamente con la realidad de América Latina. Las dificultades que caracterizan a América Latina siguen en esencia igual, entre ellas: la incapacidad para realizar planes y objetivos, la dificultad de completar trabajos y tareas, el lugar común de la improvisación o el acostumbrarse a buscar un camino cómodo en lugar de realizar un plan a largo plazo.

No es que el desarrollo económico de América Latina no haya sido brillante. Antes y después de la entrada en el siglo XXI, se estaba produciendo una mejora en las condiciones macroeconómicas y financieras, la exportación masiva de mercancías se acrecentaba, y se generaban un crecimiento económico y un incremento en los ingresos que aumentó también el peso de la región latinoamericana en la economía mundial.

Sin embargo, dicho ímpetu se detuvo en la segunda década del siglo XXI. Entre los factores externos no controlables a este proceso están la caída de la demanda y precio de las materias primas, así como el estrechamiento de las condiciones financieras externas. No obstante, existen causas más profundas que recaen sobre unas fuerzas productivas y un nivel de competencia inferior crónico de la economía regional.

Con miras a abordar este reto, se necesitarían realizar las siguientes tareas: potenciar la calidad en la educación, incrementar las técnicas y habilidades en el trabajo, expandir la intensidad de la I+D (investigación y desarrollo), construir infraestructuras y circuitos de mercancías, incentivar la conectividad, reducir los costes de la energía, proporcionar facilidades a la financiación, perfeccionar el sistema de coordinación, mejorar el entorno de negocios, promover y completar las relaciones entre empresas y socios, atraer industrias con alto valor añadido, integrarse en las cadenas globales de valor, promocionar la renovación y mejora de las industrias, entre otras[1].

Por otra parte, la América Latina del siglo XXI ha encontrado por primera vez una opción de remplazo fuera del control político y económico ejercido por EE.UU.: China. Las conexiones en el comercio, inversiones y finanzas con China se convirtieron en un factor importante para el crecimiento de América Latina a principios de este siglo. Al mismo tiempo, ligada a esa opción de remplazo representada por China, se produce no obstante una preocupación en América Latina por el riesgo de caer nuevamente en una dependencia exterior. Los países latinoamericanos no han encontrado todavía una solución para liberarse de este dilema. En cierto sentido, esta es una dificultad que China también debe afrontar.

La cuestión mencionada contiene tres niveles. En primer lugar, está la cuestión de si un ámbito pragmático de cooperación económica puede o no proporcionar la solución a dificultades periódicas y estructurales. Es decir, ¿puede la resolución de estos cuellos de botella en la cooperación entre China y América Latina ascender a otro nivel bajo la situación existente? O, ¿se puede por medio de acciones fuera del ámbito de la economía ayudar al avance continuado de la cooperación económica y solventar las dificultades, los conflictos y las fricciones?

En segundo lugar, las anteriores dos preguntas son esencialmente de carácter retórico, ya que mientras nos planteamos si podremos o no salvaguardar sobre el terreno el desarrollo general de las relaciones entre China y América Latina, ¿qué podremos decir desde otros ámbitos sobre

---

① Augusto de la Torre y Alain Iza, "Latin American Economic Growth: Hopes, Disappointments, and Prospects", en Michael Shifter & Bruno Binetti (eds.), *Unfulfilled Promises*, Washington DC: Inter-American Dialogue, 2019, pp.77-100.

la búsqueda de nuevos puntos de crecimiento que favorezcan dichas relaciones, o sobre la búsqueda de nuevas herramientas que promuevan activamente la apertura y el desarrollo de la cooperación entre China y América Latina?

Si la respuesta es afirmativa, entonces los ámbitos de la sociedad y la cultura serían una opción para explorar. En este sentido, los intercambios culturales se entienden como un objetivo en sí mismos, y no únicamente como un medio con efectos instrumentales. Para dos civilizaciones con abundantes recursos histórico-culturales y con enorme autoconfianza en sus culturas, las interacciones en materia sociocultural debieran ser un ámbito con espacio liberado para desarrollar sus actividades, aunque posiblemente se tengan que superar también ciertas dificultades "invisibles" provocadas por las diferencias culturales y de mentalidades. La superación de estas permitiría acortar la distancia entre ambas civilizaciones.

En tercer lugar, sobre la base de los dos puntos anteriores, ¿podrá América Latina convertirse en una plataforma especial y un escenario estratégico, contribuyendo así a impulsar la fuerza del discurso de China en el espacio del debate internacional y facilitando a China avanzar hacia una nueva fase en cuanto al poder del discurso internacional? Debemos en este sentido: comprender seriamente las respuestas que los países y pueblos latinoamericanos ofrecerían ante una serie de efectos producidos después de la entrada de fuerzas exógenas en la región, analizar el modo en que los países y pueblos latinoamericanos establecen sus propios conceptos y vías de desarrollo en interacción con otros modelos exteriores, adaptarnos al posicionamiento de los países y pueblos latinoamericanos con respecto a su papel internacional, así como acomodarnos a los hábitos con los que ellos gestionan los asuntos internacionales y las relaciones exteriores.

La reflexión sobre las preguntas anteriores nos lleva a plantear un marco conceptual para investigar el modelo con el que la China contemporánea va entrando en el escenario internacional y en el latinoamericano. Al mismo tiempo, ello también permite erigirnos de manera consciente sobre la posición de la comunidad de futuro compartido de la humanidad, con el fin de proporcionar fuerzas dedicadas a la construcción de una plataforma de diálogo entre diferentes culturas y buscar soluciones a los problemas comunes que enfrenta toda la humanidad.

CAPÍTULO 2

Paso a paso: La diplomacia china hacia América Latina

Desde su fundación, la República Popular China siempre ha concedido suma importancia a la promoción de las relaciones exteriores, la creación de un entorno diplomático favorable y la mejora del entendimiento y aceptación del mundo a través de la diplomacia cultural. Los países latinoamericanos y caribeños ocupan una posición privilegiada en la estrategia exterior integral de China y han sido siempre una de las regiones destinatarias de la diplomacia cultural, de la promoción del conocimiento mutuo y del entendimiento recíproco impulsados por China. El presente capítulo, según las diferentes definiciones del concepto de cultura, clasifica la diplomacia cultural en tres niveles: diplomacia literaria y artística, diplomacia de civilizaciones y diplomacia ideológica; además, realiza un análisis del desarrollo de la diplomacia cultural entre China y América Latina. A medida que las relaciones entre ambas partes han pasado de un desarrollo espontáneo a uno autónomo, hasta la nueva etapa de desarrollo constructivo de hoy en día, la formación de consensos entre China y América Latina se ha convertido en un aspecto fundamental para garantizar el desarrollo sostenible de las relaciones bilaterales. Asimismo, la diplomacia cultural bilateral ha evolucionado a la nueva categoría de "diplomacia ideológica".

2.1 Cultura y diplomacia cultural

La cultura es uno de los conceptos más difundidos en el mundo académico internacional actual. También tiene una larga y compleja historia en las teorías estéticas, sociales y políticas y en el discurso sociológico. Existen múltiples y diversas definiciones de "cultura". El antropólogo británico Edward Burnett Tylor fue el primer académico en proponer una definición. En 1871 planteó la "teoría del conjunto complejo" de la cultura, al alegar que la cultura es "el conjunto que incluye todo el conocimiento, las creencias, el arte, la moral, el derecho, las costumbres y otras capacidades y hábitos adquiridos y aceptados por el hombre como miembro de una sociedad". Es decir, la cultura es un "conjunto complejo"①.

Por otra parte, el antropólogo estadounidense Clifford Geertz la definió desde la perspectiva de "la cultura como interpretación de algo", al considerar que la cultura "en esencia es un concepto de la simbología". La cultura es precisamente "una red de significados tejida por las personas". Geertz sostiene que el análisis de la cultura no es un tipo de ciencia experimental que busca patrones, sino un tipo de ciencia interpretativa de exploración de los significados②.

Cihai, la enciclopedia de chino mandarín estándar, define la cultura, en su sentido más amplio, como la suma de lo material que ha adquirido el hombre en su práctica social, la capacidad productiva espiritual y la producción de la riqueza material y espiritual. En su sentido más estrecho, se refiere a la capacidad creativa espiritual y los productos espirituales, que incluyen todas las formas de conciencia social, como las ciencias naturales,

① Edward Tylor, *Primitive Culture*, traducción de Lian Shusheng, Shanghai: Shanghai Literature and Art Press, 1992, p.1.（爱德华·泰勒：《原始文化》，连树声译，上海文艺出版社，1992年。）

② Clifford Geertz, *The Interpretation of Cultures,* traducción de Han Li, Nanjing: Yilin Press, 2014, pp.9-10.（克利福德·格尔茨：《文化的解释》，韩莉译，译林出版社，2014年。）

las ciencias técnicas y las formas de las ideologías sociales. A veces, también se refiere específicamente a los conocimientos e instalaciones educativas, científicas, literarias, artísticas, sanitarias, deportivas, etc.[①]

De tales definiciones se concibe que todas las actividades espirituales y materiales, así como las instalaciones y objetos culturales son vectores culturales. Según el grado de amplitud de su definición, el contenido de la cultura podría clasificarse en tres niveles: la cultura material, expresada a través de todo tipo de productos tangibles elaborados por el ser humano; la cultura de las costumbres y los sistemas, que se manifiesta por las normas sociales y los códigos de conducta compartidos por las personas; y la cultura espiritual, que se manifiesta a través de los productos y formas creados por la actividad intelectual de las personas[②]. Dado que ha sido creada por las necesidades de coexistencia entre los seres humanos, se podría decir que la cultura son los conocimientos compartidos por las sociedades humanas y los códigos de conducta aceptados universalmente. Por tanto, la cultura tiene una naturaleza común.

En el ámbito de las relaciones internacionales, a medida que se ha acentuado la globalización de la economía mundial y la tendencia de la multipolaridad política, se ha prestado más atención a la influencia de los factores culturales en el sistema internacional, de modo que han surgido todo tipo de teorías que interpretan las relaciones internacionales desde

① *Cihai*, edición de 1999, Shanghai: Shanghai Cishu Press, 2000, p.1858. En adelante, las citas que vamos a utilizar de este libro serán de esta misma edición y las indicamos solo con la información del título y del número de la página. (《辞海》,1999年版缩印本，上海辞书出版社，2000年。)

② Qi Yucun, “Textos, cultura y comparación”, en *Foreign Languages Research*, núm. 2, 1992, p.1.（戚雨村：《语文·文化·对比》，载《外语研究》，1992年第2期。）

la perspectiva cultural. Pese a sus diferencias, todas ellas sostienen que la influencia de los factores culturales sobre las relaciones internacionales es profunda y duradera; como resultado, tiene un impacto en los ámbitos político, económico y militar, y contribuye a definir tanto el conocimiento como las acciones del gobierno en el sistema internacional.

Dadas su importancia estratégica en la política internacional y su profunda repercusión en la proyección internacional de un país, es normal que la cultura se combine con la diplomacia para conformar una diplomacia de contenido cultural, es decir, la diplomacia cultural. Respecto a su definición, aún no existe una forma establecida y aceptada por el círculo académico. En general, la diplomacia cultural se refiere a la diplomacia cuyo contenido es la difusión, el intercambio y la comunicación culturales; se refiere al aprovechamiento de los Estados soberanos de medidas culturales para conseguir un determinado objetivo político o un tipo de actividad diplomática con un determinado fin estratégico hacia el exterior[1]. En nuestra era, donde la globalización y la interdependencia entre los Estados se intensifican continuamente, las medidas de poder duro, como las medidas militares, han dejado de ser la principal opción para que los Estados adquieran poder internacional, mientras que la diplomacia cultural, debido a su ligereza, flexibilidad, capacidad de influencia imperceptible y la persistencia de sus efectos, se ha convertido en la principal opción de los Estados para defender su soberanía nacional y ampliar su influencia internacional.

---

① Li Zhi, *Diplomacia cultural: análisis de un tipo de estudios de comunicación*, Beijing: Peking University Press, 2005, p.24.（李智：《文化外交：一种传播学的解读》，北京大学出版社，2005年。）

Debido a la inmensa amplitud del contenido cultural, las manifestaciones de la diplomacia cultural y los ámbitos que abarca también deberían ser flexibles y amplios. Según la dimensión de la cultura, se podría clasificar en tres niveles: diplomacia literaria y artística, diplomacia de civilizaciones y diplomacia ideológica[①].

La diplomacia literaria y artística es una actividad de diplomacia cultural cuya principal forma es el intercambio literario y artístico[②]. Es el primer nivel de la diplomacia cultural. Dado que las necesidades humanas básicas son las mismas, las diferentes culturas tienen características comunes que se reflejan en medios tales como las obras literarias y artísticas. Cuando diferentes países y culturas necesitan establecer contacto y comunicarse, la diplomacia literaria y artística es siempre la que con mayor prioridad y naturalidad se elige.

La civilización es una parte de la cultura, es la referencia para medir el desarrollo social y es el "estado del progreso de una sociedad humana", en contraposición con la barbarie[③]. La civilización se manifiesta en resultados sociales o en el nivel de desarrollo, como la civilización material, la civilización espiritual, la civilización política, etc. La diplomacia de civilizaciones es el nivel intermedio de la diplomacia cultural, que sobre la base de la diplomacia literaria y artística, y a través de la educación, las noticias y la cooperación de los medios de comunicación, busca reforzar el conocimiento mutuo cultural y crear una imagen positiva de cada uno de ellos, a fin de profundizar aún más la comprensión y estrechar las relaciones.

---

① Fan Yongpeng, "Diplomacia de ensayos", en *Journal of International Security Studies*, núm. 3, 2013, p.28.（范勇鹏：《论文化外交》，载《国际安全研究》，2013年第3期。）

② *Cihai*, p.1858.

③ *Cihai*, p.1859.

La ideología, también llamada "mentalidad", es el resultado de la actividad intelectual[①]. La ideología es una manifestación de la cultura a nivel espiritual, que influye en la perspectiva del mundo que tiene la gente, en su forma de pensar y en sus valores. La diplomacia ideológica "transmite los conocimientos sistemáticos de un país sobre los problemas fundamentales en el mundo" y es el nivel más alto de la diplomacia cultural[②]. Estas tres diferentes etapas de la diplomacia cultural no están completamente separadas, sino que se solapan y se entrelazan. Según qué etapa de la diplomacia sea, los países establecen contactos, estrechan sus relaciones o forman consensos con sus contrapartes diplomáticas.

La diplomacia cultural siempre ha sido un importante componente de la diplomacia de China. Con la reestructuración de la estrategia exterior de China, esta ha pasado por las tres etapas mencionadas anteriormente. En cada una de ellas ha desempeñado un papel singular e importante. Por ejemplo, en la etapa inicial del establecimiento de la República Popular China, la diplomacia cultural, debido a su naturaleza suave, se convirtió en el método principal para que China y la sociedad internacional estableciesen contacto y para que China se integrase en el sistema internacional. Desde entonces, la diplomacia cultural también se ha convertido en la vía principal para que China conforme una imagen favorable y de potencia responsable, además de mejorar el conocimiento de la sociedad internacional sobre China. En la actualidad, con la entrada en la nueva era de la diplomacia de potencia con características chinas, la diplomacia cultural se está

① *Cihai*, p.2027.

② Fan Yongpeng, "Diplomacia de ensayos", en *Journal of International Security Studies*, núm. 3, 2013, p.30.

convirtiendo en una importante medida estratégica para conseguir la promoción del nuevo modelo de relaciones internacionales constructivas y para promover el objetivo general de la construcción de una comunidad de futuro compartido de la humanidad[①]. Para una comunidad internacional cada día más diversa y con grandes diferencias, "construir" la comunidad de futuro compartido de la humanidad no solo concierne al desarrollo común de la humanidad, sino que más bien se refiere al establecimiento y formación de los conocimientos compartidos y de cooperación entre la humanidad. Solo así, los colectivos humanos podrán superar la multitud de "diferencias" y encontrar y construir un "consenso" mutuo.

2.2 Retrospectiva de la historia de la diplomacia cultural entre China y América Latina

Las relaciones entre China y los países latinoamericanos y caribeños son un importante componente de las relaciones exteriores de China. Desde el establecimiento de la República Popular China, las relaciones entre China y América Latina han pasado de la inexistencia a la existencia, de la parcialidad a las relaciones integrales, y de la espontaneidad a la autonomía, hasta la etapa actual de desarrollo constructivo[②]. La

① "Discurso de Wang Yi sobre los objetivos generales de la diplomacia de potencia con características chinas de la nueva era", sitio web del Ministerio de Relaciones Exteriores de China, http://www.fmprc.gov.cn/web/wjbzhd/t1503111.shtml, fecha de consulta: 01/01/2018.（《王毅谈新时代中国特色大国外交总目标》，中国外交部网站。）

② Zhao Zhongyang, Chen Yuanting, "Las relaciones entre China y América Latina en la etapa del 'desarrollo constructivo'", en *Estudios Latinoamericanos*, núm. 5, 2017, p.18.（赵重阳、谌园庭：《进入"构建发展"阶段的中拉关系》，载《拉丁美洲研究》，2017年第5期。）

diplomacia cultural entre ambas partes también ha pasado por las tres etapas de la diplomacia literaria y artística, la diplomacia de civilizaciones y la diplomacia ideológica a medida que las relaciones bilaterales han ido mejorando continuamente.

2.2.1 Etapa de la diplomacia literaria y artística

Desde la fundación de la República Popular China en 1949 hasta finales de la década de 1980 y comienzos de la de 1990, previo al fin de la Guerra Fría, fue el periodo en el que China pasó de un aislamiento relativo a integrarse en la comunidad internacional y en el que comenzó su apertura hacia la sociedad internacional. En este periodo, China estaba relativamente aislada a nivel internacional, sobre todo debido a la influencia de la Guerra Fría y la ideología, donde primero padeció la hostilidad y el bloqueo por parte de Occidente, y después tuvo que afrontar el cisma con la URSS por quién encabezaba el frente socialista.

A finales de la década de 1970, China comenzó su etapa de Reforma y Apertura, mientras que EE.UU. y otros países occidentales aún lanzaban una clara ofensiva ideológica contra China, cuyo punto álgido llegó a finales de la década de 1980. En este contexto, la diplomacia cultural, debido a su suavidad y flexibilidad, se convirtió en una de las vías principales para que China aumentase su contacto con más países y estableciese relaciones diplomáticas. Por ejemplo, en 1956 el primer ministro Zhou Enlai, durante la presentación del informe en la segunda reunión con enviados diplomáticos en el exterior, señaló respecto al trabajo diplomático que: "Nuestra diplomacia incluye tres aspectos: la política, la economía y la cultura. Frecuentemente la economía y la cultura llevan la delantera y después está la diplomacia… cada embajada en el exterior debería darle más importancia al trabajo comercial y cultural"[1]. En esa época, la forma de la diplomacia cultural de China principalmente se reflejaba en el envío oficial de delegaciones culturales y artísticas a otros países. A través de todo tipo de intercambios culturales, China estableció y reforzó su contacto con otros Estados y promovió el conocimiento sobre China en aquellos países. Este tipo de diplomacia desempeñaba un importante papel en el establecimiento final de relaciones diplomáticas oficiales con estos países y en ampliar la influencia de China en el escenario internacional.

En ese periodo, China y la mayoría de los países latinoamericanos se dividían entre el frente socialista y el frente capitalista. Pese a que ambas partes eran conscientes de desarrollar sus relaciones, el contexto internacional general de aquel momento y la situación política de cada país, entre otros factores, limitaron el establecimiento de relaciones diplomáticas. Por otra parte, debido a la gran distancia, el escaso contacto histórico, entre otras razones, hubo una falta de conocimiento mutuo entre China y América Latina. Los gobiernos de algunos países latinoamericanos incluso percibían con hostilidad a China debido a motivos ideológicos, entre otros. Esto contribuyó a que las relaciones entre ambas partes se desarrollasen muy lentamente en este periodo y a que la normalización básica de las relaciones no se realizase sino hasta el final de la década de 1980. En este contexto, China inició una diplomacia civil en América Latina, con el fin de desarrollar mutuamente el intercambio cultural y comercial. China comenzó con "el envío recíproco de delegaciones y la construcción de relaciones no oficiales"

① Song Enfan, et al, (eds.), *Crónica de diplomacia de la República Popular China*, vol.1, Beijing: World Knowledge Press, 1997, p. 255.（宋恩繁等主编：《中华人民共和国外交大事记》，第一卷，世界知识出版社，1997年。）

previas al establecimiento de relaciones diplomáticas①, impulsó las relaciones entre "funcionarios" a través de las relaciones entre "civiles" y finalmente buscó establecer las relaciones oficiales entre China y América Latina.

La diplomacia cultural era entonces uno de los contenidos principales de la diplomacia civil de China hacia América Latina. Sus formas principales consistían en el envío de grupos culturales y artísticos que realizaban visitas oficiales a países latinoamericanos②. Por ejemplo, en 1953 una delegación cultural de China viajó a Chile, en la que fue la primera visita oficial de una delegación china a América Latina desde la fundación de la República Popular China③. En 1956, el grupo artístico de China liderado por Chu Tunan visitó Chile, Uruguay, Brasil y Argentina. Fue el primer grupo artístico de la República Popular China en visitar América Latina. En segundo lugar, se hacían invitaciones selectivas a diversas delegaciones de representantes cívicos y semioficiales de América Latina para que visitasen China u organizasen exposiciones. Por ejemplo, visitaron China el famoso poeta chileno y ganador del Premio Nobel de Literatura Pablo Neruda, el pintor chileno José Venturelli, entre otros personajes famosos. En tercer

① Archivo del Ministerio de Relaciones Exteriores de China, "Registro de la conversación entre el vice primer ministro Chen Yi con un periodista mexicano", número de archivo 111-00174-02(1), fecha 17 de septiembre de 1956. Ver He Shuangrong (ed.), *Historia de las relaciones entre China y América Latina y el Caribe*, Beijing: China Social Sciences Press, 2016, p.75.（中国外交部档案馆：《陈毅副总理接见墨西哥〈永恒报〉记者罗德里格斯谈话记录》，档号：111-00174-02（1），时间：1956年9月17日。转引自贺双荣主编：《中国与拉丁美洲和加勒比国家关系史》，中国社会科学出版社，2016年。）

② He Shuangrong (ed.), *Historia de las relaciones entre China y América Latina y el Caribe*, Beijing: China Social Sciences Press, 2016, p.77. En adelante, las citas que vamos a utilizar de este libro serán de esta misma edición y las indicamos solo con la información del autor, del título del libro y del número de la página.（贺双荣主编：《中国与拉丁美洲和加勒比国家关系史》，中国社会科学出版社，2016年。）

③ He Shuangrong (ed.), *Historia de las relaciones entre China y América Latina y el Caribe*, p.87.

lugar, estuvo la promoción a través de distintas formas de la creación de asociaciones y organizaciones culturales amistosas con China en países latinoamericanos y el inicio gradual de los trabajos de asociación amistosa. Desde la década de 1950, Chile, Brasil, Argentina y Perú, entre otros países latinoamericanos, establecieron asociaciones culturales con China. Aunque las organizaciones amistosas de algunos países se denominaban "Asociación de amigos de", su propósito era el de promover el intercambio cultural, artístico, académico y el entendimiento recíproco entre ambas partes. En cuarto lugar, aumentó el trabajo de difusión cultural hacia América Latina, incluyendo películas en español, la publicación de libros, el intercambio de estudiantes, la aceleración en la formación de talentos lingüísticos entre ambas partes, etc. Tales métodos promovieron el intercambio cultural con los países latinoamericanos.

Se puede observar que, durante este periodo, la diplomacia cultural de China en América Latina ha sido principalmente una diplomacia literaria y artística, perteneciendo así a esta etapa de la diplomacia cultural. Aunque las representaciones artísticas, el intercambio artístico, etc., podían difundir obras literarias y artísticas de alta calidad, no eran suficientes para dejar una influencia en motivaciones subyacentes. Hacer que los ciudadanos de otro país aprecien la riqueza y diversidad artística china "no necesariamente fomenta una simpatía o una cooperación mayor en las relaciones internacionales"[①]. Por tanto, en aquel contexto, pese a que la diplomacia literaria y artística desempeñó un papel especial en establecer y reforzar el contacto entre ambas partes, no tuvo un papel determinante en

① Fan Yongpeng, "Diplomacia de ensayos", en *Journal of International Security Studies*, núm. 3, 2013, p.30.

el establecimiento de las relaciones diplomáticas oficiales. Lo que realmente impulsó a las partes a dar pasos sustantivos hacia el establecimiento de relaciones diplomáticas fueron dos factores: el conocimiento mutuo del poder y el potencial, y la modificación de las circunstancias internacionales.

2.2.2 Etapa de la diplomacia de civilizaciones

Desde finales de la década de 1980 y comienzos de la de 1990 hasta el año 2012 fue el periodo en el que China se desarrolló rápidamente. En esta etapa, China respondió con serenidad a los cambios drásticos que se produjeron en el panorama internacional tras el fin de la Guerra Fría, mientras que "la paz y el desarrollo" siguen siendo la principal tendencia de nuestros tiempos. Partiendo de esta perspectiva, China profundizó constantemente la política de Reforma y Apertura, se concentró en su propio desarrollo y se convirtió en la segunda economía del mundo en 2010.

Por otra parte, China se integró más activamente en el sistema internacional. Especialmente tras su ingreso en la Organización Mundial del Comercio en 2001, China ya forma parte del sistema internacional en todos los ámbitos, como la política, la economía, la cultura, el deporte, entre otros. De esta manera, su influencia internacional aumentó continuamente. Sin embargo, los conocimientos sobre China por parte de los ciudadanos de algunos países y regiones se han quedado desfasados, y la imagen de China sigue siendo la de "un pobre y débil" como antes del establecimiento de la República Popular China. Además, se desconocen tanto los logros históricos de la civilización china como la sociedad china contemporánea. Aparte de ello, para contener la influencia de China, algunas fuerzas políticas y medios de comunicación occidentales tratan de dramatizar la "teoría de la amenaza china" y desacreditar a China desde diversos puntos de vista, por ejemplo, en lo concerniente a la ideología y el modelo de desarrollo.

Con miras a promover que el mundo conozca mejor la China actual y establecer una imagen nacional positiva, China ha ampliado el contenido y ámbito de la diplomacia cultural, para lo cual ha cambiado la prioridad del anterior intercambio literario y artístico por la del intercambio cultural (o diplomacia de civilizaciones). Por ejemplo, China aboga a nivel internacional por establecer un orden internacional de información más justo y eficaz. En octubre de 1993, el representante de China ante la Asamblea General de la ONU pronunció en su discurso: "El establecimiento de un nuevo orden internacional de información y comunicaciones más justo, racional y eficaz no puede disociarse de los esfuerzos por establecer un nuevo orden político y económico internacional"[①]. Además, mediante acciones como el establecimiento de los institutos Confucio y de centros culturales en el extranjero, la organización de eventos culturales como el "Año de la Cultura" y el "Festival de la Cultura", la organización de acontecimientos importantes como los JJ.OO. de Beijing y la Expo Mundial de Shanghai, etc., China ha promovido con grandes esfuerzos actividades de diplomacia cultural multidimensionales, con la esperanza de aumentar el conocimiento y la afectuosidad del público extranjero hacia China y establecer una imagen nacional de una China pacífica, democrática, civilizada y progresista[②].

---

① He Hongze, "Discurso ante la representación ante la cuarta comisión de la Asamblea General, debería establecerse un nuevo orden de las noticias y comunicación internacionales", en *People's Daily*, 29 de octubre de 1993. （何洪泽：《我代表在联大四委发言指出应建立国际新闻和传播新秩序》，载《人民日报》。）

② Yang Jiechi, "La diplomacia de China desde la Reforma y Apertura", sitio web del Ministerio de Relaciones Exteriores de China, http://www.fmprc.gov.cn/web/ziliao_674904/zyjh_674906/t512782.shtml, fecha de consulta: 15/03/2018. （杨洁篪：《改革开放以来的中国外交》，中国外交部网站。）

Este período coincidió con que las relaciones sino-latinoamericanas también fueron experimentando un proceso de características similares. A medida que China profundizaba en sus reformas y apertura y se integraba más activamente en la comunidad internacional, los países latinoamericanos, para salir del estancamiento económico de las décadas de 1970 y 1980, comenzaron a desarrollar la economía, aplicar una diplomacia diversa y lograr una mayor independencia en su política exterior. En este contexto, ambas partes, tanto en lo que respecta a los objetivos nacionales de desarrollo económico como a las estrategias diplomáticas, tenían más puntos de encuentro y voluntad de cooperación y aumentaron considerablemente su autonomía e independencia. Los ámbitos y el grado de cooperación también se ampliaron y profundizaron aún más. Se puso de manifiesto el carácter complementario de las economías de China y América Latina. Especialmente desde los primeros años del siglo XXI, el volumen comercial entre China y América Latina ha aumentado de manera exponencial.

Sin embargo, a medida que las relaciones bilaterales, especialmente las comerciales, se hacen más estrechas, ha emergido un ruido de suspicacia sobre las intenciones de China en América Latina. Estas sospechas principalmente se deben a los siguientes motivos: primero, a la falta de conocimiento verdadero sobre China; segundo, a las noticias negativas difundidas por los medios de comunicación occidentales, que guían la opinión pública en América Latina; tercero, a una imagen negativa inicial de algunas empresas chinas causada por su falta de conocimiento de las leyes y regulaciones locales, así como de las costumbres autóctonas. Esto también ha dado lugar al cuestionamiento del objetivo de China en el desarrollo de las relaciones con América Latina.

En este contexto, China ha intensificado sus esfuerzos en la diplomacia cultural en América Latina al ampliar su contenido. En primer lugar, sigue trabajando en la diplomacia literaria y artística en la región. Además de mantener las formas anteriores de intercambio cultural, como las visitas de grupos artísticos, representaciones, etc., ha empezado a participar en las actividades culturales locales, por ejemplo, festivales, exposiciones, entre otros; ha organizado conjuntamente festivales culturales, semanas de cine, exposiciones sobre el patrimonio de la humanidad, la historia, la cultura y la geografía de ambas partes; además, ha impulsado en los países latinoamericanos actividades como la Fiesta de la Primavera, el Día Nacional de China, Experimenta China, las cuales reflejan la realidad y la perspectiva espiritual de la China contemporánea.

En segundo lugar, se ha reforzado el intercambio y la cooperación en el ámbito de la información con los medios de comunicación de América Latina. A fin de mejorar la imagen nacional en los países latinoamericanos, China ha mejorado las plataformas de transmisión de noticias destinadas a América Latina y ha aumentado también la difusión en los medios de comunicación: periódicos, televisión, radio en Internet, entre otros, con el fin de fortalecer en América Latina un conocimiento auténtico y una comprensión directa de China. Por ejemplo, ha establecido estaciones de radio y un canal de televisión en español para América Latina, ha creado un centro de periodistas latinoamericanos en CCTV y ha fundado la filial latinoamericana de la revista *China Hoy*, convirtiéndola así en la primera publicación mensual en español de China que se planifica, se edita, se produce y se publica en la región latinoamericana. Al mismo tiempo, ha reforzado el intercambio con los medios de comunicación de América Latina mediante la invitación a grupos de periodistas de los principales medios latinoamericanos, muchos de los cuales también han abierto oficinas en China.

En tercer lugar, se promueve la cooperación en el ámbito educativo. A través del establecimiento de los institutos Confucio en América Latina y la organización del concurso "Puente Chino", así como el apoyo recíproco en la traducción de obras clásicas, se ha aumentado el interés y la comprensión de los ciudadanos latinoamericanos sobre China. Por otra parte, China también ha reforzado el intercambio académico con los países latinoamericanos, así como la cooperación en los sectores cultural y turístico.

Se puede observar que la diplomacia cultural entre China y América Latina de esta época ya ha sobrepasado el ámbito de la diplomacia literaria y artística, y se ha adentrado en el de la diplomacia de civilizaciones. El objetivo es aumentar la comprensión de los latinoamericanos sobre el pensamiento y los valores de la cultura china, así como la esencia y las características de la China contemporánea. Sin embargo, la diplomacia de civilizaciones no puede cambiar el reconocimiento básico de otros países hacia la identidad de China. Es también fácil de imaginar que su influencia sobre la adopción de políticas en otros países se limita a ciertas acciones concretas, sin poder entrar en la esencia[1]. A pesar de que el intercambio cultural entre China y América Latina podría lograr un mayor conocimiento de la civilización china, reforzar la comprensión de la China actual y promover los contactos amistosos, hasta en cierto grado podría también mejorar la comprensión de los valores, el pensamiento y el comportamiento de los ciudadanos chinos. Sin embargo, no es suficiente para establecer un

---

① Fan Yongpeng, "Diplomacia de ensayos", en *Journal of International Security Studies*, núm. 3, 2013, p.30.

entendimiento mutuo. Desde comienzos de la década de 1990, la mayoría de los países latinoamericanos han estrechado sus vínculos con China y la motivación principal ha sido la necesidad del desarrollo nacional y la adaptación a los cambios del sistema internacional, en vez de la equiparación de perspectivas o conceptos.

2.2.3 Etapa de la diplomacia ideológica

A comienzos de la segunda década del siglo XXI, la transformación del escenario internacional entró en una nueva época. Con la aceleración y profundización de la globalización, el mundo está más estrechamente interconectado que en cualquier otro periodo histórico, convirtiéndose en una comunidad de futuro compartido que debe permanecer unido en la dicha y en la adversidad. En este contexto, China ha propuesto promover una diplomacia de potencia con características chinas, cuyo objetivo principal es establecer un nuevo modelo de relaciones internacionales y construir una comunidad de futuro compartido de la humanidad.

Después de las dos etapas anteriormente mencionadas, entre China y América Latina se ha conseguido establecer una red de contactos más integral y una tendencia de desarrollo más favorable. Las relaciones sino-latinoamericanas están ganando cada día más prioridad dentro de la política exterior de China. A fin de afrontar la compleja situación internacional y promover las estrategias de desarrollo nacional, tanto China como América Latina sienten la necesidad de elevar el nivel de las relaciones bilaterales y mantener un desarrollo constante y favorable.

En 2014, el presidente Xi Jinping, en su visita oficial a la región, propuso construir un nuevo modelo de "cinco en uno" para las relaciones entre China y América Latina, así como crear el concepto de una comunidad de futuro compartido entre China y América Latina. La iniciativa obtuvo el reconocimiento de los países latinoamericanos. Esto marcó el inicio de la etapa del desarrollo "constructivo" en las relaciones entre ambas partes; es decir, para China y América Latina, "el desarrollo de las relaciones bilaterales no seguirá la tendencia por inercia, sino que necesita acometer actos y contribuir a planificar y estructurar su desarrollo futuro a un nivel estratégico y global"[1]. Para alcanzar este objetivo, ambas partes necesitan establecer una identidad común sobre cuestiones tales como las relaciones entre China y América Latina y su posición mutua; así como consensos sobre conceptos, modelos y prácticas de cooperación concretas. Esto indica que la diplomacia cultural entre ambas partes debe pasar de la "diplomacia literaria y artística" y la "diplomacia de civilizaciones" a la nueva etapa de la "diplomacia ideológica".

2.3 La diplomacia cultural entre China y América Latina en la etapa del "desarrollo constructivo"

En 2012, China comenzó a promover la diplomacia de potencia con características chinas. Así, el nuevo objetivo general de la diplomacia china fue el establecimiento de un nuevo modelo de relaciones internacionales y una comunidad de futuro compartido. Las relaciones entre ambas partes entraron en la etapa del "desarrollo constructivo". Previo a ello, el modelo de desarrollo de las relaciones bilaterales, pese a tener 60 años de historia,

① Zhao Zhongyang, Chen Yuanting, "Las relaciones entre China y América Latina en la etapa del 'desarrollo constructivo'", en *Estudios Latinoamericanos*, núm. 5, 2017, p.21.

era en términos generales un modelo de desarrollo influido por los cambios de la situación internacional y las necesidades de cada país. En la etapa del desarrollo constructivo, la relación bilateral transformará su modelo de desarrollo a uno proactivo y orientado hacia el futuro, que garantice el desarrollo sostenible y completo de las relaciones bilaterales. Así, tras los factores políticos y económicos, los factores culturales se convertirán en un motivo principal que impulse las relaciones bilaterales. En consecuencia, la diplomacia cultural entre China y América Latina entrará en un nuevo nivel de "diplomacia ideológica".

2.3.1 La necesidad de fortalecer la diplomacia cultural de China en América Latina

2.3.1.1 Las relaciones culturales siguen siendo el punto débil en las relaciones sino-latinoamericanas

La diplomacia cultural era anteriormente un factor clave a la hora de promover las relaciones entre China y América Latina. Durante la Guerra Fría, particularmente en las décadas de 1950 y 1960, la diplomacia cultural fue el principal medio para mantener los vínculos entre China y América Latina y promover la comprensión mutua, por lo tanto, desempeñó un papel fundamental en las relaciones políticas. Tras el fin de la Guerra Fría, sobre todo en el siglo XXI, en contraste con los grandes logros en la relación política y económica bilateral, la diplomacia cultural presenta una apariencia relativamente retrasada. Por ejemplo, en el primer Documento sobre la Política de China hacia América Latina y el Caribe, publicado por el Gobierno chino en 2008, solo se hace referencia al "intercambio cultural" en dos frases; y de los cuatro ámbitos de cooperación que se enumeran en el documento, el "intercambio cultural" es un elemento de cooperación que se combinó con el "intercambio deportivo" en la esfera de las "humanidades y la sociedad". En lo que respecta al "intercambio cultural", solo se hace una referencia general a la aplicación de los acuerdos y planes intergubernamentales pertinentes, al mantenimiento de la interacción entre las autoridades competentes, al fortalecimiento de los intercambios y la cooperación entre las instituciones y el personal pertinentes, y a la promoción y realización de actividades de intercambio cultural. Se puede observar que la China de entonces no prestaba suficiente importancia a la diplomacia cultural en América Latina, y que carecía de una implementación.

En el segundo Documento sobre la Política de China hacia América Latina y el Caribe, publicado en 2016, "las humanidades" fueron clasificadas como un ámbito exclusivo de cooperación en el que se incluían áreas como la educación cultural, la educación de recursos humanos, las noticias y publicaciones, las películas y la radiodifusión, el turismo y los grupos académicos y *think tanks*. Si bien era evidente que la aplicación de la diplomacia cultural se había intensificado considerablemente, el ámbito de aplicación seguía estando relegado principalmente al de la diplomacia literaria y artística y de civilizaciones.

2.3.1.2 Los factores culturales "invisibles" se volverán factores claves que influirán en el futuro desarrollo de las relaciones entre China y América Latina

La cultura son los conocimientos compartidos en la construcción social que incluyen el idioma, las costumbres, la religión, la educación, las normas, las perspectivas, las creencias, la voluntad, entre otros elementos básicos. La cultura influye profundamente en lo político, lo económico y lo militar, factores estructurales en las relaciones internacionales. China y América Latina han logrado formar una asociación de cooperación integral basada en el beneficio mutuo y el desarrollo equitativo. Han establecido una confianza política de alto nivel y una amplia red de cooperación económica. Asimismo, las empresas de ambas partes tienen un conocimiento más completo y claro en cuanto a la situación, los riesgos, los obstáculos y los puntos de interés de la otra parte, lo que viene permitiendo una expansión mutua de ambos mercados.

En consecuencia, los problemas y retos que afrontan las relaciones bilaterales han pasado de ser una simple colisión entre países a definirse por una carencia de identidad más profunda e ideológica. Por ejemplo, hay grandes diferencias entre las dos partes en cuanto a su ideología, su posicionamiento mutuo, su percepción y sus expectativas. Desde la perspectiva del reconocimiento mutuo, China considera que ambas partes son países en vías de desarrollo, mientras que las relaciones bilaterales son de beneficio mutuo. Sin embargo, una parte de la población de América Latina aún considera a China como un "país del norte", que implementa un "neocolonialismo" o un "colonialismo de recursos naturales" en la región. A fin de que haya una cooperación profunda y duradera, es básico un reconocimiento y entendimiento mutuo entre las diferentes identidades e intenciones de ambas partes. Si no se conforma un consenso a este nivel, la cooperación entre América Latina y China se limitará a las necesidades existentes. Por tanto, los factores culturales se convertirán en un factor "invisible" y clave que influirá en el futuro desarrollo de las relaciones sino-latinoamericanas.

2.3.1.3 China y América Latina cuentan con las condiciones para implementar la diplomacia ideológica

En primer lugar, los países latinoamericanos reconocen actualmente a China como un país autónomo en la elección de su modelo de desarrollo.

Desde su fundación, la República Popular China siempre ha determinado su estrategia de desarrollo de acuerdo con su situación doméstica y siguiendo un modelo de desarrollo con características propias, lo que le ha permitido obtener grandes logros. Con la evolución del escenario internacional y la ampliación de los intercambios y cooperaciones bilaterales, los países latinoamericanos han profundizado sus conocimientos sobre China y han adquirido una visión más objetiva sobre el modelo de desarrollo con características chinas, además de reconocer cada vez más la autodeterminación de China en su propio modelo de desarrollo.

En segundo lugar, la mejora continua en el instrumento de cooperación bilateral proporciona una garantía para la diplomacia ideológica. El mecanismo, al ser un vehículo de la cultura, permite que sus objetivos, conceptos, diseño y modo de funcionamiento estén profundamente influidos por elementos de características culturales. Para los participantes, "este mecanismo permite a ambas partes interactuar, generar y reforzar conceptos y compartirlos"[①]. Es decir, en el proceso de establecimiento e implementación del mecanismo de cooperación, los participantes, a través de conceptos y normas institucionales compartidos, generarían una visión compartida. China y América Latina ya han establecido un mejor sistema de cooperación, dentro del cual existen mecanismos de cooperación a nivel mundial (por ejemplo, la Iniciativa de la Franja y la Ruta o el Nuevo Banco de Desarrollo del BRICS), plataformas de cooperación intrarregionales (como el Foro China-CELAC o el Foro de Cooperación Económica y Comercial entre China y el Caribe), así como mecanismos de cooperación

---

① Qin Yaqing, *Autoridad, sistema y cultura*, Beijing: Peking University Press, 2016, p.133.（秦亚青：《权力・制度・文化》，北京大学出版社，2016年。）

industriales o intersectoriales. Estos instrumentos no solo ofrecen apoyos prácticos a la cooperación, sino también a la diplomacia cultural ideológica. La cooperación entre las dos partes solo puede llevarse a cabo de manera profunda, estable y duradera si se ajusta a los conceptos, normas e intereses basados en los mecanismos de cooperación.

En tercer lugar, ambas partes ya han propuesto el concepto vanguardista de unas relaciones futuras basadas en el desarrollo constructivo. En 2014, el presidente Xi Jinping, en su visita a la región, propuso la construcción de "una comunidad de futuro compartido entre China y América Latina", lo cual ha obtenido el reconocimiento de los países latinoamericanos. Cuando China propuso la Iniciativa de la Franja y la Ruta, también recibió una respuesta positiva de los países latinoamericanos. En enero de 2018, el documento final de la segunda reunión interministerial del Foro China-CELAC, la Declaración Especial sobre "la Franja y la Ruta", marcó el alcance oficial de dicha iniciativa en esta región. Hasta finales de 2019, un total de 19 países latinoamericanos y caribeños habían firmado con China los documentos de cooperación bajo el marco de la Iniciativa de la Franja y la Ruta.

En el proceso de construir una asociación integral y promover mecanismos de cooperación multidimensional y la Iniciativa de la Franja y la Ruta, ambas partes llegaron a un consenso sobre las oportunidades de desarrollo mutuo y resaltaron la importancia estratégica de sus relaciones. Los conceptos estratégicos que sustentan el instrumento de cooperación entre China y América Latina, como el comercio, la construcción conjunta, el trato igualitario, la tolerancia e inclusividad, el aprendizaje y el beneficio mutuo, han esclarecido los principios, objetivos y formas de cooperación entre ambas partes. Actualmente, durante el proceso de cooperación pragmática, aún se necesita profundizar el análisis y la comprensión entre las partes partiendo de sus respectivos contextos culturales, con miras a alcanzar un consenso y su aplicación correspondiente.

2.4 La diplomacia ideológica de China en América Latina: Construir un consenso entre ambas partes

Si bien el deseo de cooperación entre China y América Latina es claro, resultan innegables las evidentes diferencias culturales entre ambas partes, como lo demuestran la historia, el idioma, la composición étnica, la religión, los sistemas y las costumbres sociales, así como los valores y la mentalidad. Incluso si se establecen objetivos comunes de cooperación, pueden surgir discrepancias en cuanto a la comprensión de los objetivos, las vías para alcanzarlos, etc. Debido a este motivo, la diplomacia cultural entre China y América Latina siempre se ha centrado en reforzar la comprensión mutua, a fin de mejorar el entendimiento y la cooperación recíproca. El reto que se debe afrontar ahora es cómo hacer que la comprensión mutua impulse el respeto a la identidad, el entendimiento y la cooperación recíproca y, consecuentemente, evitar los malentendidos que puedan generar conflictos. Por tanto, el desarrollo de las relaciones bilaterales en el futuro y la profundización de la comprensión mutua deberán prestar atención al fortalecimiento recíproco de la identidad y consolidar los conceptos comunes para ambas partes.

2.4.1 Formación de consensos entre China y América Latina

Dada la durabilidad y amplitud de la influencia cultural, el consenso entre China y América Latina debería orientarse al entendimiento común del futuro desarrollo de las relaciones, en vez de intentar modificar la idiosincrasia cultural de cada una de las partes, con el objetivo de establecer una relación mutuamente aceptable, inclusiva, más racional y duradera. Además, la formulación de este consenso debe ser refinada y conceptualizada, a fin de aumentar la aceptación de ambas sociedades. En términos generales, las partes deben llegar a un consenso sobre tres cuestiones en conflicto.

2.4.1.1 Convergencia y divergencia

Existe una gran convergencia entre China y América Latina, la cual constituye una base y condición favorable para la cooperación entre ambas partes. La convergencia o unanimidad se manifiesta ante todo en la unidad de intereses de ambas partes. Actualmente, las partes se encuentran en un período histórico en el que la interdependencia a nivel internacional ha seguido profundizándose y ambos lados constituyen una parte inseparable de la comunidad de futuro compartido de la humanidad. Tal vez los modelos de desarrollo de cada parte sean distintos, pero coexisten en la "aldea global" y su destino de desarrollo está estrechamente vinculado.

En segundo lugar, los intereses concretos de ambas partes en materia de desarrollo coinciden. En el contexto general de una globalización cada vez más acentuada, China y América Latina afrontan la tarea que plantean los desafíos de su propio desarrollo. Una mayor complementariedad económica es una importante oportunidad y una garantía para que ambas partes cumplan con sus respectivos mandatos en materia de desarrollo, como ha quedado demostrado en anteriores procesos de cooperación.

En tercer lugar, la voluntad de ambas partes de promover nuevas relaciones internacionales es unánime. A pesar de la creciente interdependencia a nivel internacional y la tendencia hacia la multipolaridad del orden global, los países occidentales siguen siendo los encargados de establecer las normas del actual sistema de gobernanza mundial. Sin embargo, en los últimos años, países como EE.UU. han mostrado una tendencia cada vez más contraria a la consulta y la cooperación en los asuntos internacionales. En este sentido, tanto China como los países latinoamericanos buscan contribuir a la construcción de un nuevo modelo de relaciones internacionales basado en el respeto recíproco, la justicia y la cooperación mutuamente beneficiosa.

En cuarto lugar, la diversidad de las civilizaciones de China y América Latina también es algo unánime. A lo largo de su historia milenaria, China ha asimilado e integrado lo mejor de las civilizaciones vecinas y extranjeras, lo que ha hecho que los conceptos de "pluralidad, inclusión y continuidad" y "armonioso pero diferente" se conviertan en algunos de los principales sellos distintivos de la civilización china. La civilización latinoamericana, que es la convergencia e integración de diversas culturas de origen amerindio europeo cristiano, y afroamericano, también se caracteriza por este pluralismo.

La heterogeneidad de China y los países latinoamericanos es asimismo evidente, y las grandes diferencias culturales, así como las consiguientes diferencias ideológicas, institucionales, conceptuales e incluso de comportamiento, pueden tener un efecto profundo en las relaciones entre China y América Latina. A primera vista, ambas partes son conscientes de este hecho, que se pone de manifiesto tanto a nivel nacional como individual cuando se habla de las relaciones entre China y los países latinoamericanos, y consideran que el fortalecimiento de la comunicación y la comprensión son una premisa importante para la consolidación de las relaciones bilaterales.

Sin embargo, en el curso de la cooperación práctica, los problemas derivados de esas diferencias pueden afectar e incluso obstaculizar el proceso de cooperación. Por ello, ambas partes deben reconocer las diferencias concretas que existen en los intereses generales y pasar de los términos conceptuales a conceptos claros, a fin de aceptar, adaptar y superar realmente esas diferencias y lograr el desarrollo sostenible de la cooperación. Por lo tanto, la esencia de "la convergencia y la divergencia" es que ambas partes consideren a la cooperación como "armoniosa pero diferente" para alcanzar un mayor consenso y entendimiento.

2.4.1.2 Desarrollo conjunto y desarrollo autónomo

El desarrollo es una tarea prioritaria para ambas partes. El objetivo de una mayor cooperación es lograr un desarrollo común. Hasta la fecha, los efectos de la cooperación entre China y América Latina en la promoción económica y social de ambas partes son evidentes. Sin embargo, el desarrollo conjunto debe incluir que ambas partes compartan y aprovechen las oportunidades y los recursos que ofrece la cooperación para avanzar conjuntamente en su propio camino hacia el desarrollo. La cooperación bilateral ha aportado abundantes recursos para el desarrollo de ambas partes, desde materias primas, financiación, tecnología hasta instrumentos de cooperación. Sin embargo, cada uno debe abordar la cuestión de cómo utilizar, asignar y contribuir eficazmente al desarrollo nacional de acuerdo con sus propias realidades. El objetivo de la cooperación bilateral es el beneficio mutuo y el desarrollo conjunto, y no la sustitución del desarrollo autónomo de la otra parte. Por tanto, la esencia del "desarrollo conjunto y el desarrollo autónomo" debe alcanzar un consenso sobre la "construcción conjunta y la autosuficiencia" como una perspectiva de la cooperación.

2.4.1.3 Iniciativa e interacción

La sucesión de interacción y cooperación entre China y América Latina es el proceso de comprensión, adaptación y aprendizaje mutuos. La profundización y la eficacia de la interacción y la cooperación dependen del grado de iniciativa de ambas partes para aprender y adaptarse recíprocamente. La voluntad actual de cooperación entre ambas partes es firme y hay consciencia de la necesidad de adoptar medidas para garantizar el desarrollo continuo y saludable de las relaciones bilaterales. China ha promovido la creación de diversos mecanismos e iniciativas de cooperación en los ámbitos político y económico, y ha adoptado numerosas iniciativas encaminadas a promover el desarrollo sostenible de las relaciones sino-latinoamericanas. La mayoría de las medianas empresas también pueden adaptarse al mercado latinoamericano por medio de iniciativas como estudios preliminares, evaluación de riesgos y estrategias de ajuste. En cambio, la mayoría de los países latinoamericanos han sido más pasivos en la promoción de las relaciones bilaterales. Solo si ambas partes promueven las relaciones bilaterales activamente, aprenden una de la otra, aprovechan sus fortalezas y se adaptan a los conceptos, las normas y las formas de cooperación, entonces la relación bilateral será más eficaz y fluida. Por tanto, la esencia de la "iniciativa e interacción" es llegar al consenso a través del aprendizaje mutuo.

2.4.2 ¿Cómo establecer un consenso entre China y América Latina?

La formación del consenso parece ser una cuestión meramente intelectual, pero no es así porque el consenso requiere de la aprobación subjetiva de todos los participantes, así como su concreción y posterior aplicación en todos los niveles. Por ello, crear un consenso bilateral no solo se limita a las iniciativas y políticas intergubernamentales o ministeriales, sino que debería ser la creación de conceptos orientada a la sociedad de ambas naciones. Las vías y los participantes en la creación de consenso también deben ser diversos.

2.4.2.1 Aprovechar los mecanismos de cooperación para promover la diplomacia ideológica

Los mecanismos son un reflejo de la sistematización de la cooperación. Los conceptos que sustentan la creación del mecanismo y los objetivos que se pretenden alcanzar, así como su configuración y funcionamiento, todos están influidos por factores culturales. El buen funcionamiento del mecanismo depende de que ambas partes reconozcan esos elementos culturales. Mediante el establecimiento de mecanismos o marcos de cooperación, las partes pueden llegar a un acuerdo conceptual sobre las cuestiones pertinentes y contribuir a superar la "heterogeneidad" y buscar la "homogeneidad". Ya existen mecanismos de cooperación que han sido mejorados entre China y América Latina, los que abarcan todos los niveles y esferas de la cooperación integral a nivel interregional, la cooperación bilateral y la cooperación industrial e intersectorial. A través de estos mecanismos de cooperación se puede determinar y proponer un consenso multinivel y multisectorial.

2.4.2.2 Los diversos sujetos de la diplomacia cultural

Como en el pasado la diplomacia cultural se limitaba principalmente a las esferas de la literatura, las artes, la educación y la información, los departamentos gubernamentales y las agencias de noticias e instituciones educativas se convirtieron en los principales implementadores y promotores. Por tanto, la diplomacia cultural, en particular la diplomacia ideológica, es una actividad diplomática dirigida a la sociedad en su conjunto. Si bien los gobiernos de China y los países latinoamericanos reconocen la importancia estratégica de fortalecer la cooperación, dado que esta práctica abarca a múltiples sectores y grupos de sus respectivas sociedades, cualquier matiz y discrepancia en el comportamiento ideológico puede impedir que la cooperación se desarrolle con éxito. Para ello es necesario extender la comunidad de actores de la diplomacia ideológica y ampliar los sujetos desde el nivel gubernamental e institucional, a fin de incluir al mayor grupo posible de sujetos que interactúan entre ambas regiones.

2.4.2.3 Promover la diplomacia cultural académica

Los académicos y los *think tanks* son promotores de ideas y líderes vanguardistas, que cumplen una función de asesoramiento político a las autoridades nacionales, además de desempeñar un papel al interpretar y explicar las políticas y tendencias al público en general. Debido a las diferencias en las tradiciones culturales, los sistemas de valores y las ideologías entre ambas partes, se debe promover en el intercambio académico el análisis de esos conceptos, la aclaración de su contenido ideológico, la "búsqueda de la verdad a través del debate y la formación de consensos mediante el intercambio" y su difusión al conjunto de la sociedad en ambas regiones.

2.4.2.4 Perfeccionar el sistema de difusión cultural y reforzar su capacidad de transmisión

La formación de consensos requiere la aprobación de la población para ser eficaz. En la actualidad, la cobertura de los medios de comunicación occidentales influye en gran medida en la percepción mutua entre China y América Latina. Al respecto, ambas partes deben establecer mejores sistemas de comunicación cultural. Aparte de la educación, los medios de comunicación, el cine, el Internet, etc., también se debería incluir a la infraestructura y a los sistemas culturales dedicados a la difusión, reproducción y recepción de la cultura, así como a las organizaciones que crean, difunden, reproducen y reciben información y prácticas culturales[1]. Con un sistema de comunicación cultural perfeccionado, se podrá contar a la población de ambas partes lo que ocurre tanto en China como en América Latina y se podrán transmitir los consensos bilaterales, con el objetivo de que estos sean conocidos y aceptados por todos los sectores de la población.

2.4.2.5 Reforzar la cooperación entre las industrias culturales de China y América Latina

Las industrias culturales son actividades comerciales de las empresas orientadas a la obtención de beneficios, impulsadas por el mercado y principalmente dedicadas al comercio de productos culturales[2]. Las industrias culturales operan en el mercado al acercar los productos culturales a los mercados de los países destinatarios y facilitar su integración en la vida real de esos países, por lo que se les otorga una mayor difusión. Por tanto, el papel de las industrias culturales en la formación y difusión de las ideas es único e irremplazable. El punto de partida debe ser la convergencia entre las culturas de ambas partes, el fortalecimiento de la cooperación entre las industrias culturales, la innovación de las ideas

① David Held, *La gran revolución global: la política, economía y cultura en la era de la globalización*, traducción de Yang Xuedong, et al., Beijing: Social Sciences Academic Press, 2001, p.461. （戴维·赫尔德等：《全球大变革：全球化时代的政治、经济与文化》，杨雪冬等译，社会科学文献出版社，2001年。）

② He Shuangrong, “La industria cultural y la imagen internacional: posibilidades de cooperación entre China y América Latina”, en *Estudios Latinoamericanos*, núm.4, 2015, p.40. （贺双荣：《文化产业与国际形象：中拉合作的可能性》，载《拉丁美洲研究》，2015年第4期。）

y modalidades de cooperación, la ampliación del público dedicado a la cooperación entre las industrias culturales, y el aumento de la comprensión y la aceptación del consenso entre China y América Latina a través de la cooperación en la industria cultural.

CAPÍTULO 3

Convivencia con diferencias: Valores culturales de China y América Latina

Desde hace tiempo se ha generalizado la idea tanto en la sociedad civil como en el ámbito académico de que existen enormes diferencias culturales entre China y América Latina. Al respecto, los especialistas chinos se agrupan en dos perspectivas. La primera consiste en realizar comparaciones partiendo de las características básicas de estas dos culturas. Por ejemplo, hay especialistas que consideran que la cultura china presenta unas características de continuidad, inclusividad y localización propia; mientras que la cultura latinoamericana presenta aquellas de mestizaje, apertura y especificidad, además de haber experimentado profundas influencias externas[①]. La segunda perspectiva consiste en hacer comparaciones vinculadas con los valores culturales. Por ejemplo, hay especialistas que han investigado la influencia de las diferencias entre la cultura confuciana y la católica sobre los sistemas regionales y la elección de modelos en Asia Oriental y América Latina, respectivamente; no obstante, el análisis de tales diferencias se centra principalmente en asuntos relacionados con el desarrollo[②]. Además, algunos especialistas, aunque prestan atención a las similitudes y diferencias entre los valores culturales chinos y

① Chi Cheng, "Comparación, intercambios y cooperación entre la cultura china y la cultura latinoamericana", en *Contemporary World*, núm.5, 2007, pp.6-8.（驰骋：《中国和拉美文化的对比及交流合作》，载《当代世界》，2007年第5期。）

② Zhang Yong, "Cultura, instituciones y desarrollo: análisis del desarrollo de perspectivas institucionales y culturales", en *Economista*, núm.5, 2008, pp.48-54.（张勇：《文化、制度与发展——制度与文化比较视角的发展分析》，载《经济学家》，2008年第5期。）

latinoamericanos, carecen de base teórica y apoyo en datos empíricos[①].

Para subsanar estas carencias, en este capítulo vamos a emplear la teoría de las dimensiones culturales del sociólogo holandés Geert Hofstede, la teoría del cambio de valores de Ronald Inglehart (importante representante de la investigación en cultura política occidental) y la Encuesta Mundial de Valores (*World Values Survey*, WVS) dirigida por Inglehart. Con ello, compararemos los valores culturales de China y Latinoamérica con el objetivo de hacer un juicio más correcto de las diferencias y similitudes entre las dos.

Es verdad que estas dos teorías sobre la medición de diferencias culturales presentan sus limitaciones. Especialmente sigue estando en debate si una encuesta de diseño occidental puede o no reflejar un contenido cultural tan profundo como el caso de China. Sin embargo, dado el carácter completo y comparable de los datos en la encuesta, no deja de ser una herramienta eficaz para la comparación entre las culturas china y latinoamericana. En la tercera parte del presente capítulo vamos a explorar, tomando como ejemplo la comunidad china en la región latinoamericana, cómo las diferencias entre los valores culturales influyen sobre la comunicación intercultural entre China y América Latina.

Si entre dos culturas diferentes escasean el conocimiento y la comprensión mutuos, ello resultará en una mayor complejidad y dificultad

---

① Li Han, Han Han, "Construir los pilares de la comunidad de futuro compartido entre China y Latinoamérica: Uruguay como caso para analizar las características de la cultura latinoamericana", en *Revista de la Universidad Normal de Jiangsu (Edición de Filosofía y Ciencias Sociales)*, núm.5, 2017, pp.106-114.（李菡、韩晗：《构建中拉命运共同体的文化支柱——以乌拉圭为例探析拉美文化特性》，载《江苏师范大学学报（哲学社会科学版）》，2017年第5期。）

en la comunicación intercultural. En consecuencia, el propósito final del presente capítulo no es explicar y destacar las diferencias culturales existentes entre China y América Latina, ni tampoco la lejanía cultural entre ambas, sino proporcionar una explicación convincente a los conflictos interculturales que se producen objetivamente en el proceso de comercio e intercambios tanto humanos como culturales entre China y Latinoamérica.

Todo ello tiene como finalidad impulsar el entendimiento recíproco entre las dos culturas, promover que China y Latinoamérica superen sus diferencias y dificultades culturales, saber cómo convivir dentro de estas mismas diferencias culturales, así como convertir las barreras culturales en un aprendizaje entre civilizaciones construido sobre la base de la comprensión y el respeto mutuos.

3.1 Diferencias culturales entre China y América Latina según la teoría de las dimensiones culturales

La teoría de las dimensiones culturales es una importante herramienta teórica planteada por Hofstede en su obra *Culture's Consequences: Comparing Values, Behaviours, Institutions, and Organizations Across Nations*, publicada en 1980 y empleada para analizar las diferencias culturales entre países distintos. El autor, mediante una encuesta a gran escala que realizó a los trabajadores de la compañía IBM distribuidos en más de 50 países y regiones, propuso cuatro dimensiones de medición de los valores culturales: distancia jerárquica, individualismo/colectivismo, masculinidad/feminidad y control de la incertidumbre. Cada país o región tiene un valor correspondiente en cada una de estas dimensiones.

A partir de aquí, Hofstede también integró las investigaciones de otros especialistas y añadió dos dimensiones adicionales: orientación a largo/corto plazo; indulgencia/contención. La teoría de las dimensiones culturales toma los datos empíricos como base y es un método cuantitativo para mostrar directamente las diferencias y características culturales de cada país o región, lo cual convierte a esta teoría en un importante fundamento teórico dentro del ámbito de la investigación intercultural.

Sin embargo, no se puede negar que la teoría de las dimensiones culturales presenta también sus limitaciones. Por una parte, la selección de las muestras carece de representatividad, dado que el hecho de que los trabajadores de la empresa IBM puedan o no representar las características culturales de todo un país es algo que debe ser debatido. Por otra parte, los valores culturales no son estáticos, si bien estos cambios culturales no son bien reflejados dentro de la teoría de las dimensiones culturales. A pesar de todo esto, dicha teoría sigue siendo todavía una importante herramienta en la investigación cultural comparativa.

3.1.1 Dimensiones culturales de los valores medidos

Según Hofstede, "en comparación con la actividad práctica, los valores son un factor estable dentro de las culturas. La investigación comparativa de las culturas comienza con la medida de los valores"[1]. De este modo, no

---

① Geert Hofstede, Gert Jan Hofstede, Michael Minkov, *Cultures and Organizations: Software of the Mind*, traducción de Zhang Wei y Wang Shuo, Beijing: Publishing House of Electronics Industry, 2019, p.22. En adelante, las citas que vamos a utilizar de este libro serán de esta misma edición y las indicamos solo con la información del autor y del número de la página. (吉尔特·霍夫斯泰德、格特·扬·霍夫斯泰德、迈克尔·明科夫：《文化与组织：心理软件的力量》，张炜、王烁译，电子工业出版社，2019年。)

es difícil de ver que lo que explica la teoría de las dimensiones culturales es la orientación de los valores que hay detrás de la apariencia cultural. La puntuación alta/baja en cada una de las dimensiones refleja las diferencias en los valores culturales.

El índice de distancia jerárquica ha sido utilizado para reflejar el grado de desigualdad social y el grado de aceptación de la desigualdad por los pueblos. En los países (o regiones) con un bajo índice de distancia jerárquica, existe una dependencia mutua entre los de arriba y los de abajo (en el sentido de gobernantes y gobernados), dando importancia a la negociación, y el nivel de aceptación de las desigualdades de poder es bajo por parte de la gente. Mientras que en los países y regiones con un alto índice de distancia jerárquica, los gobernados están más acostumbrados a obedecer las órdenes de los de arriba, y el grado de aceptación de las desigualdades de poder es alto por parte de la población.

La dimensión del individualismo/colectivismo se utiliza para medir en una sociedad la importancia que su población confiere a los intereses individuales frente a los intereses colectivos, como también a los efectos de los individuos frente a la fuerza del colectivo. Cuanto menor sea el valor de esta dimensión, menor será la tendencia hacia el individualismo, y viceversa.

Lo que la dimensión de masculinidad/feminidad muestra es si en una sociedad el temperamento dominante viene representado por la autoconfianza y fortaleza, y le da importancia al éxito material y demás características asociadas al carácter masculino; o bien por la humildad y gentileza, y le da importancia a la calidad de vida y demás características asociadas al carácter femenino. Los países y regiones con un valor más alto, se corresponden con una mayor masculinidad.

El índice de control de la incertidumbre refleja el grado de ansiedad y el grado de aceptación frente a riesgos desconocidos por parte de los miembros de la sociedad cuando se enfrentan a una situación de incertidumbre. En países y regiones con un alto índice de control de la incertidumbre, las ideas peculiares nunca son bienvenidas y los miembros de la sociedad se acostumbran a evitar la generación de incertidumbre a través de la reglamentación de normas, la gente suele mostrarse más "apresurada, tranquila, emocional, agresiva y desconfiada"; mientras que en países y regiones con un menor índice de control de la incertidumbre, se fomenta la innovación y el espíritu de aventura, y la gente suele aceptar más fácilmente la incertidumbre e inestabilidad.

La dimensión de orientación a largo/corto plazo inicialmente consistía en una encuesta de valores de personas chinas realizada en 23 países, la cual no tiene relación con las anteriores cuatro dimensiones de Hofstede. Posteriormente, los investigadores descubrieron que en la encuesta de valores mundiales había una dimensión altamente relacionada con ella y, por tanto, llegó a ser denominada como la quinta dimensión cultural de la teoría de Hofstede. La orientación a largo plazo indica que los miembros de la sociedad dan mayor importancia al bienestar en el futuro, cuyas manifestaciones principales incluyen la perseverancia, la diligencia y el ahorro. Mientras, la orientación a corto plazo se refiere a que los miembros de la sociedad otorgan una mayor importancia al pasado y al presente, cuyas principales manifestaciones incluyen el respeto a la tradición y el apego a la "cara" o imagen.

Lo que muestra la dimensión de indulgencia/contención es la actitud de las personas hacia la libre elección. En países y regiones con un alto índice de indulgencia, la sociedad permite a sus miembros con relativa libertad de elección elegir los modos de vida que más les gustan. Mientras que en países y regiones con un elevado índice de contención, la libertad que elige la gente siempre se encuentra limitada por las normas sociales.

Los valores revelados por las seis dimensiones anteriores no solo se expresan en todos los aspectos de la vida social, sino que también se reflejan en los ámbitos económico y político. Por ejemplo, los países (o regiones) de Asia Oriental lograron un despegue económico en las décadas de 1960 y 1970, lo que se ha demostrado que estuvo relacionado con su alto grado de orientación a largo plazo; ello se explica porque la tendencia hacia un comportamiento "ahorrativo" había incrementado la tasa de ahorro (económico), lo que ayudó a ampliar la inversión. En otro ejemplo, en países con temperamento masculino como EE.UU., el Reino Unido y Alemania, las disputas políticas suelen estar llenas de enfrentamientos y, sin embargo, en culturas con temperamento femenino, tales como los países del norte de Europa, es más fácil llegar a consensos entre los partidos.

Por otra parte, una cuestión importante consiste en que las seis dimensiones culturales no son totalmente independientes entre sí, sino que, en cierta manera, están relacionadas. De este modo, por ejemplo, las dos dimensiones de distancia jerárquica e individualismo están negativamente correlacionadas, mientras que la orientación a largo plazo y la contención están positivamente relacionadas. De igual modo, encontramos una correlación positiva entre la orientación a corto plazo y la indulgencia. Sin embargo, la puntuación en estos seis índices de muchos países no se ajusta al patrón anteriormente mencionado, lo que resalta la diferenciación y complejidad de los valores culturales.

3.1.2 Diferencias y similitudes culturales entre China y los países latinoamericanos

En este apartado, vamos a combinar las seis dimensiones contenidas en la teoría de las dimensiones culturales para evaluar las diferencias y similitudes entre China y los países latinoamericanos, además de analizar brevemente el trasfondo de sus valores culturales.

Además, si bien existen diferencias entre los países latinoamericanos, la situación de las puntuaciones del conjunto de estos países (su patrón general) va a recibir una mayor atención debido a que este capítulo toma el conjunto de la región como el objeto de investigación.

3.1.2.1 Distancia jerárquica

Dentro del *ranking* sobre el índice de distancia jerárquica de 76 países y regiones, la mayor parte de los países latinoamericanos se sitúa en la mitad del listado, aunque Guatemala, Panamá, Venezuela, México y Ecuador, todos pertenecen a un valor elevado de distancia jerárquica. China también es un país con una alta distancia jerárquica y, en consecuencia, podemos decir que China y los países latinoamericanos presentan ciertas diferencias, aunque no son demasiado marcadas.

La alta distancia jerárquica de China está relacionada con su cultura tradicional. Los ritos propuestos en el pensamiento confuciano destacan la idea de que el noble, el humilde, los mayores y los jóvenes, cada uno tiene su propio camino y sus propios ritos. En consecuencia, en la sociedad feudal la gente debía seguir estrictamente los estándares relativos a las relaciones humanas básicas, tales como aquellas entre el príncipe y los ministros, entre padre e hijo, entre hermanos, entre hombre y mujer, y entre los amigos, lo que estableció una jerarquía estricta.

Tras entrar en la sociedad moderna, y a pesar de que los pensamientos de igualdad hayan ingresado progresivamente en la mentalidad de la gente, los chinos siguen todavía respetando el orden entre mayores y jóvenes y siguen hablando de la tradición de los antiguos. Dentro de la vida familiar en China, la autoridad de los padres sobre los hijos e hijas es aceptada de forma general, y los hijos e hijas deben cumplir con la obligación de cuidar a sus padres. En la escuela, el respeto a los profesores siempre ha sido una virtud y el protagonista del aula es el profesor, no el alumno. En el lugar de trabajo, los subordinados deben obedecer las instrucciones de sus superiores. Estas son expresiones típicas de países con una alta distancia jerárquica.

Por su parte, la región de América Latina ha sido históricamente una sociedad conquistada por invasores externos, lo que determinó que la estructura social de ese momento fuera jerárquica. Durante el proceso de colonización, la región latinoamericana estaba delimitada por la etnia y el color de la piel, lo que formó dos clases completamente opuestas: los dirigentes de clase alta predominantemente blancos y los gobernados de clase baja predominantemente indios y negros; mientras que los mestizos/mulatos ocupaban la posición central en la estructura social.

Después de la independencia, esta jerarquía basada en la clasificación por el color de la piel se fue erosionando gradualmente conforme al establecimiento del sistema democrático. No obstante, estos conceptos de jerarquía todavía se conservan y existen en la vida social de manera imperceptible. Además, las metrópolis a lo largo de su dominio colonial trasplantaron a la región latinoamericana el "sistema patriarcal" de la sociedad feudal consistente en grandes propiedades de tierra, lo que ha dejado una pesada impronta en el pensamiento. Recientemente, los problemas de desigualdad y diferenciación entre pobres y ricos de la región latinoamericana se han convertido en una grave dificultad que constriñe el desarrollo socioeconómico de la región, lo que sin duda está relacionado con la alta concentración del poder y la riqueza formada a lo largo de la historia.

3.1.2.2 Individualismo/colectivismo

Entre los países latinoamericanos existen ciertas diferencias en la dimensión individualismo/colectivismo, por lo que aparecen bastante dispersos en el *ranking* de 76 países y regiones. Sin embargo, de 13 países con datos disponibles solo hay cuatro países situados en una posición relativamente intermedia; los demás pertenecen, al igual que China, a culturas donde se da importancia al colectivismo.

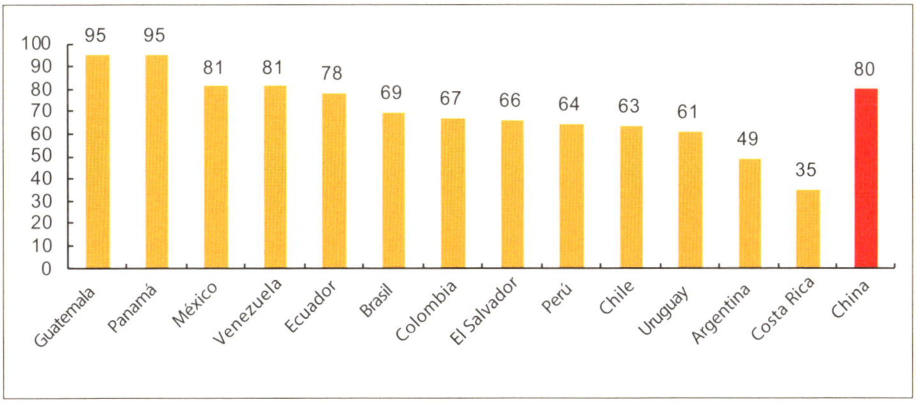

Gráfico 3-1 Puntuación del índice de distancia jerárquica
Fuente: Geert Hofstede, et al., pp.47-49.

En líneas generales, dentro de esta dimensión (individualismo/colectivismo) los países latinoamericanos se diferencian claramente de países occidentales como EE.UU., el Reino Unido y Alemania con un individualismo prevaleciente, si bien resulta sencillo ver cómo la cultura occidental también ha ejercido su influencia sobre algunos países.

En China, el colectivismo es un valor tradicional y mayoritario. Los intereses del país, la sociedad y el colectivo tienen prioridad sobre los intereses individuales. Esto es así desde las ideas de preocupación por el país y la gente que tenían los antiguos chinos ("los asuntos de

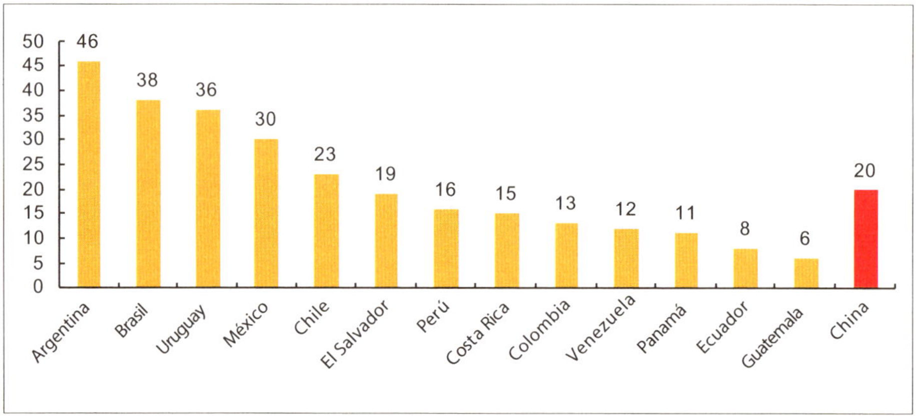

Gráfico 3-2 Puntuación del índice de individualismo
Fuente: Geert Hofstede, et al., pp.74-77.

Estado por encima de la felicidad") hasta el espíritu altruista de "servir al pueblo" promovido por la sociedad contemporánea, lo que, sin duda, refleja la existencia profundamente arraigada del colectivismo en la sociedad china.

El colectivismo de los países latinoamericanos primeramente se origina en las civilizaciones indígenas nativas. Por un lado, antes de que Cristóbal Colón "descubriese" el nuevo continente, los pueblos indígenas realizaban un tipo de economía agrícola intensiva, con características de cooperación y asistencia mutua, lo que hizo que el trabajo colectivo fuera una tradición. Por otro lado, en su larga lucha contra el colonialismo, el movimiento indígena siempre destacó por su fuerza colectiva. "En este punto, a diferencia del individualismo tan deseado por la clase capitalista dominante, en el concepto de 'nosotros' defendido por los indígenas y su movimiento, 'nosotros' siempre tiene más importancia que el 'yo'. El bienestar y la afirmación individuales nunca podrán ni deberán entrar en conflicto con la comunidad o los intereses colectivos en un sentido más amplio y, todavía mucho menos, dañar a estos dos últimos"①. Además, la influencia del catolicismo tampoco se puede subestimar. Históricamente, la Iglesia católica no ha defendido la individualidad, sino que ha mantenido la unidad y suprimido las nuevas ideas a través de la predicación colectiva y el castigo a los "herejes". Por ello, el colectivismo de los países latinoamericanos, al igual que el de China, también tiene un profundo origen histórico.

3.1.2.3 Masculinidad/feminidad

En este *ranking* China pertenece a los países de carácter masculino, si bien su puntuación presenta bastantes diferencias con aquellos países que tienen la más alta puntuación (110 puntos). Por su parte, los países latinoamericanos muestran su diferenciación con respecto a esta dimensión: la posición de cuatro países se ubica dentro del tercio superior, aunque también hay seis países que se localizan en el tercio inferior.

China no es un país masculino en sentido clásico, sino que es más apropiado describir el temperamento de (la cultura de) China como "una combinación de dureza y suavidad". Desde la antigüedad se ha venido formando el espíritu de fortaleza, perseverancia, valentía y superación del pueblo chino, que ha representado el aspecto más masculino y resaltante dentro de la cultura china. Mientras que la tolerancia, humildad y sencillez, y la importancia de la armonía propugnadas por la cultura china también han reflejado su aspecto femenino y tolerante.

Con respecto a la puntuación, y al igual que China, la mayoría de los países latinoamericanos también presentan un temperamento

① Carlos Antonio Aguirre Rojas. "Características, progreso histórico y contribución del movimiento indígena latinoamericano", en *Estudios Latinoamericanos*, núm.4, 2018, p.112.（卡洛斯·安东尼奥·阿居雷·罗哈斯：《拉美印第安人运动的特征、历史进程及贡献》，载《拉丁美洲研究》，2018年第4期。）

masculino y femenino. La diferencia está en que la feminidad en algunos países es más pronunciada. Las mayores diferencias que presentan los países latinoamericanos entre sí se explican, según Hofstede, por dos posibles causas. La primera consistiría en que la cultura católica muestra una indeterminación entre ambos temperamentos: "El catolicismo ha producido algunos roles masculinos y duros (los templarios y jesuitas), pero también ha producido algunos personajes amables (los monjes)"[①]. La segunda causa apuntaría a las diferencias entre las tradiciones de las civilizaciones indígenas, las que habrían dado lugar a las diferencias entre países. Por ejemplo, "la mayor parte de las zonas de México han heredado la fuerte cultura azteca, pero la península de Yucatán en el sur de México y el conjunto de las vecinas repúblicas centroamericanas heredaron la cultura maya con un espíritu competitivo más débil y relativamente pacífico. Perú y el norte de Chile han heredado la cultura inca similar (en este aspecto) a la cultura maya"[②].

3.1.2.4 Control de la incertidumbre

En la investigación de Hofstede, el control de la incertidumbre es la única puntuación de China en la que no se han reflejado realmente las dimensiones de las características culturales de la tradición china. En el Gráfico 3-4 se pueden ver claramente las diferencias entre China y los países latinoamericanos.

La puntuación de la mayoría de los países latinoamericanos es alta, siendo culturas con un alto control de la incertidumbre. Mientras que China solamente obtiene 30 puntos, posicionándose en la septuagésima posición

① Geert Hofstede, et al., p.124.

② Geert Hofstede, et al., p.129.

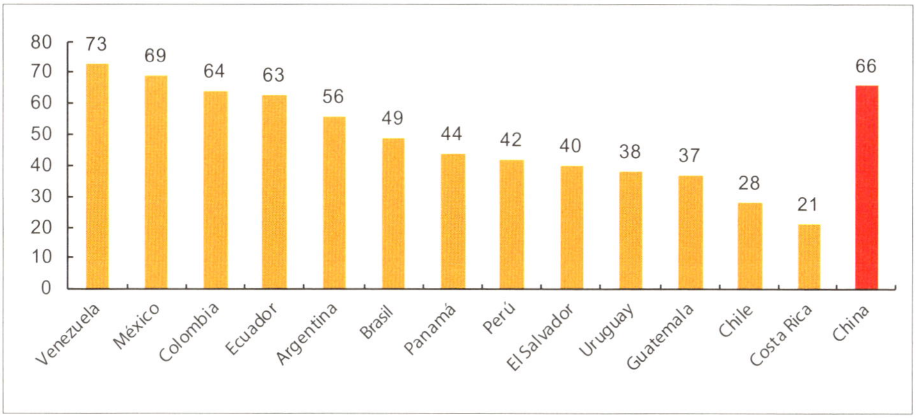

Gráfico 3-3 Puntuación del índice de masculinidad
Fuente: Geert Hofstede, et al., pp.105-107.

en el *ranking* de 76 países (también se incluyen regiones), lo que indica que el grado de control de la incertidumbre es bajo. Sin embargo, en realidad, China se ajusta mucho mejor a la descripción de una sociedad con un alto control de la incertidumbre.

Expresiones comúnmente comentadas por los chinos como "no librar batallas sin preparación" o "en tiempos de paz prepararse para el peligro", en realidad no reflejan sino el alto grado de control de la incertidumbre en China. Para evitar elementos de incertidumbre o ambiguos, la gente en China suele mostrar una fuerte dependencia de las reglas, las normas y los planes escritos. Las ideas y prácticas poco convencionales e inusuales son difíciles de aceptar. Otro elemento que muestra cómo la búsqueda de la estabilidad es muy fuerte en China, sin importar si nos referimos al lugar de trabajo o a la vida familiar, lo representa la expresión literal "buscar la estabilidad", que es un tipo de mentalidad social relativamente común.

El alto control de la incertidumbre en los países latinoamericanos proviene del pensamiento religioso. Hofstede considera que la proporción de católicos en un país o región está relacionada con su índice de control de

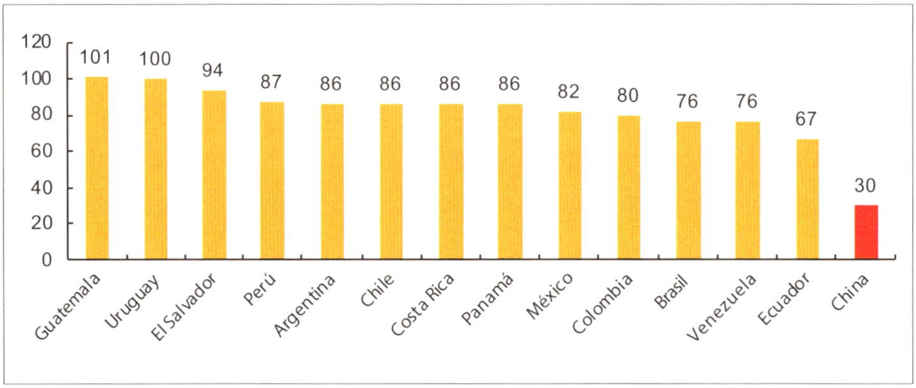

Gráfico 3-4 Puntuación del índice de control de la incertidumbre
Fuente: Geert Hofstede, et al., pp.138-141.

la incertidumbre. A lo largo de la historia, el catolicismo habitualmente ha rechazado los cambios y la innovación, desechando las cosas nuevas. Una manifestación clásica en las sociedades latinoamericanas contemporáneas del alto control de la incertidumbre consiste en que los países latinoamericanos han producido muchos grandes pensadores, escritores y teóricos, pero el nivel de la ciencia y tecnología está relativamente atrasado.

3.1.2.5 Orientación hacia el largo/corto plazo

La dimensión de la orientación a largo/corto plazo representa una de las más claras diferencias entre China y los países latinoamericanos. Los países latinoamericanos son sociedades clásicas orientadas hacia el corto plazo, mientras que China es una sociedad clásica orientada al largo plazo. Ello se debe principalmente a que las virtudes de perseverancia, esfuerzo y ahorro, propugnadas por las sociedades con orientación a largo plazo, provienen de la cultura confuciana.

Esto no solamente se da en China, sino que otros países y regiones con creencias confucianas también muestran una alta puntuación en este indicador. Dentro de un *ranking* de 93 países (también se incluyen regiones),

Corea del Sur, Japón y China ocupan la primera, la tercera y la cuarta posición. En el caso de los países latinoamericanos, con la excepción de Brasil, todos se ubican en el último tercio.

En la práctica, se pueden encontrar muchos casos típicos tanto en el caso de la orientación a largo plazo de China como en el de la orientación a corto plazo de los países latinoamericanos, que muestran además un fuerte contraste entre sí. Por ejemplo, respecto a la gobernanza económica, en China se da enorme importancia a los efectos de la planificación a largo plazo, de manera que ya se han completado 13 planes quinquenales de desarrollo económico; mientras que este método es imposible de poner en práctica en los países latinoamericanos.

En términos de consumo, los chinos abogan por regular el gasto en función de los ingresos y prefieren utilizar los ahorros como colchón de seguridad para la vida futura, preparándose para las necesidades imprevistas.

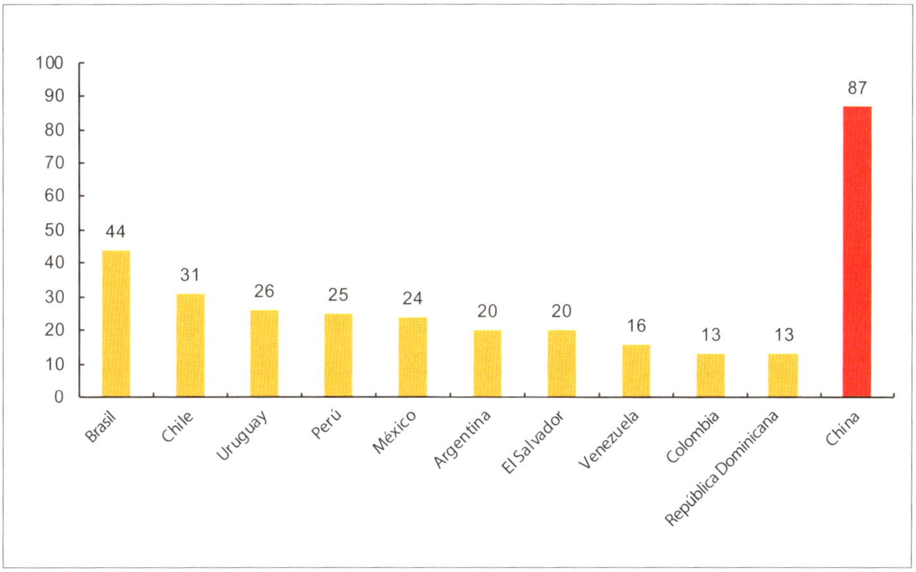

Gráfico 3-5 Puntuación del índice de orientación a largo plazo
Fuente: Geert Hofstede, et al., pp.180-183.

Por su parte, a los latinoamericanos les gusta consumir y suelen gastar la mayor parte de sus ingresos e incluso la totalidad de los mismos: son habituales los grupos de personas que se gastan todo su salario mensual, de manera que el consumo de créditos está muy desarrollado.

En lo relativo al trabajo, los chinos suelen estar más dispuestos a luchar a largo plazo para alcanzar sus objetivos ideales; mientras que los latinoamericanos suelen contentarse más con la situación del momento, basándose en el presente y enfocándose en objetivos inmediatos.

3.1.2.6 Indulgencia/contención

En esta dimensión, el grado de contención en China es alto frente al mayor grado de indulgencia de los países latinoamericanos: en este sentido, entre ambos existe un gran contraste. Dentro del *ranking* de 93 países y regiones, Venezuela y México ocupan las dos primeras posiciones.

La cultura tradicional china contiene en sí misma un temperamento sutil, sobrio y reservado. Los "ritos", que constituyen uno de los núcleos esenciales del pensamiento confuciano, enseñan a la gente a autodisciplinarse, a contener los deseos egoístas y a guardar las formas. La benevolencia, al ser el estándar moral más elevado, contiene una serie de códigos morales y estándares de conducta, lo que ha tenido un fuerte impacto a lo largo de las generaciones. En consecuencia, desde la antigüedad hasta la actualidad, todos los chinos suelen controlar sus palabras, sus acciones y su modo de vida, de manera que se ajusten a las diversas convenciones y normas formadas a través de la costumbre.

En comparación, la mayoría de los países latinoamericanos pertenece a una cultura típica indulgente, que también está relacionada con la cultura católica. El catolicismo se opone a la búsqueda excesiva de la riqueza material por parte de las personas y condena a los codiciosos, al tiempo que el propósito del trabajo es la existencia y autosuficiencia, y anima a las personas a estar contentas y felices. El reflejo directo de estos conceptos de riqueza y trabajo en las sociedades contemporáneas latinoamericanas es que, en comparación con el trabajo, las masas populares suelen preferir el ocio y el entretenimiento, su estilo de vida es más informal y relajado, les gusta disfrutar la vida libremente y su felicidad es relativamente alta.

En resumen, la teoría de las dimensiones culturales refleja mejor las características esenciales de la cultura latinoamericana, si bien existen algunos errores en la descripción de la cultura china, errores que se manifiestan principalmente en la dimensión del control de la incertidumbre. La razón puede ser que los entrevistados hayan sido personal de gestión intermedio dentro de una empresa, cuya orientación sea hacia valores más modernos y no hacia los valores tradicionales.

Dentro de las seis dimensiones culturales, China y los países latinoamericanos presentan similitudes en las primeras cuatro dimensiones

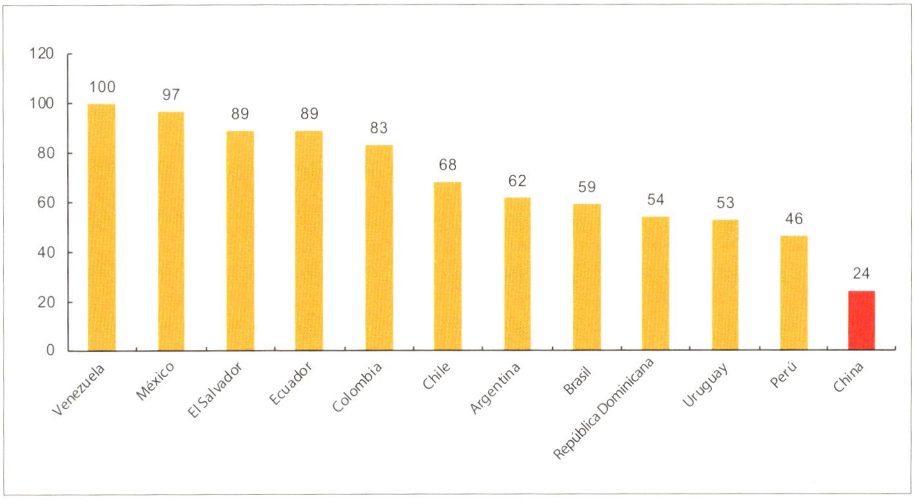

Gráfico 3-6 Puntuación del índice de indulgencia
Fuente: Geert Hofstede, et al., pp.206-209.

y existen diferencias notables en las dos últimas. Por un lado, esto significa que los valores culturales de China y Latinoamérica no son tan diferentes ni completamente opuestos como se piensa normalmente, sino que se pueden encontrar aspectos similares. Por otro lado, cabe señalar que tanto la cultura china como la latinoamericana tienen su diversidad y complejidad, de manera que estas seis dimensiones culturales no reflejan necesariamente la profundidad ni amplitud respectivas de las culturas china y latinoamericana. Sin embargo, en cualquier caso, el modelo de dimensiones culturales proporciona una referencia importante y una base para el estudio comparativo de las culturas china y latinoamericana.

3.2 Diferencias culturales entre China y América Latina según la WVS

La Encuesta Mundial de Valores (WVS) es un proyecto de encuesta internacional sin fines de lucro, que se originó a partir de una investigación de valores europeos realizada en 1981. Bajo la dirección del profesor Ronald Inglehart de la Universidad de Michigan en EE.UU., esta encuesta iniciada en 1990 se realiza cada cinco años y se ha ido extendiendo a más de 100 países y regiones del mundo. En comparación con la teoría de las dimensiones culturales de Hofstede, la WVS presenta varias diferencias claras: 1) La WVS es más amplia al considerar no solamente aspectos culturales, sino también temas políticos, económicos, relacionados con la globalización, con el medio ambiente natural, entre otras cuestiones. 2) Los encuestados cubren a muchos más colectivos, el rango de edad varía entre los 18 y 85 años, y la representatividad de la encuesta es más sólida. 3) Tiene en cuenta el desarrollo y cambio de valores, de manera que los resultados de ya seis encuestas pueden reflejar los cambios y tendencias en los valores de los pueblos en cada país y región. 4) A diferencia de las seis dimensiones incluidas en la teoría de las dimensiones culturales, según los resultados de la encuesta WVS, Inglehart definió solamente dos dimensiones para medir los valores. 5) Los objetivos de la investigación son distintos. La investigación de Hofstede persigue analizar las características culturales de distintos países y, a partir de ahí, proporcionar un fundamento a políticas relacionadas con la comunicación y difusión interculturales. La WVS, por otro lado, capta la dirección de los cambios político-económicos dentro de cada país o región, a través del análisis de la tendencia en los cambios de valores.

3.2.1 Mapa cultural del mundo

Comparado con el modelo cultural de seis dimensiones de Hofstede, el modelo de dos dimensiones de Inglehart resulta demasiado sencillo, aunque ha producido un resultado beneficioso: la representación con coordenadas planas bidimensionales de un mapa de valores del mundo y la clasificación de culturas a través de la ubicación en el mapa de cada país o región. Por lo tanto, una contribución importante de la WVS consiste en su capacidad para dividir intuitivamente el mundo en diferentes tipos culturales. Se puede decir que la WVS complementa algunas de las deficiencias de la teoría de Hofstede.

Las dos dimensiones culturales de Inglehart son, por una parte, los valores tradicionales versus los valores secular-racionales y, en la otra dimensión, los valores de supervivencia versus los valores de autoexpresión. Los valores tradicionales ponen énfasis en la importancia de la religión, las relaciones de parentesco, la autoridad y los conceptos tradicionales de la familia, y se muestran contrarios al divorcio, aborto, eutanasia y suicidio. Una sociedad con fuertes valores tradicionales tiene un sentido fuerte de orgullo nacional y un fuerte nacionalismo.

Los valores seculares-racionales, a diferencia de los valores tradicionales, no otorgan demasiada importancia a la religión, ni a los valores familiares tradicionales ni a la autoridad. El divorcio, aborto, eutanasia y suicidio son comportamientos aceptables. Los valores de supervivencia enfatizan la seguridad económica y personal, teniendo como objetivo principal la satisfacción de las necesidades materiales, y a menudo están acompañados de tendencias xenófobas, poca confianza y tolerancia. Los valores de autoexpresión reflejan las necesidades espirituales no materiales de una sociedad, en un contexto en el que resulta más fácil satisfacer las necesidades materiales.

Según los datos de la WVS, Inglehart trazó un mapa cultural del mundo utilizando un modelo bidimensional, tomando la dimensión tradicional versus secular-racional en el eje vertical y la dimensión supervivencia versus autoexpresión en el eje horizontal. En total, el mapa incluye nueve secciones, los países o regiones con valores cercanos pertenecen a la misma sección, y el mundo queda así dividido en nueve tipos culturales (ver Gráfico 3-7). En el mapa se puede ver que el factor decisivo en la definición de los valores y tipos culturales no es la ubicación geográfica, sino las ideas religiosas, las tradiciones históricas y las ideologías.

Inglehart considera que los valores seculares-racionalistas y el materialismo se originan en la corriente de izquierdas de la época de la Revolución Francesa. En consecuencia, estos valores han ocupado un lugar primordial en los países con una tradición socialdemócrata o un

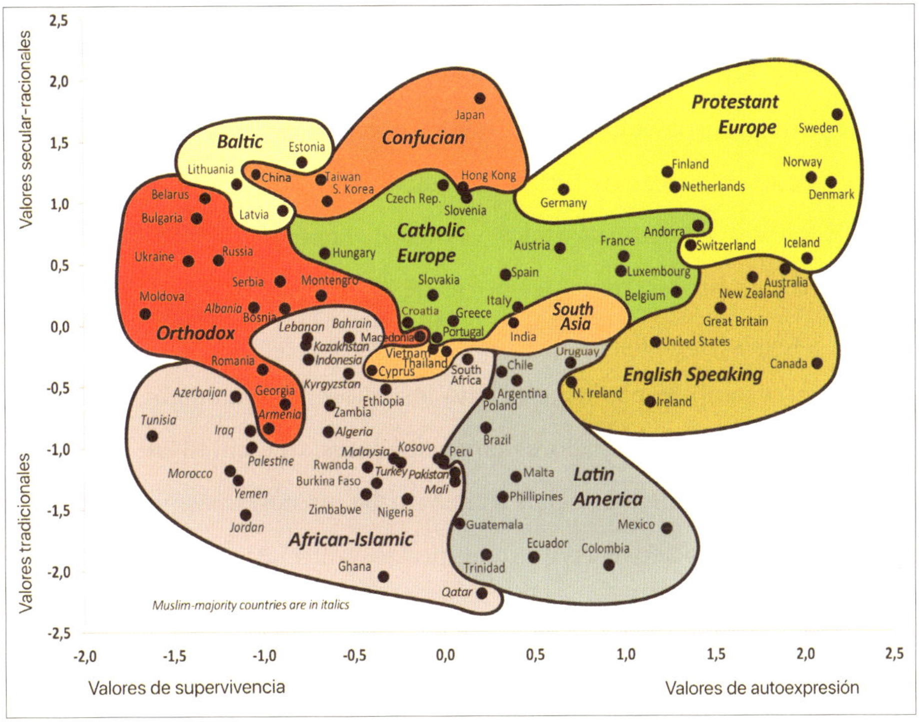

Gráfico 3-7 Mapa cultural del mundo (2010-2014)

Fuente: http://www.worldvaluessurvey.org/WVSContents.jsp.

sistema socialista. Mientras, los valores de supervivencia son característicos de los países orientales y la autoexpresión es característica de los países occidentales.

Inglehart cree que la ley universal del desarrollo y cambio de valores es la transformación de los valores tradicionales en valores seculares dentro de la dimensión moderna, y la transformación de los valores de supervivencia en valores de autoexpresión en su dimensión posmoderna. Dicho de otra manera, con el incremento del nivel de vida en un país o región y la transición desde una sociedad en desarrollo en proceso de industrialización hacia una sociedad posindustrial, su posición en el mapa se desplazará gradualmente desde la parte inferior izquierda hacia la parte superior derecha, es decir, que sus valores dominantes cambiarán desde el eje tradición-supervivencia hacia el eje secular racional-autoexpresión.

Dentro del mapa cultural del mundo, se puede observar claramente que las sociedades islámicas de Oriente Medio son aquellas donde se enfatizan más los valores tradicionales y los valores de supervivencia. En contraste, las sociedades protestantes del norte de Europa expresan unos fuertes valores seculares-racionalistas y de autoexpresión.

Inglehart también plantea que bajo los valores de autoexpresión existe, además, un subgrupo de valores emancipadores, que enfatizan la libertad de elección y la igualdad social, fomentan las protestas no violentas y el desarrollo de la sociedad civil y que, por lo tanto, ayudan a promover la democracia.

El mapa cultural del mundo de Inglehart no solo refleja las diferencias en los valores culturales de los países o regiones, sino que, mediante el análisis de tendencia de los cambios, también ha verificado el proceso de desarrollo de una sociedad desde la tradición a la modernidad y hacia la posmodernidad. En este sentido, la teoría de valores de Inglehart va más allá de las categorías puramente culturales para enfatizar la interacción entre el desarrollo económico, la transformación cultural y el cambio político, así como la influencia mutua entre los cambios sociales y los cambios de valores. Los conceptos de "valores materialistas", "valores posmaterialistas", "valores posmodernos" y la transformación intergeneracional en los valores propuestos por Inglehart se han convertido en importantes logros en el campo de los estudios políticos y culturales en los círculos académicos de Occidente.

3.2.2 Comparación entre China y América Latina de los valores culturales contenidos en la WVS

Dentro del mapa cultural del mundo, China pertenece a la esfera de culturas confucianas, ubicándose en la zona superior izquierda; mientras que América Latina es un tipo cultural independiente, localizada justamente por debajo de China en el mapa, siendo obvia la distancia cultural entre ambas. Si se establece una comparación con el mapa cultural del mundo de 1996, se puede comprobar que los cambios en la posición relativa dentro del mapa de China y los países latinoamericanos no son importantes.

Según la clasificación de Inglehart, las culturas confucianas se caracterizan por enfatizar los valores seculares racionalistas y de supervivencia. En comparación con muchos países, China aparece con un secularismo y racionalismo altos, incluso superando a EE.UU. y el Reino Unido (normalmente considerados países abiertos). Ello probablemente guarda relación con que la mayoría de los chinos tiene creencias materialistas.

En la otra dimensión, el que China se ubique más a la izquierda dentro de la esfera de culturas confucianas explica que, a pesar de que China ha logrado un fuerte desarrollo económico, todavía presenta una "conciencia de supervivencia" extremadamente fuerte. Inglehart cree que ello tiene relación con la cultura confuciana, dado que incluso las economías relativamente desarrolladas como Hong Kong, Taiwan, Japón y Corea del Sur tienden en esta dimensión todavía más hacia la supervivencia. Por otra parte, ello también presenta relación con la fase de desarrollo en la que China se encuentra actualmente. Dado que China todavía se sitúa en una primera etapa de modernización, aún presenta factores de inseguridad que amenazan la supervivencia. Inglehart considera que si bien China no va a experimentar una transición de valores a corto plazo, con una mirada puesta a largo plazo, tarde o temprano ocurrirá una tendencia a la transición de valores.

En comparación con China, la cultura latinoamericana muestra una tendencia a los valores de tradición-autoexpresión. En relación con los valores tradicionales, resulta fácil ver cómo la religión ejerce una importante influencia sobre los países latinoamericanos. No obstante, las diferencias entre países son grandes, lo que puede estar relacionado con los diferentes pesos relativos que tienen la historia colonial y la cultura indígena en cada país. Sobre la dimensión de autoexpresión, los valores de la mayoría de los países se muestran próximos, lo cual está en línea con las características del pueblo latinoamericano en su defensa de la libertad, en su optimismo, en dar importancia a la calidad de vida y en tener un mayor sentido por la felicidad. No obstante, el valor de autoexpresión en los países latinoamericanos no es tan intenso como en los países protestantes y anglófonos, lo que prueba que los países latinoamericanos todavía se encuentran en una fase de transición social y en la que una parte considerable del pueblo aún encuentra dificultades en la supervivencia.

Una contribución importante de la WVS es que proporciona las tendencias de cambio de valores de cada país o región. En esta parte vamos a seleccionar los datos de la tercera y sexta WVS, a fin de realizar una comparación del desarrollo y los cambios en los valores entre China y América Latina.

La tercera encuesta se realizó entre 1995 y 1998, mientras que la sexta, entre 2010 y 2014. En total hay siete países latinoamericanos que participaron en las dos encuestas, entre los cuales se incluyen los tres países más grandes (Argentina, Brasil y México), tres países de escala intermedia (Chile, Colombia y Perú) y un país relativamente pequeño (Uruguay). Las preguntas seleccionadas de la encuesta en este apartado se refieren a las variables relacionadas con las dos dimensiones culturales propuestas por

Inglehart, como también a las preguntas diseñadas para ambas encuestas[1].

3.2.2.1 Dimensión tradición versus secularismo-racionalista

En lo concerniente a los valores tradicionales, en esta subsección seleccionamos las 10 preguntas más relevantes del cuestionario, así como la proporción de encuestados que mantienen una actitud totalmente positiva (ver Tabla 3-1). A través de la comparación se encuentra que, en siete preguntas, las tendencias en China y América Latina son las mismas. Así, con respecto a las dos preguntas de si "la familia es muy importante" y "un mayor respeto por la autoridad es algo bueno", se incrementa la proporción de encuestados en China y América Latina que mantienen una actitud totalmente positiva[2]; mientras que en las cinco preguntas de si "la religión es importante", "está orgulloso/a de ser de este país", "educar a los niños en creencias religiosas", "de ningún modo acepta la homosexualidad", "de ningún modo acepta la prostitución", desciende la proporción de encuestados en China y Latinoamérica con una actitud totalmente positiva. Asimismo, en la pregunta de si considera "educar a los niños a ser obedientes", la proporción de actitudes afirmativas desciende en China, si bien se incrementa en los países latinoamericanos. Finalmente, en las dos preguntas de si "de ningún modo acepta el divorcio" y "de ningún modo acepta el aborto", la proporción de actitudes afirmativas se incrementa en China, mientras que desciende en los países latinoamericanos.

① Ronald Inglehart, *Modernization and Post Modernization: cultural, economic and political changes in 43 countries*, traducción de Yan Ting, Beijing: Social Sciences Academic Press, 2013, p.90.（罗纳德・英格尔哈特：《现代化与后现代化：43个国家的文化、经济与政治变迁》，严挺译，社会科学文献出版社，2013年。）

② Estos datos de los países latinoamericanos se basan en la proporción promedio en siete países, al igual que en los datos que se ofrecen a continuación.

Tabla 3-1 Comparación de los "valores tradicionales" entre China y los países latinoamericanos

Preguntas	Encuesta	China	Argentina	Brasil	Chile	Colombia	México	Perú	Uruguay	Proporción promedio en América Latina
la familia es muy importante	3.ª	76,5%	86,6%	92,6%	88,8%	86%	74,3%	87,4%	91,3%	86,7%
	6.ª	85,7%	88,9%	87,4%	91,7%	85,1%	97,6%	85,3%	88,7%	89,2%
la religión es importante	3.ª	3,9%	34,9%	64,5%	41,8%	49%	45,4%	53,3%	22,8%	44,5%
	6.ª	2,6%	24,1%	51,5%	23,8%	58,9%	58,4%	49,9%	20,3%	41%
está orgulloso/a de ser de este país	3.ª	39%	54,2%	64,2%	54,7%	84,5%	71,5%	79,5%	72,4%	68,7%
	6.ª	22,2%	48,6%	34,2%	49,1%	80%	84%	62,2%	50,4%	58,4%
un mayor respeto por la autoridad es algo bueno	3.ª	40,6%	63,2%	82,8%	53,5%	88,4%	63,8%	64,4%	54,4%	67,2%
	6.ª	41,9%	55,3%	76,4%	56,9%	83,3%	82,7%	71,6%	66,2%	70,3%
educar a los niños a ser obedientes	3.ª	29,3%	31,6%	59,1%	45,8%	42,7%	49,9%	50,1%	28,8%	44%
	6.ª	7,5%	35,3%	51,5%	45,8%	66,4%	54,6%	52,3%	51,6%	51,1%
educar a los niños en creencias religiosas	3.ª	3,3%	34,7%	56,7%	45,6%	42,3%	43,6%	51,6%	17,4%	41,7%
	6.ª	1,2%	23,2%	49,8%	27,5%	60,3%	35,3%	42,1%	15,8%	36,3%
de ningún modo acepta la homosexualidad	3.ª	81,3%	28,7%	54,9%	42,6%	60,7%	53%	42%	44,5%	46,6%
	6.ª	49,4%	17,3%	34,3%	13,2%	44,3%	39,1%	29,9%	17,6%	28%

Preguntas	Encuesta	China	Argentina	Brasil	Chile	Colombia	México	Perú	Uruguay	Proporción promedio en América Latina
de ningún modo acepta la prostitución	3.ª	90,3%	41,4%	67,4%	50,3%	64,4%	53,2%	52,9%	43,3%	53,3%
	6.ª	56,3%	36,4%	54,4%	27,5%	56,3%	49,4%	45,7%	27,7%	42,5%
de ningún modo acepta el aborto	3.ª	29,2%	45%	74,6%	67,8%	73,9%	57%	62,4%	46,2%	61%
	6.ª	38,8%	41,1%	69,9%	43,3%	73,3%	61,6%	57,4%	42%	55,5%
de ningún modo acepta el divorcio	3.ª	13,5%	16,4%	30,4%	33,7%	33,6%	36,2%	28%	21,5%	28,5%
	6.ª	31,5%	10,4%	19%	9,4%	32,2%	33,4%	23,3%	11,6%	19,9%

Fuente: Datos de la 3.ª Encuesta WVS, archivo con título *WV3_Results*, http://www.worldvaluessurvey.org/WVSDocumentationWV3.jsp; datos de la 6.ª Encuesta WVS, archivo con título *WV6_Results_By_Country*, http://www.worldvaluessurvey.org/WVSDocumentationWV6.jsp. Los datos en promedio de Latinoamérica han sido calculados por los autores mediante media simple.
Nota: Los porcentajes en la tabla muestran la proporción de encuestados que expresan estar totalmente de acuerdo o que seleccionan el contenido de cada pregunta en cuestión.

En cuanto a los valores seculares-racionalistas, en esta subsección seleccionamos ocho preguntas relativamente clásicas (ver Tabla 3-2), donde China y los países latinoamericanos también muestran tendencias similares. La proporción de encuestados en China que expresan estar totalmente de acuerdo en las preguntas "educar a los niños para que sean diligentes" y "educar a los niños para que tengan sentido de la responsabilidad" se incrementa, mientras que disminuye en las otras seis preguntas. Por parte de los países latinoamericanos, la proporción de actitudes totalmente afirmativas tan solo se incrementa en una pregunta, la de "educar a los niños para que sean decididos y tenaces".

Tabla 3-2 Comparación de los "valores seculares-racionalistas" entre China y los países latinoamericanos

Preguntas	Encuesta	China	Argentina	Brasil	Chile	Colombia	México	Perú	Uruguay	Proporción promedio en América Latina
la política es muy importante	3.ª	23,7%	10,1%	21,8%	6,9%	9,4%	17,2%	13,1%	13,8%	13,2%
	6.ª	10,4%	8,3%	12,5%	7,4%	9,8%	17%	12,7%	11,6%	11,3%
muy interesado/a por la política	3.ª	25,1%	7,7%	12,9%	3,9%	9%	9,5%	7,2%	12%	8,9%
	6.ª	10,8%	7,4%	8,8%	5,5%	5,8%	7,7%	6,7%	7,5%	7,1%
educar a los niños para que sean diligentes	3.ª	72,7%	55,5%	47,4%	16,8%	18%	33,1%	62,7%	28,6%	37,4%
	6.ª	75,3%	40,6%	64,1%	30,5%	13,6%	38%	16,5%	21,8%	32,2%
educar a los niños para que tengan sentido de la responsabilidad	3.ª	34,5%	79,6%	64,7%	73,8%	76,9%	66,8%	77,5%	81,3%	74,4%
	6.ª	65,9%	57,3%	77,9%	76,9%	82%	74,9%	71,3%	81,6%	74,6%
educar a los niños sobre frugalidad	3.ª	62,2%	15,9%	38,7%	30,5%	25,1%	46,2%	19,1%	26,6%	28,9%
	6.ª	50,7%	13,4%	26,6%	36,4%	29,4%	34,6%	23,8%	20,6%	26,4%
educar a los niños para que sean decididos y tenaces	3.ª	36,3%	28,5%	34,6%	34,4%	19,5%	39,7%	24,2%	41,8%	31,8%
	6.ª	26%	50,3%	28,2%	53,6%	24,3%	27%	23,4%	35%	34,5%
tolerancia completa hacia la eutanasia	3.ª	27,7%	9,6%	8,4%	7,6%	14,7%	9%	8%	21,8%	11,3%
	6.ª	5,1%	—	5,4%	—	7,3%	8,5%	4,6%	11,3%	7,4%
tolerancia completa hacia el suicidio	3.ª	6,4%	3%	1,6%	2,6%	1,5%	2,3%	1,2%	6,7%	2,7%
	6.ª	2,1%	2,1%	1,5%	1,5%	1,2%	5%	1,5%	2,6%	2,2%

Fuente: Datos de la 3.ª Encuesta WVS, archivo con título *WV3_Results*, http://www.worldvaluessurvey.org/WVSDocumentationWV3.jsp; datos de la 6.ª Encuesta WVS, archivo con título *WV6_Results_By_Country*, http://www.worldvaluessurvey.org/WVSDocumentationWV6.jsp. Los datos en promedio de Latinoamérica han sido calculados por los autores mediante media simple.
Nota 1: Los porcentajes en la tabla muestran la proporción de encuestados que expresan estar totalmente de acuerdo o que seleccionan el contenido de cada pregunta en cuestión.
Nota 2: Los datos de China de "muy interesado por la política" vienen de la 2.ª encuesta, puesto que esta pregunta no fue planteada en la 3.ª encuesta.

Mediante la comparación entre las dos encuestas WVS se puede observar que, en relación con la dimensión tradicional versus secular-racionalismo, los aspectos similares entre China y los países latinoamericanos en los cambios de valores se muestran en el incremento de las ideas familiares, el debilitamiento de ideas religiosas y la pérdida de interés en participar en la política.

En cuanto a la tolerancia hacia comportamientos como el aborto, divorcio, homosexualidad, prostitución, suicidio y eutanasia, tanto China como los países latinoamericanos comparten una mayor tolerancia respecto a algunos de estos comportamientos y una mayor resistencia frente a otros.

En términos de respeto a la autoridad, los países latinoamericanos han fortalecido este aspecto; mientras que en China, por un lado, se expresa apoyo a dicha voluntad, aunque, por el otro, los padres dan cada vez menos importancia a cultivar el carácter obediente de los hijos. El análisis anterior muestra que, tanto en China como en los países latinoamericanos y dentro del rango temporal cubierto entre ambas encuestas WVS, la transición desde valores tradicionales hacia valores modernos es bastante lenta.

3.2.2.2 Dimensión de supervivencia versus autoexpresión

De las seis preguntas relacionadas con los valores de supervivencia, en cinco preguntas tanto en China como en los países latinoamericanos disminuye la proporción de encuestados que expresan estar totalmente de acuerdo (ver Tabla 3-3). Por el contrario, se incrementa la proporción de encuestados en China que eligen "no querer convivir con enfermos de VIH", mientras que la proporción en los países latinoamericanos que eligen "trabajar duro para poder vivir una vida mejor" aumenta.

Tabla 3-3 Comparación de los valores de supervivencia entre China y los países latinoamericanos

Preguntas	Encuesta	China	Argentina	Brasil	Chile	Colombia	México	Perú	Uruguay	Proporción promedio en América Latina
trabajar duro para poder vivir una vida mejor	3.ª	34,1%	21,1%	14,3%	14,2%	—	22,3%	34,6%	16,2%	20,5%
	6.ª	18,1%	17,2%	38,6%	13%	17,3%	47,3%	27,3%	12,8%	24,8%
el trabajo es importante	3.ª	63,9%	70,3%	84%	64,3%	71,8%	63,4%	72,8%	70,3%	71%
	6.ª	38,1%	57,4%	63,6%	56,3%	76,3%	87%	69,1%	63,7%	63,9%
el hombre tiene más oportunidad que la mujer cuando escasea el empleo	3.ª	41,7%	23,7%	35,4%	29,6%	29,1%	25,4%	19,4%	27,5%	27,2%
	6.ª	38%	15%	16,8%	17,6%	22,4%	16,8%	17,6%	26,2%	18,9%
no querer convivir con gente de color	3.ª	22,9%	4,6%	2,8%	12%	2%	26,7%	11,6%	6,8%	9,5%
	6.ª	10,5%	1%	1,9%	5,6%	3,2%	10,2%	9,3%	1,6%	4,7%
no querer convivir con enfermos de VIH	3.ª	62,3%	15%	14,1%	21,3%	8,4%	33,1%	39,2%	19,2%	21,5%
	6.ª	73,2%	5,7%	6,9%	17,9%	23,1%	16,2%	31,7%	5,5%	15,3%
no querer convivir con inmigrantes o extranjeros	3.ª	20,3%	5,7%	3,6%	11,7%	—	27,1%	10,2%	7,1%	14,8%
	6.ª	12,2%	2,8%	2,6%	7,6%	4,7%	11,6%	10,7%	1,7%	6%

Fuente: Datos de la 3.ª Encuesta WVS, archivo con título *WV3_Results*, http://www.worldvaluessurvey.org/WVSDocumentationWV3.jsp; datos de la 6.ª Encuesta WVS, archivo con título *WV6_Results_By_Country*, http://www.worldvaluessurvey.org/WVSDocumentationWV6.jsp. Los datos en promedio de Latinoamérica han sido calculados por los autores mediante media simple.
Nota: Los porcentajes en la tabla muestran la proporción de encuestados que expresan estar totalmente de acuerdo o que seleccionan el contenido de cada pregunta en cuestión.

En materia de valores de autoexpresión se seleccionaron 10 preguntas. La proporción de encuestados en China que mantienen una actitud totalmente positiva disminuye en las siguientes cinco preguntas: "dar importancia a la tecnología como algo bueno", "soy muy feliz", "estoy muy sano", "educar a los niños para que tengan imaginación", y "puedo elegir/manejar totalmente la vida"; mientras que en las otras cinco preguntas la actitud totalmente positiva se incrementa. Por parte de los países latinoamericanos, la proporción de encuestados se incrementa en siete de las 10 preguntas, mientras que disminuye la proporción en las preguntas de "la enorme importancia de los amigos", "dar importancia a la tecnología como algo bueno" y "se puede confiar en la mayoría de la gente" (ver Tabla 3-4).

Tabla 3-4 Comparación de los "valores de autoexpresión" entre China y Latinoamérica

Preguntas	Encuesta	China	Argentina	Brasil	Chile	Colombia	México	Perú	Uruguay	Proporción promedio en América Latina
la enorme importancia de los amigos	3.ª	29,3%	48,6%	57,7%	27,6%	33,5%	28,9%	21,9%	57,6%	39,4%
	6.ª	46,6%	53,9%	33%	35,1%	30,7%	38,6%	23,5%	51,4%	38%
la enorme importancia del tiempo de ocio	3.ª	10,7%	26,4%	54,2%	42%	39,7%	35,5%	28,5%	46,4%	39%
	6.ª	21,2%	33,7%	32,8%	56,1%	49,4%	59,2%	37%	48,9%	45,3%

Preguntas	Encuesta	China	Argentina	Brasil	Chile	Colombia	México	Perú	Uruguay	Proporción promedio en América Latina
se puede confiar en la mayoría de la gente	3.ª	50,4%	17,1%	2,8%	21,4%	10,7%	26,4%	4,9%	21,6%	15%
	6.ª	60,3%	19,2%	7,1%	12,4%	4,1%	12,4%	8,4%	13,8%	11,1%
la protección medioambiental prima sobre el crecimiento económico y el empleo	3.ª	51,3%	42,4%	47,2%	53,8%	—	49,7%	39,9%	53,7%	47,8%
	6.ª	56,6%	54,2%	60,3%	66,7%	67%	62,8%	62,9%	64,2%	62,6%
dar importancia a la tecnología como algo bueno	3.ª	92,1%	66%	69,8%	51,4%	83%	64,1%	71,7%	58,2%	66,3%
	6.ª	77,6%	47,1%	70,9%	50%	76,4%	79,4%	69,1%	61,1%	64,9%
soy muy feliz	3.ª	22,7%	28,8%	22%	27%	47,1%	31,5%	28,2%	20,6%	29,3%
	6.ª	15,7%	33,3%	35,2%	24,4%	56,5%	67,5%	35,1%	34,2%	40,9%
estoy muy sano/a	3.ª	35,8%	20,4%	25,7%%	15,8%	25,4%	17,8%	10,2%	21,1%	19,5%
	6.ª	23,6%	28,5%	24,2%	19%	26,1%	26,1%	13,2%	25,8%	23,3%
educar a los niños para que tengan imaginación	3.ª	22,1%	25,8%	7,7%	24,3%	18,9%	27,7%	18,6%	30,9%	22%
	6.ª	17%	31,4%	24,4%	22,2%	20,8%	23,8%	16,7%	19,8%	22,7%
educar a los niños para que sean tolerantes y respetuosos	3.ª	43%	73,6%	59,7%	61,1%	68,3%	57,3%	63%	69,7%	64,7%
	6.ª	52,2%	58,2%	64,2%	82%	86,4%	77,9%	67,6%	82%	74%
puedo elegir/manejar totalmente la vida	3.ª	20,3%	18,8%	33,4%	17,4%	27,4%	21,4%	16,3%	21,3%	22,3%
	6.ª	11,6%	11,8%	38,3%	14,5%	34,3%	42,6%	27%	28,5%	28,1%

Fuente: Datos de la 3.ª Encuesta WVS, archivo con título *WV3_Results*, http://www.worldvaluessurvey.org/WVSDocumentationWV3.jsp; datos de la 6.ª Encuesta WVS, archivo con título *WV6_Results_By_Country*, http://www.worldvaluessurvey.org/WVSDocumentationWV6.jsp. Los datos en promedio de Latinoamérica han sido

calculados por los autores mediante media simple.
Nota: Los porcentajes en la tabla muestran la proporción de encuestados que expresan estar totalmente de acuerdo o que seleccionan el contenido de cada pregunta en cuestión.

En general, en términos de la dimensión de supervivencia versus autoexpresión, la similitud de los cambios en los valores entre China y los países latinoamericanos se refleja fundamentalmente en el mayor énfasis en el ocio y disfrute de la vida, en la mayor tolerancia social hacia grupos externos, en un mayor énfasis en la protección del medio ambiente y en la igualdad de género, así como en una disminución en el grado de confianza en la ciencia y la tecnología.

En comparación con los países latinoamericanos, el rechazo de la sociedad china hacia las personas enfermas de VIH es todavía fuerte, aunque se incrementa la inclusividad hacia la homosexualidad. Diferencias bastante claras entre China y Latinoamérica se manifiestan en variables como "confianza", "felicidad", "salud" (sentimiento subjetivo) y la "libre elección de vida". El grado de confianza social en China se incrementa, si bien el autocontrol sobre la felicidad, la salud y la vida individuales disminuye, lo que explica que la presión vital en la sociedad china sea bastante alta, influyendo sobre el grado de satisfacción vital y la importancia que la gente otorga a la salud. Sin embargo, en los países latinoamericanos, la situación es exactamente la contraria.

En comparación con la dimensión tradición versus secularismo-racionalista, en China y los países latinoamericanos los cambios de valores en la dimensión de supervivencia versus autoexpresión son más evidentes, lo cual explica que los valores en ambas regiones están desarrollando una tendencia hacia la "posmodernidad".

3.3 Diferencias culturales e integración intercultural: El caso de los chinos residentes en América Latina

En las dos secciones anteriores se han utilizado distintas teorías y datos para el análisis de las diferencias y similitudes en los valores culturales entre China y Latinoamérica. Claramente, China y Latinoamérica pertenecen a distintas esferas culturales y existen diferencias importantes en sus valores. Sin embargo, a diferencia de lo que se percibe en el conocimiento general y en la comunicación, nuestra investigación también ha revelado que los valores de China y América Latina no son completamente opuestos, sino que existen una cercanía y similitudes. Este sesgo cognitivo se debe a muchas razones.

En primer lugar, los valores son la expresión más profunda de la cultura y las diferencias culturales tienen expresiones muy diversas; en muchos casos lo que la gente percibe es el lado externo.

En segundo lugar, las diferentes etnias, religiones, géneros, generaciones y clases tienen características culturales diferentes, y estas solamente reflejan una parte dentro de las dimensiones culturales del país (región), aunque no todas las dimensiones.

En tercer lugar, la correlación entre dimensiones culturales presenta diferencias entre distintos países, lo que lleva a países y regiones que se encuentran cerca en una determinada dimensión a mostrar en la práctica concreta diferencias obvias atribuidas a las diversas influencias de las demás dimensiones.

Finalmente, entre los países latinoamericanos también existen diferencias. Si se hace un análisis desde la perspectiva de cada país, se puede llegar a obtener conclusiones diferentes.

La coexistencia de diferencias y similitudes culturales entre China y Latinoamérica proporciona una posibilidad, así como desafíos, para el entendimiento mutuo de los valores culturales.

En esta sección vamos a analizar, tomando como ejemplo la integración social de los chinos residentes en la región latinoamericana, cómo las diferencias y similitudes en valores culturales afectan la integración e inclusividad mutuas entre distintas culturas. La razón por la que seleccionamos a los residentes chinos en el extranjero como objetos de investigación obedece principalmente a dos consideraciones. 1) Como colectivo típico en la comunicación intercultural, el proceso de integración social de los inmigrantes es una reducción del conflicto, colisión, integración, identificación y aceptación entre dos culturas diferentes. 2) Los migrantes chinos son difusores de la cultura tradicional china, y también expositores y promotores de los valores culturales chinos.

Dada la gran distancia entre Latinoamérica y China, los chinos residentes son una de las principales fuentes de conocimiento de la cultura china para la gente de los países latinoamericanos. Los chinos residentes allí desempeñan un papel único y significativo en determinar si la cultura china puede o no ser atractiva para los países latinoamericanos, e influyente en estos.

Los chinos logran su integración social manteniendo sus propias características y tradiciones culturales, lo cual es un caso típico de cómo China y los países latinoamericanos conviven en medio de las diferencias culturales. Por lo tanto, explorar cómo los valores culturales afectan la realización de la integración social de los chinos residentes en la región latinoamericana puede, asimismo, proporcionar una base realista y una referencia en los ámbitos económico-comercial y de humanidades para superar los obstáculos culturales, encontrar un lenguaje común y lograr un entendimiento intercultural.

Los académicos chinos e internacionales generalmente investigan la cuestión de la integración de los migrantes desde cuatro dimensiones: la economía, la política, la sociedad y la cultura. Entre ellas, los indicadores de medición de la integración económica incluyen la situación del empleo y el nivel de ingresos; la integración política incluye si los migrantes pueden o no obtener la ciudadanía y el grado de participación en la política; la integración social incluye las redes de apoyo social, los círculos sociales y la situación en la participación de organizaciones; y la integración cultural se refiere al nivel del idioma, al reconocimiento de los conceptos y a la adquisición de las normas.

Concretamente, al llegar a la región latinoamericana, la integración de los chinos migrantes se enfrentó a grandes obstáculos y dificultades. En el caso de la primera generación de inmigrantes chinos, con la excepción de su alto grado de integración económica, su integración en las otras tres dimensiones fue relativamente baja.

Lo que debe quedar claro es que los chinos, los migrantes chinos y los descendientes de chinos pertenecen a conceptos diferentes. Los descendientes chinos, especialmente los inmigrantes de tercera generación, si bien tienen ascendencia china, ya se han asimilado parcial o totalmente en términos de idioma, hábitos, estilo de vida y valores (en las sociedades latinoamericanas), por lo que su grado de integración social es relativamente alto. El objeto de investigación en esta sección son principalmente los chinos migrantes que nacieron en China, han vivido en China, o que son chinos de segunda generación nacidos en el país de residencia, aunque tienen un fuerte sentido de identidad cultural china.

3.3.1 Identidad cultural

Tanto el sentido de identidad de los países latinoamericanos hacia los inmigrantes chinos como el de los migrantes chinos hacia los países latinoamericanos se encuentran en un nivel relativamente bajo. Aunque, como países de inmigración la absorción de migrantes ha sido una política nacional básica de todos los países latinoamericanos, las políticas de migración flexibles y amistosas van dirigidas principalmente hacia los inmigrantes europeos; por el contrario, los inmigrantes asiáticos, entre ellos los chinos, han sido discriminados y rechazados en diversos grados durante mucho tiempo.

Desde finales del siglo XIX hasta la primera mitad del siglo XX, los países latinoamericanos provocaron oleadas antichinas en numerosas ocasiones. Después de la década de 1990, con el auge del poder nacional de China, la actitud de los países latinoamericanos hacia los chinos y migrantes chinos también ha experimentado cambios positivos, y las contribuciones de los chinos han sido más reconocidas.

Sin embargo, los estereotipos de la identidad, el estatus y la cultura de China formados en la historia de los países latinoamericanos siempre han existido. Y el pensamiento eurocéntrico de que las culturas europea y estadounidense son superiores y más avanzadas aún está profundamente arraigado. Académicos argentinos han analizado informes sobre temas de inmigración publicados entre 1999 y 2005 en los dos principales medios de comunicación de dicho país, *La Nación* y *Clarín*. Estos estudios demostraron que, cuando se habla del tema de los extranjeros en Argentina, solamente se considera “inmigrantes” a los latinoamericanos y chinos, mientras que a los europeos y estadounidenses se les respeta como “ejecutivos”, "profesionales" o "empresarios"[1].

Hofstede cree que en una sociedad con un fuerte sentido del control de la incertidumbre, la gente considera que "las cosas distintas son peligrosas" y, por lo tanto, tienen fuertes prejuicios raciales y xenofobia, y sus actitudes hacia los inmigrantes extranjeros son relativamente hostiles. La tendencia nacionalista y los prejuicios contra los chinos existentes en los países latinoamericanos pueden respaldar parcialmente este juicio. Por otro lado, los inmigrantes chinos también tienen un nacionalismo cultural, una fuerte identidad cultural y emocional con China, la mentalidad de "ser invitados" en el país donde viven y están acostumbrados a utilizar "nosotros" y "ellos" para distinguir entre las personas de su misma etnia y personas nativas y, al mismo tiempo, tienen ciertos prejuicios hacia las personas negras e indias del país donde viven.

Otra razón de la falta de identidad cultural entre China y Latinoamérica es la religión. Como todos sabemos, el catolicismo es la religión dominante en la región latinoamericana. La mayoría de los latinoamericanos creen en esta religión. Aunque la encuesta WVS muestra que las ideas religiosas se han ido reduciendo en los países latinoamericanos en los últimos años, la influencia de la religión sobre la ideología y la cultura está todavía profundamente arraigada. Ello conduce entre los creyentes a una falta de conocimiento y confianza hacia los no creyentes, y les resulta difícil comprender el hecho de que no tengan creencias religiosas.

Al responder a la pregunta incluida en la sexta encuesta WVS de

① Celeste Castiglioni, Daniela Cura, "La construcción de la figura del inmigrante y de la inmigración en el escenario mundial, por la prensa escrita argentina, entre 1999-2005", http://webiigg.sociales.uba.ar/pobmigra/archivos/prensa.pdf , fecha de consulta: 25/02/2020.

"¿cuánto confía en las personas de diferentes creencias religiosas?", los encuestados en América Latina indicaron que la proporción de respuestas de "no confían" y "desconfían completamente" son relativamente altas (ver Tabla 3-5). En cuanto a la pregunta de si "solo la religión en la que creo es la única aceptable", si bien la proporción de encuestados que indican que "no están de acuerdo" y "totalmente en desacuerdo" es mayor, en algunos países de América Latina la proporción total de encuestados que estuvieron "totalmente de acuerdo" y "de acuerdo" alcanzaron aproximadamente el 40% (ver Tabla 3-6). Esto explica que en los países latinoamericanos, las creencias religiosas del pueblo en ocasiones obstaculizan su comprensión y reconocimiento de otras culturas.

Tabla 3-5 Pregunta en la sexta encuesta WVS: ¿cuánto confía en las personas de diferentes creencias religiosas? (%)

	confía completamente	confía	no confía	desconfía completamente
Argentina	12,3	40,8	25,5	13,9
Brasil	7,1	50,4	22,3	17,7
Chile	5,3	35,5	34,3	10,3
Colombia	3,2	25,4	33,9	35,4
Ecuador	6,3	28,2	38,3	27,1
México	4,2	23,9	32,8	38,4
Perú	1,3	13,1	34,8	44,9
Uruguay	7,7	30,6	20,9	25,6

Fuente: WVS, *WV6_Results_By_Country*, pp.219-220. http://www.worldvaluessurvey.org/WVSDocumentationWV6.jsp.

Tabla 3-6 Pregunta en la sexta encuesta WVS: ¿solo la religión en la que creo es la única aceptable? (%)

	totalmente de acuerdo	de acuerdo	no está de acuerdo	totalmente en desacuerdo
Argentina	5,0	11,5	43,0	35,7
Brasil	4,8	12,0	56,8	23,3
Chile	3,9	12,7	44,0	28,6
Colombia	12,4	27,2	44,6	12,4
Ecuador	17,6	16,5	33,4	31,8
México	14,5	26,8	41,4	16,7
Perú	9,8	27,4	43,2	10,4
Uruguay	2,7	11,9	43,8	28,3

Fuente: WVS, *WV6_Results_By_Country*, pp.353-354. http://www.worldvaluessurvey.org/WVSDocumentationWV6.jsp.

Sin embargo, también cabe señalar que el temperamento femenino compartido por la cultura latinoamericana y la cultura china hace que ambas culturas sean tolerantes y abiertas. En cierta medida, ello suple la falta de reconocimiento mutuo y debilita la resistencia a la integración de los chinos residentes en las sociedades latinoamericanas. La encuesta WVS también muestra que, tanto en China como en los países latinoamericanos, la inclusividad hacia personas de diferentes países y etnias y que hablan distintos idiomas ha aumentado.

Hoy en día, la cultura gastronómica china, sus festivales y costumbres, la medicina tradicional y el idioma chino se han difundido ampliamente en los países latinoamericanos a través del medio y puente que son los chinos residentes allí, quienes han recibido cada vez más atención y amor por parte de los pueblos latinoamericanos. Asimismo, la mayoría de los chinos residentes en Latinoamérica también han aceptado las tradiciones culturales locales y la identificación mutua entre las dos partes ha aumentado gradualmente.

3.3.2 La voluntad de participar en política y la conciencia jurídica

Si consideramos que la participación política refleja el nivel más alto de integración de los migrantes en la sociedad local, entonces la acción de los chinos al respecto no es satisfactoria. Durante mucho tiempo, la disposición de los migrantes chinos de primera generación a participar en política fue generalmente baja. La mayoría de los que podían ingresar en los círculos políticos y militares eran ya chinos de segunda generación en adelante. Aunque existen limitaciones por factores objetivos, los factores culturales también tienen una gran influencia en la participación de los chinos en la política.

De acuerdo con la explicación de la teoría de las dimensiones culturales, por un lado, en países con una alta distancia jerárquica, las personas son más propensas a aceptar o tolerar el modelo actual de la distribución de poder y les falta interés en la política y los asuntos públicos. Por otro lado, en una sociedad con un fuerte sentido de control de la incertidumbre, la gente generalmente no está dispuesta a resolver las disputas a través de canales legales debido a la falta de confianza en el sistema judicial.

Según la teoría de Inglehart, si bien China se inclina hacia los valores secular-racionalistas, todavía no se han formado unos "valores posmaterialistas" fuertes y, en consecuencia, la gente está mucho menos preocupada por la política que por sus intereses económicos y necesidades materiales. En la encuesta WVS los datos sobre la "importancia política" así lo demuestran.

Las características culturales mencionadas anteriormente se han visto amplificadas y fortalecidas en los inmigrantes chinos que dejaron sus lugares de origen, que vivían en entornos desconocidos, que en su mayoría procedían de las zonas rurales de China y que estaban profundamente influidos por la ideología patriarcal. La mayoría de los chinos consideran que aumentar sus ingresos y mejorar sus vidas son sus objetivos principales, y se mantienen alejados de las actividades políticas. La escasa disposición a participar en la política ha provocado una grave ausencia en el derecho de voz de los chinos en la sociedad local latinoamericana. Cuando se violan sus derechos e intereses solo pueden tragarse su entusiasmo y su compromiso, y la escasa conciencia jurídica ha fomentado tanto las actividades delictivas como los comportamientos relacionados con la corrupción en contra de los chinos.

3.3.3 Independencia económica y felicidad personal

Según la teoría de las dimensiones culturales, China es una sociedad contenida orientada al largo plazo, mientras que los países latinoamericanos son sociedades indulgentes orientadas al corto plazo. Esta diferencia tiene un doble impacto en la integración social de los chinos migrantes en Latinoamérica.

Por un lado, el carácter de trabajo duro, ahorro y sacrificio profesional ha permitido a la gran mayoría de los chinos migrantes adaptarse rápidamente al entorno de vida local, y lograr un punto de apoyo económico e independencia. Hoy en día, la comunidad china pertenece a la clase de ingresos medios en la sociedad latinoamericana: no tiene urgencia por comida y vestido, y un pequeño número de chinos migrantes ya han logrado ingresar en las filas de los grandes empresarios. Los comerciantes chinos ocupan una posición importante en muchos países latinoamericanos y se han vuelto líderes en determinadas industrias. Al mismo tiempo, la cultura de consumo única de los países latinoamericanos también ha contribuido, en cierta medida, a la prosperidad económica de los chinos. Por ejemplo, en Brasil el desarrollo y la prosperidad de la "Calle 25", dominada por las tiendas chinas en Sao Paulo, no son ajenos al concepto vital y a la pasión que el pueblo brasileño tiene por las compras y el consumo; y en Buenos Aires, Argentina, la población local muestra tener preferencia de consumo a corto plazo, de alta frecuencia y baja cantidad por las necesidades diarias y la compra de alimentos, lo que supone la razón más importante de la extensión y popularidad de las pequeñas y medianas tiendas de mercadería chinas.

Por otro lado, la persistencia en el trabajo de los chinos migrantes y el descuido de su comunicación dentro de las comunidades son un fuerte contraste con la pasión por la vida, el ocio y la preferencia de la gente local por la reunión y los amigos. Ello ha resultado en que el arduo trabajo de los chinos no ha sido entendido, dejando en la gente local una imagen estereotipada de que los chinos "solamente saben ganar dinero y no saben disfrutar" o de que "el trabajo es todo para los chinos", lo que ha profundizado la brecha entre ambas partes.

En la teoría cultural bidimensional de Inglehart, el trabajo duro y la búsqueda de una vida material de alta calidad son las principales manifestaciones de los "valores materialistas", mientras que disfrutar de la vida y la búsqueda de la felicidad personal, en cambio, reflejarían los "valores posmaterialistas". La posición de China y los países latinoamericanos en el mapa cultural del mundo ilustra bien la diferencia entre ambas partes en esta dimensión. El propósito fundamental de los chinos migrantes cuando se trasladan a otros países es mejorar sus condiciones materiales y de vida, por lo que entre "buscar la supervivencia" y "buscar el placer" elegirán inevitablemente la primera opción. Según el punto de vista de Inglehart, cuando el problema de la supervivencia se vuelva más fácil de resolver, los valores de las personas cambiarán hacia el "posmaterialismo". Por ejemplo, al ser la generación joven la mayor beneficiaria de los logros en el desarrollo de China en más de 40 años de política de Reforma y Apertura, sus necesidades espirituales y culturales están superando las necesidades materiales, y los valores posmaterialistas han comenzado a despegar en los grupos de jóvenes urbanos.

Por supuesto, el proceso en los cambios de valores es muy lento. En cuanto a los chinos migrantes que se han desplazado a los países latinoamericanos, dado que la primera generación de inmigrantes todavía soporta una enorme presión para sobrevivir, es en consecuencia más probable que el cambio de valores ocurra en la segunda generación de migrantes chinos.

CAPÍTULO 4

Ampliación del panorama: El conocimiento mutuo entre China y América Latina

En el siglo XXI, sobre todo a partir de su segunda década, las relaciones exteriores de China han presentado una tendencia especial: mientras las diplomacias política y económica se desarrollan rápidamente, la importancia de la cultura se viene elevando considerablemente. En este sentido, el intercambio cultural, la política y la economía constituyen los "tres pilares" en el ámbito de las relaciones exteriores de China.

En la última década se han celebrado una serie de eventos de intercambio y colaboración cultural a nivel interregional; por ejemplo, el Año del Diálogo Unión Europea-China (2012), el Plan de Asociaciones Culturales África-China (2013), el Año de Intercambio Cultural China-América Latina y el Caribe (2016), el Año de Intercambio Cultural entre China y los Países de Europa Central y Oriental (2016), el Diálogo de las Civilizaciones Asiáticas (2019), entre otros. Todos ellos demuestran que el intercambio cultural constituye la base para el establecimiento de la confianza mutua en el ámbito político y las ganancias compartidas en términos económicos, fenómeno que se hace cada vez más evidente y cobra más atención por parte del Gobierno chino. Estamos convencidos de que, tanto en la actualidad como en el futuro, el intercambio cultural seguirá siendo una característica notable de la diplomacia china y una de las manifestaciones de que el país emergente está llevando de manera cada vez más madura sus relaciones exteriores.

La diplomacia cultural no solo contribuye a fortalecer el conocimiento y la comprensión mutua entre China y otros países, sino que también promueve la comunicación y el aprendizaje mutuo entre las diferentes culturas y civilizaciones. Aunque América Latina es una región lejana cuyo intercambio cultural con China ha estado relativamente atrasado, en los últimos años, la relación bilateral está impulsando de manera activa el intercambio cultural entre ambas partes, y este último, a su vez, se ha convertido en la base sobre la cual va consolidándose dicha relación.

El presente capítulo tiene como objetivo dar opiniones constructivas sobre cómo mejorar el intercambio cultural sino-latinoamericano y promover la comprensión mutua entre los pueblos de ambos lados, para lo cual se utilizan los diversos datos de la encuesta sobre el conocimiento mutuo entre China y América Latina (sobre todo, el conocimiento de China por parte de América Latina).

4.1 La conciencia nacional de la imagen de China y la imagen de China en dos mundos

A medida que China emerge pacíficamente y la estrategia de "salir al mundo" (*Going Out*)[①] avanza, el país presta cada día más atención a su imagen nacional. Esto no solo se basa en la necesidad de construir un "poder mundial responsable", sino también de hacer frente a las críticas de Occidente, que la acusa de ejercer un "neocolonialismo" en el mundo, y a la "teoría de la amenaza de China", lo cual muestra un cambio profundo en la filosofía diplomática del Gobierno chino.

---

① Se refiere a la estrategia que el Gobierno chino aplica desde el año 2000 para impulsar a las empresas chinas a desarrollarse en mercados extranjeros.

4.1.1 Origen de la conciencia nacional de la imagen de China

"La imagen nacional es el conjunto de conocimientos que tiene un país sobre sí mismo y el que tienen otros actores de la comunidad internacional"[1]. En el presente capítulo nos referimos a lo último, es decir, a los conocimientos, las actitudes y las evaluaciones que sostienen los actores ajenos al público interno en la comunidad internacional. En el mundo contemporáneo, las potencias principales y las emergentes consideran la construcción de esta imagen como una estrategia para elevar y consolidar su posición e influencia internacionales. A partir del presente siglo, a medida que sus fuerzas política y económica aumentan, China ha mostrado una conciencia de la imagen nacional cada día más sólida y presta más atención a la construcción de la misma. Los impulsos que subyacen a esta preocupación consisten en cuatro aspectos:

1. La conciencia de ser una potencia mundial responsable: China está acelerando su avance para convertirse en una potencia mundial, y el apoyo más importante es el crecimiento sustancial de su economía. Durante el periodo 2000-2011, China pasó de ser el sexto a convertirse en el segundo mayor mercado mundial, tomando en cuenta el PIB nacional. Por esta razón, el fortalecimiento de su poder económico eleva en gran medida su posición en la comunidad internacional, pero al mismo tiempo conduce a que la comunidad internacional aumente sus expectativas sobre esta potencia emergente. Además, el interés de China empezó a expandirse desde Asia hacia todo el mundo, por lo que China debe presentarse como

① Palabras de Kenneth E. Boulding, economista estadounidense, citadas por Liu Yanjing y Liu Xinli, "La función y forma de construcción de la imagen nacional con documentales culturales", en *News Tribune*, núm.2, 2015, p.88.（转引自刘艳婧、刘新利：《文化纪录片对国家形象的建构功能及方式》，载《新闻论坛》，2015年第2期。）

una potencia mundial que está a la altura de sus responsabilidades y compromisos para convivir amistosamente con otros países y promover el desarrollo común. Para realizar todo esto, China necesita lograr la comprensión y la confianza de la comunidad internacional.

2. La necesidad de aclarar un malentendido: debido al rápido progreso económico y a la elevación de la posición internacional de China, algunos países han adoptado una actitud de desconfianza y temor hacia las acciones de China; de modo que han fraguado una serie de argumentos negativos y malinterpretaciones de la imagen de China, entre los cuales destaca la "teoría de la amenaza de China". Este argumento refleja en gran medida el descontento y el pánico que los países desarrollados tienen del surgimiento de China, pues la asumen como un "contrincante". Estos países describen exageradamente el surgimiento de China como una amenaza para los países pequeños, sobre todo sus vecinos. Ante el ataque por parte de las opiniones públicas, China debe aclarar los hechos ante el mundo para mostrar su buena fe y evitar que su imagen continúe siendo malentendida y desacreditada. Similar a la "teoría de la amenaza de China" que ataca al país asiático, otra estrategia consiste en la "teoría de la responsabilidad de China", un elogio mal intencionado. El argumento inventado por Occidente viene de la lógica de que el poder significa responsabilidad y el incremento del poder de China requiere que asuma una mayor responsabilidad[1].

Sin embargo, aunque la economía de China se desarrolla rápidamente, la realidad es que está en una etapa de desarrollo y no puede asumir las

① Jin Canrong, "Cómo reacciona China a la 'teoría de la amenaza de China' y la 'teoría de la responsabilidad de China'", el 23 de agosto de 2010, http://news.xinhuanet.com/world/2010-08/23/c_12474555.htm, fecha de consulta: 07/11/2019.（金灿荣：《从"中国威胁论"到"中国责任论"中国如何应对》，新华网。）

responsabilidades mundiales que no estén a la altura de su propia capacidad. Y si este aspecto no se da a conocer al público, a China se la malentenderá como una potencia emergente que no quiere asumir sus compromisos para, de esta manera, cuestionar los esfuerzos que hace por ser una potencia responsable.

3. El deseo de mostrar una buena voluntad respecto al mundo en vías de desarrollo al explorar la verdad del "neocolonialismo": en el año 2000, China planteó la estrategia de "salir al mundo", cuyo objetivo principal era hacer mejor uso de los recursos y mercados y promover la colaboración con el mundo en vías de desarrollo, sobre todo con las regiones asiática, africana y latinoamericana. Sin embargo, según la difamación hecha por los medios de comunicación de Occidente, la cooperación de inversión, comercio y economía entre China y estas regiones supone una práctica "neocolonialista" o "neoimperialista". La razón principal del argumento es que China ya es una de las principales economías del mundo y no pertenece al mundo en desarrollo. Además, en el comercio con los países en desarrollo, las importaciones por parte de China están extremadamente concentradas en los recursos naturales y productos energéticos y exporta una gran cantidad de bienes manufacturados, lo que genera un intercambio irrazonable. Este argumento, en el mejor de los casos, puede ser elaborado solamente por la difusión de hechos distorsionados, pero tiene muy buena acogida en regiones como África y América Latina, y se ha convertido en una maldición para China.

Por lo tanto, China necesita especialmente dar a conocer su voz a numerosos países en vías de desarrollo para que entiendan la naturaleza y el objetivo de su estrategia de "salir al mundo", así como establecer una imagen integral, objetiva y real de China, a fin de evitar ser estigmatizada una y otra vez.

4. Cambio de la filosofía diplomática del Gobierno chino: en los últimos años, "el poder blando cultural", la "diplomacia pública", la "comunidad de futuro compartido" y "el intercambio y aprendizaje mutuo entre las civilizaciones" se han convertido en argumentos frecuentes en los discursos gubernamentales de los líderes chinos. Este cambio de eje muestra un giro significante en lo referente a la filosofía o el concepto de diplomacia.

En 2007, el entonces secretario general del Partido Comunista de China (PCCh), Hu Jintao, mencionó en el informe para el XVII Congreso Nacional del Partido que era preciso "fortalecer el poder blando cultural del país"[①]; en 2011, añadió que deberíamos "establecer el poder blando cultural que esté a la altura de la posición internacional de nuestro país"[②]. En 2012, el informe para el XVIII Congreso Nacional del PCCh indicó por primera vez la necesidad de "promover sólidamente la diplomacia pública y el intercambio cultural"[③], lo cual simbolizaba que la diplomacia pública se había elevado al nivel de estrategia nacional. A partir de entonces, el Comité

① "Informe presentado por Hu Jintao ante el XVII Congreso Nacional del Partido Comunista de China", el 24 de octubre de 2007, http://news.xinhuanet.com/newscenter/2007-10/24/content_6938568_6.htm, fecha de consulta: 10/02/2018.（《胡锦涛在党的十七大上的报告》，新华社。）

② "Hu Jintao: hay que establecer el poder blando cultural que esté a la altura de la posición internacional de China", el 1 de julio de 2011, http://news.cntv.cn/china/20110701/106212.shtml?ptag=vsogou, fecha de consulta: 10/02/2019.（《胡锦涛：要形成与中国国际地位相对称的文化软实力》，中国网络电视台。）

③ "Avanzar con toda firmeza por el camino del socialismo con peculiaridades chinas y luchar por la consumación de la construcción integral de una sociedad modestamente acomodada, informe presentado ante el XVIII Congreso Nacional del Partido Comunista de China", el 17 de noviembre de 2012, http://www.gov.cn/ldhd/2012-11/17/content_2268826.htm, fecha de consulta: 10/02/2019.（《坚定不移沿着中国特色社会主义道路前进 为全面建成小康社会而奋斗——在中国共产党第十八次全国代表大会上的报告》，中国政府网。）

Central del Partido Comunista de China, que tiene al secretario general Xi Jinping como núcleo, presta más atención al diálogo cultural y al aprendizaje mutuo entre las civilizaciones y los toma como el soporte blando para la diplomacia típica de una potencia.

Esto se manifiesta en que China presta especial atención a su cultura tradicional, aprende de la sabiduría de esta, fortalece la difusión cultural hacia el extranjero y cuenta bien la historia de China. Al mismo tiempo, promueve fuertemente el aprendizaje mutuo y los intercambios culturales entre las civilizaciones, con el fin de maximizar la comunicación entre los pueblos. En marzo de 2014, el presidente Xi Jinping destacó en el discurso que hizo en la sede de la Unesco que las civilizaciones se vuelven más bonitas en el intercambio y más ricas en el aprendizaje mutuo. El intercambio y el aprendizaje mutuo entre las civilizaciones son un impulsor importante para el avance de la civilización humana y el desarrollo pacífico del mundo[1].

4.1.2 La imagen de China en dos mundos

A medida que se eleva la posición internacional de China, las grandes instituciones de estadísticas prestan cada vez más atención a la opinión de la comunidad internacional sobre ella, entre las cuales destaca el Centro de Investigaciones Pew, cuyas encuestas cuentan con una regulación oficial. Desde 2005, esta institución ha realizado sondeos sobre el conocimiento de China en diversos países. Este registro considera al Grupo de los Siete

① Xi Jinping, “Discurso en la sede de la Unesco”, el 27 de marzo de 2014, http://politics.people.com.cn/n/2014/0328/c1024-24758504.html, fecha de consulta: 10/12/2019.（习近平：《在联合国教科文组织总部的演讲》，人民网。）

(G7) y a ocho países africanos como muestra de su análisis. El G7 es la organización internacional más representativa del mundo desarrollado; en cambio, los ocho países africanos representan al mundo en vías de desarrollo. Por tanto, el Centro de Investigaciones Pew muestra de forma integral la percepción de China en dos mundos distintos[①].

4.1.2.1 La impresión sobre China en el mundo desarrollado

La Tabla 4-1 muestra de manera completa el cambio y la tendencia en la percepción positiva sobre China por parte del mundo occidental desarrollado entre 2005 y 2019. Desde un punto de vista general, el G7 tiene más impresiones negativas que percepciones positivas sobre China. Sobre todo, en la segunda década del siglo XXI, la proporción de los Estados miembros del G7 que tienen una opinión favorable sobre China es inferior a la de la primera década del siglo, en promedio por debajo del 35%[②]. En concreto, esta tendencia de cambio presenta tres características.

En primer lugar, la proporción de los Estados miembros de este grupo que tienen una opinión favorable sobre China es relativamente pequeña y presenta una tendencia a la disminución. Durante la mayoría de los periodos registrados por la encuesta, ese porcentaje no sobrepasó el 50% y en el periodo posterior se redujo aún más; por ejemplo, en 2016 (31,9%) y 2019 (29,9%) la proporción fue menor que la de 2013 (33%).

① La imagen nacional también depende de la opinión de la gente dentro del país. Según la Encuesta Global de Actitudes del Centro de Investigaciones Pew, durante 12 años continuos (2005-2016), a excepción de 2005, el porcentaje de los encuestados chinos que se mostraron "muy favorables" y "algo favorables" a la imagen nacional del país se mantuvo por encima del 90%, lo cual quiere decir que el pueblo chino se siente satisfecho con el desarrollo del país.

② Pew Global Indicators Database, "Opinion of China". https://www.pewresearch.org/global/database/indicator/24. Fecha de consulta: 09/03/2020.

En segundo lugar, las actitudes que adoptan hacia China varían un poco, pero comparten la misma característica general. En 2005, los encuestados en el Reino Unido que mostraron una opinión favorable sobre China ocuparon un 65%, que supuso el mayor porcentaje entre los países del G7. Sin embargo, en los siguientes 10 años, este porcentaje disminuyó considerablemente; en 2016 y 2019 incluso descendió a la mitad, al registrar un 37% y 38%, respectivamente. El caso de Japón también es especial. Debido a que China y Japón guardan rencores históricos muy profundos, el porcentaje de los encuestados japoneses que tienen una opinión favorable sobre China no sobrepasó el 35% (incluso en su mejor momento, en 2011) y en el punto más bajo, esta cifra registró solamente el 5% en 2013 y el 9% en 2015. Y en los siguientes cuatro años, aunque volvió a subir, en promedio no alcanzó el 14%.

En tercer lugar, de 2017 a 2019, la proporción de los Estados miembros del G7 que tuvieron una opinión favorable sobre China presentó una tendencia a la disminución. En 2019, el porcentaje llegó al nivel más bajo de la historia, inferior al 30%. Específicamente, los porcentajes de los encuestados que daban comentarios positivos sobre China en Canadá (27%), Francia (33%) y Estados Unidos (26%) llegaron al nivel más bajo de los últimos quince años; y en el caso de los encuestados en el Reino Unido, el porcentaje de los comentarios positivos sobre China fue ligeramente mayor en comparación con otros países y más elevado que el registrado en 2016 (37%).

Tabla 4-1 Porcentaje (%) de encuestados en los Estados miembros del G7 que tuvieron una opinión favorable sobre China

Año / País	2005	2007	2009	2011	2013	2015	2016	2017	2018	2019
Canadá	58	52	53	—	43	39	45	48	44	27
Francia	58	47	41	51	42	50	33	44	41	33
Alemania	46	34	29	34	28	34	28	34	39	34
Italia	—	27	—	—	28	40	32	31	29	37
Japón	—	29	26	34	5	9	11	13	17	14
Reino Unido	65	49	52	59	48	45	37	45	49	38
EE.UU.	43	42	50	51	37	38	37	44	38	26
Promedio	54,0	40,0	41,8	45,8	33,0	36,4	31,9	37,0	36,7	29,9

Fuente: Pew Global, Global Indicators Database. http://www.pewglobal.org/database/custom-analysis, fecha de consulta: 02/03/2020, promedios calculados por los autores. Nota: Aquí la "opinión favorable" incluye las respuestas de "muy favorable" y "un poco favorable", mientras que la "opinión desfavorable" incluye las respuestas de "muy desfavorable" y "un poco desfavorable".

4.1.2.2 La impresión sobre China en África, representante del mundo en desarrollo

La Tabla 4-2 muestra el cambio y la tendencia en la percepción positiva sobre China por parte de África, representante del mundo en desarrollo, entre 2007 y 2017. Cabe señalar que el Proyecto de Actitudes Globales del Centro de Investigaciones Pew dirigido a los ochos países africanos no ha cubierto todos los años, por lo cual no se puede garantizar la continuidad de los datos. Aquí elegimos los años en los que se concentran los datos disponibles, con el fin de presentar la tendencia general del cambio en la actitud que tenían los países africanos hacia China. Se descubre que, contrario al G7, los encuestados de los ochos países africanos que mostraron una actitud positiva hacia China representaron un porcentaje alto en la mayor parte del periodo observado, mientras que los que tuvieron comentarios negativos hacia China representaron siempre un porcentaje bajo. Si analizamos de manera específica, estas características también son notables.

En primer lugar, en comparación con el mundo desarrollado, África tiene una impresión relativamente positiva sobre China. Los datos muestran que, en los cuatro años estudiados, el porcentaje de los encuestados africanos con una opinión favorable sobre China se mantuvo en alrededor del 63%, 30 puntos porcentuales más que el del G7. Para la mayoría de los ochos países africanos (a excepción de Sudáfrica), China mantuvo una elevada imagen positiva entre 2007 y 2015, ya que el porcentaje de los encuestados de estos países con una opinión favorable sobre China se mantuvo en promedio en alrededor del 67%, un nivel relativamente alto. Entre ellos, Ghana y Kenia incluso registraron un 80% de encuestados con comentarios positivos sobre China, lo cual refleja plenamente la popularidad de China en África durante ese período.

En segundo lugar, entre 2017 y 2019, sobre todo en 2017, el porcentaje de los encuestados que sostuvieron una opinión favorable hacia China disminuyó a un promedio cercano al 60%; aun así es una cifra superior en 20 puntos porcentuales a la de los Estados miembros del G7. A partir de 2015, los datos disponibles sobre los ocho países africanos muestran que el porcentaje de opiniones favorables sufrió un fuerte descenso. Específicamente en el caso de Kenia y Senegal, el porcentaje bajó del 70% al 54% y 64%, respectivamente. En 2017, dicho descenso se hizo más notable. En el caso de los encuestados en Senegal, el porcentaje bajó del 80% (2015, valor máximo) al 49% (2017, valor mínimo).

Por último, el porcentaje de los encuestados en los ocho países africanos que tenían una opinión desfavorable sobre China era relativamente bajo. En los cuatro años estudiados, el promedio no superaba el 20% y en 2015 incluso fue solo del 16,3%. Asimismo, hablando de un determinado país, solamente Sudáfrica adoptó una actitud "totalmente diferente" a la de otros países africanos hacia China. El porcentaje de sudafricanos con una opinión desfavorable sobre China fue el mayor entre los ocho países africanos: superó el 35% en promedio y en 2014 incluso alcanzó el 40%. Por lo tanto, si no se tomara en consideración el caso de Sudáfrica, los encuestados de los otros siete países africanos que tuvieron una opinión desfavorable sobre China representaron solo el 13,7% (cifra de 2015).

Tabla 4-2 Porcentaje (%) de encuestados en ocho países africanos que tuvieron una opinión favorable sobre China y de los que se mostraron desfavorables

Porcentaje de africanos con una opinión favorable sobre China				País	Porcentaje de africanos con una opinión desfavorable sobre China			
Año 2007	Año 2014	Año 2015	Año 2017		Año 2007	Año 2014	Año 2015	Año 2017
67	—	75	—	Etiopía	28	—	7	—
75	61	80	49	Ghana	14	23	13	24
81	74	70	54	Kenia	15	16	22	21
—	70	70	72	Nigeria	—	14	14	13
—	71	70	64	Senegal	—	12	11	10
—	45	52	45	Sudáfrica	—	40	34	32
70	77	74	63	Tanzania	11	10	10	15

Porcentaje de africanos con una opinión favorable sobre China				País	Porcentaje de africanos con una opinión desfavorable sobre China			
Año 2007	Año 2014	Año 2015	Año 2017		Año 2007	Año 2014	Año 2015	Año 2017
45	61	65	—	Uganda	23	18	19	—
67,6	65,6	69,5	48,3	Promedio simple	18,2	19	16,3	19,2

Fuente: Pew Global, Global Indicators Database. http://www.pewglobal.org/database/custom-analysis, fecha de consulta: 02/03/2020, Promedios calculados por los autores.
Nota: Aquí la "opinión favorable" incluye las respuestas de "muy favorable" y "un poco favorable", mientras que la "opinión desfavorable" incluye las respuestas de "muy desfavorable" y "un poco desfavorable".

Estos análisis sobre el conocimiento de la imagen de China en dos mundos muestran que la China emergente no tiene un alto grado de aceptación por parte de los países desarrollados occidentales; al contrario, estos países toman el surgimiento de China como una "amenaza" y un "desafío", en vez de considerarlo un socio emergente. Al mismo tiempo, aunque China ha conseguido un alto grado de aceptación en los países en vías de desarrollo –representados aquí por los ocho países de África–, todavía se pueden proponer mejoras. El hecho de que China no tenga una buena recepción en los países desarrollados occidentales es atribuido en gran medida a la supremacía y la preeminencia histórica de la cultura occidental, lo cual supone pensamientos rígidos y conocimientos inflexibles difíciles de cambiar. Por tanto, China debe esforzarse por construir su imagen en el mundo en vías de desarrollo, puesto que en estas regiones puede poner en marcha la estrategia de "salir al mundo". Este aspecto es uno de los motivos por los cuales los países desarrollados occidentales critican a China; justamente como lo afirma Kevin Gallagher, catedrático de la Universidad de Boston: "Mantener una imagen positiva en las regiones en vías de desarrollo, tales como África y América Latina, es trascendental para el interés de China"①.

4.2 El conocimiento mutuo entre China y América Latina

China presenta una imagen más compleja en la región de América Latina, en comparación con la impresión activa y positiva que deja en África y la negativa en el mundo desarrollado. Esta visión no solo se debe a la distancia geográfica entre China y América Latina, sino que en gran parte se debe también al atraso en el desarrollo de la relación sino-latinoamericana y al conocimiento limitado entre las dos partes. Poseer características culturales e históricas más complejas que las de África conlleva a que China se enfrente a mayores desafíos en la construcción de su imagen nacional en América Latina.

4.2.1 Conocimiento básico de América Latina en China

La construcción de la imagen nacional es el proceso de interacción cognitiva en el que se forman percepciones y evaluaciones integrales. La impresión sobre China en América Latina tiene su origen en la "interpretación" por ambos lados. En este sentido, el conocimiento de América Latina en China influye en la percepción sobre China en América Latina. Desde hace mucho tiempo, el conocimiento sobre América Latina en China sigue pareciéndose a la famosa sentencia del filósofo Li Shenzhi:

① Kevin Gallagher, "Una mirada latinoamericana a la ayuda exterior y a la inversión: es importante la imagen", http://business.sohu.com/20160707/n458164706.shtml, fecha de consulta: 02/08/2016.（凯文 · 加拉格尔：《拉美视角看中国援助、投资——形象很重要》，载《搜狐财经》。）

"En la actualidad, con respecto a América Latina, tenemos más conceptos abstractos que conocimientos concretos, más percepciones confusas que experiencias exactas"①.

Lo "abstracto" y lo "confuso" se deben principalmente a que nuestro estudio sobre América Latina es limitado, por lo cual tenemos poco conocimiento de ella. Durante las dinastías Ming y Qing, las publicaciones sobre América Latina empezaron a aumentar en China y principalmente eran obras sobre historia y geografía mundiales, narraciones publicadas por embajadores acreditados en el extranjero y viajeros, así como traducciones de periódicos, revistas y libros extranjeros, entre otros②. La producción original de conocimientos sobre América Latina por parte de China refleja que los chinos iban profundizando su entendimiento sobre la región.

Empero, la impresión que China tenía de América Latina en dicha época aún influye en el posicionamiento de América Latina por parte de la China contemporánea. Por ejemplo, en la literatura diplomática de la dinastía Qing, entre los términos que se refieren a América Latina y los países de la región se encuentran los de "gente de Occidente", "ley de Occidente", "reglamentos de Occidente", "costumbres de Occidente", etc. Es decir, en la dinastía Qing, sobre todo en sus postrimerías, el grupo de élite, principalmente la burocracia y los intelectuales, tomaba a América Latina

① Leslie Bethell (ed.), *The Cambridge History of Latin America*, vol.1, traducción de ILAS-CASS, Beijing: Economy and Management Publishing House, 1995, prólogo, p.1.（莱斯利·贝瑟尔主编：《剑桥拉丁美洲史》第一卷，经济管理出版社，1995年。）

② Zhang Guanzhi y Yuan Yan, "Análisis preliminar sobre el conocimiento temprano de América Latina por parte del pueblo chino: basado en registros históricos chinos en las dinastías Ming y Qing", en *Revista de la Universidad Suroeste de Ciencia y Tecnología (Edición de Filosofía y Ciencias Sociales)*, núm.5, 2012, pp.5-9.（张贯之、袁艳：《试论中国人对拉丁美洲的早期认知——基于明清中国史籍的分析》，载《西南科技大学学报（哲学社会科学版）》，2012年第5期。）

como parte de la “civilización occidental”. Durante las dos o tres décadas posteriores a la creación de la República Popular China, aunque América Latina era posicionada nuevamente como parte del “tercer mundo”, los principales medios de comunicación de China tomaban a menudo a América Latina como “Occidente”[1]. En realidad, esto confirma lo que Li Shenzhi llamó el “concepto abstracto” que China tiene sobre América Latina.

Durante mucho tiempo han sido escasos los datos de investigación que puedan reflejar objetivamente la comprensión de China sobre América Latina. En muchos casos, nuestro conocimiento sobre América Latina se refleja en nuestra “descripción” de América Latina. Entre 2007 y 2008, el Instituto de América Latina de la Academia China de Ciencias Sociales hizo una encuesta sobre el conocimiento de China sobre América Latina: “América Latina en los ojos de los chinos”, cuyo resultado confirma el argumento de Li Shenzhi, es decir, el conocimiento que China tiene sobre América Latina es una “impresión confusa” o una “comprensión perceptiva”.

El resultado de esta encuesta presenta tres características generales. En primer lugar, el conocimiento de la información básica sobre América Latina por parte del pueblo chino se encuentra en un nivel bajo. Por ejemplo, solo el 52% de los encuestados pudo responder correctamente que “el idioma oficial de la mayoría de los países latinoamericanos es el

① Wang Shihao, “Análisis preliminar sobre el posicionamiento de América Latina por parte del pueblo chino: el tercer mundo o el Occidente, tomando como pistas las notas del *People's Daily*”, en *Estudios Latinoamericanos*, núm.1, 2009, p.68. （王士皓：《浅谈中国人对拉丁美洲的定位：第三世界或西方——以<人民日报>相关报道为线索》，载《拉丁美洲研究》，2009年第1期。）

español", y solamente el 37% supo que los brasileños hablan portugués.

En segundo lugar, la percepción de América Latina por parte de China se concentra en gran medida en los conocimientos superficiales y carece de comprensiones profundas. Por ejemplo, entre las 12 opciones contempladas para la pregunta "¿cuál es el primer pensamiento que surge en usted cuando se habla de América Latina?", las primeras cinco respuestas fueron, respectivamente: el carnaval de samba y el tango (70%), el fútbol (68%), la música latina (52%), Pinochet (49%) y la selva amazónica (45%)[①]. En 2013, otra encuesta con una versión actualizada que dirigió el profesor Lin Zhimin presentó un resultado similar. Enfocada en los intelectuales que habían recibido una educación superior y tenían un título de grado o maestría, la encuesta[②] mostraba que en el contexto del rápido desarrollo de la relación sino-latinoamericana, el conocimiento de China sobre América Latina no había mejorado mucho: solo las dos terceras partes de los encuestados pudieron nombrar a una celebridad de América Latina, pero los que mencionaron a futbolistas eran mucho más que los que conocían a renombrados políticos y célebres escritores que han ganado el Premio Nobel de Literatura.

En tercer lugar, los encuestados chinos se mostraron optimistas con respecto al futuro de la relación sino-latinoamericana, lo cual se ha reflejado

① Liu Weiguang, "América Latina en los ojos de los chinos: Análisis del resultado de la encuesta de opinión pública sobre cuestiones internacionales realizada por la Academia China de Ciencias Sociales", en *Estudios Latinoamericanos*, núm.5, 2008, pp.31-40.（刘维广：《中国人心目中的拉丁美洲——中国社会科学院国际问题舆情调研结果分析》，载《拉丁美洲研究》，2008年第5期。）

② Gregg B. Johnson y Lin Zhimin, "Sino-Latin American Relations: A Comparison of Expert and Educated Youth Views of Latin America", en *Journal of China and International Relations*, vol.3, núm.1, mayo de 2015, p.37.

en las encuestas de 2007 y 2013. Por ejemplo, en la de 2007, el 83% de ellos se sentía optimista. Esto quiere decir que el pueblo chino tiene una buena actitud hacia América Latina y está satisfecha con la situación actual y la tendencia de desarrollo de esta relación. Entre todos los factores de consideración, el comercio económico (75%), la cooperación en materia de energía (41%) y el intercambio educativo y cultural (40%) fueron los rasgos más estimados por los encuestados, lo cual también indica que la cooperación económica es el aspecto principal que se debe desarrollar en la relación sino-latinoamericana. Y entre los encuestados que recibieron una educación superior, los que tuvieron una "impresión buena" o una "impresión muy buena" representaron el 55%①.

Las investigaciones mencionadas muestran que el hecho de que China adopte una actitud positiva y activa hacia el contacto con América Latina se debe en gran medida a que en la interacción sino-latinoamericana, China es el promotor y América Latina el receptor, motivo por el que China desembarca en América Latina. Sin embargo, al mismo tiempo, esta realidad implica un riesgo potencial: debido al conocimiento superficial que tiene China sobre América Latina, se pueden producir choques o conflictos a medida que el contacto entre las dos partes se haga más frecuente y profundo, así que esto puede provocar o continuar la comprensión negativa sobre China en América Latina②.

① Gregg B. Johnson, Lin Zhimin, "Sino-Latin American Relations: A Comparison of Expert and Educated Youth Views of Latin America", en *Journal of China and International Relations*, vol. 3, núm.1, mayo de 2015, p39.

② "Latin America: China Image may Face Rising Challenges", en *OxResearch Daily Brief Service*, 9 de agosto de 2013, http://relooney.com/NS4540/Oxford-LA_41.pdf, fecha de consulta: 20/07/2016.

4.2.2 Conocimiento de China en América Latina

El conocimiento de América Latina sobre China es relativamente más complicado que el anterior, ya que América Latina es una región muy heterogénea. Si bien no hay suficientes datos estadísticos acerca del conocimiento de China sobre América Latina, por lo que es difícil analizarlo detalladamente, sí existen, por el contrario, datos relativamente precisos con respecto al conocimiento de América Latina sobre China, de modo que pueden reflejar de manera completa y objetiva la situación real del mismo.

En el presente texto solo se consideran dos grupos de datos registrados por diferentes fuentes: uno proviene de la Encuesta Global de Actitudes, del Centro de Investigaciones Pew de EE.UU.; el otro, de la corporación Latinobarómetro, institución reconocida en el ámbito de los sondeos en América Latina. Las razones por las que se retoman los datos de estas instituciones son las siguientes: en primer lugar, los datos de las encuestas con respecto a la imagen china obtenidos por ambas empresas son medidos a largo plazo, de modo que pueden reflejar una tendencia durante un periodo histórico determinado, lo que facilita la detección del cambio en el conocimiento sobre China por parte de los latinoamericanos; en segundo lugar, ambas instituciones pertenecen a EE.UU. y América Latina, respectivamente, así que se puede realizar un análisis nutrido por diferentes puntos de vista a fin de incrementar la objetividad y la integridad del mismo, donde los datos reflejen, en la mayor medida posible, el conocimiento real sobre China por parte de América Latina.

4.2.2.1 El Centro de Investigaciones Pew

El Centro de Investigaciones Pew es una de las instituciones de estadística más reconocidas e integrales a nivel mundial. Desde 2007, este centro ha realizado encuestas sistemáticas y a largo plazo respecto a la impresión que América Latina tiene de la imagen china. En esta base de datos, las cifras aparecen actualizadas hasta 2019.

1. Impresión general sobre China en los países latinoamericanos

Los datos obtenidos por la Encuesta Global de Actitudes de Pew en los últimos años revelan que la actitud que América Latina tiene sobre China presenta dos características principales (ver Tabla 4-3): la primera consiste en que generalmente el porcentaje de los encuestados que tienen una opinión favorable sobre China en América Latina es mucho mayor que el del caso del G7, pero mucho menor que el de África; la segunda muestra que el conocimiento sobre China en América Latina es mucho más complejo que en África, lo cual se refleja en que el porcentaje de los encuestados que tienen una opinión favorable sobre China nunca ha sobrepasado el 60% y varía mucho. Se puede notar claramente, según la Tabla 4-3, que a partir de 2007, el porcentaje de los encuestados que tienen una opinión favorable sobre China en América Latina primero aumenta y después disminuye.

Desde un punto de vista general, este porcentaje experimentó un aumento en cierta medida durante diez años (2007-2017). En 2015, alrededor del 56% de los encuestados latinoamericanos consideraba que China tenía "muy buena acogida en su país". Esta proporción era superior en más de ocho puntos porcentuales a la de 2007, momento en que se inició la investigación. Sin embargo, según el instrumento aplicado en la primavera de 2017, el porcentaje de los encuestados latinoamericanos que tenían una opinión favorable sobre China cayó bruscamente al 50%.

Si nos referimos a un determinado país, el porcentaje de los encuestados que sostenían una actitud positiva hacia China se encontraban en Chile y Perú de forma estable. En 2007, el 62% de los chilenos y el 56% de los peruanos encuestados sostenían una actitud positiva hacia China; en 2015, el porcentaje subió al 66% y 60%, respectivamente, cifra superior al promedio de los seis países latinoamericanos. El caso de Venezuela es especial: durante todo el periodo estudiado, el porcentaje de los venezolanos encuestados que tenían una actitud positiva hacia China se mantenía en un nivel alto, superior al promedio, pero presentaba una tendencia a la disminución. En 2014, el porcentaje de los encuestados venezolanos que tenían una opinión positiva hacia China era del 76%, mucho más elevado que el de otros cinco países latinoamericanos estudiados, y por encima que cualquier otro año estudiado. Sin embargo, el porcentaje fue bajando gradualmente al 58% (2015) y al 52% (2017).

Por último, el porcentaje de los encuestados que tenían una opinión desfavorable hacia China en los seis países latinoamericanos era relativamente alto. Durante el mismo periodo estudiado, dicho porcentaje no superaba el 20% en los ocho países africanos, mientras que en el de los seis países latinoamericanos fluctuaba alrededor del 30%. Entre ellos, los dos principales países de América Latina, Brasil y México, presentaban una situación no optimista. Por ejemplo, en 2014 el 44% de los brasileños encuestados tenían una actitud negativa hacia China y posteriormente, aunque el porcentaje ha ido bajando establemente, seguía en el nivel del promedio de los seis países. A diferencia de Brasil, el porcentaje de los mexicanos encuestados que tenían una actitud negativa hacia China bajó del valor máximo (41%) de 2007 al 38% (2014) y al 23% (2017); pero en el mismo periodo, el porcentaje de los encuestados que tenían una actitud positiva no había subido, sino que fluctuaba alrededor del 44%, cifra inferior al promedio de los seis países durante todo el periodo estudiado.

Tabla 4-3 Porcentaje (%) de los encuestados en América Latina que tienen una opinión favorable sobre China y registro de los resultados desfavorables

Porcentaje de los latinoamericanos que tienen una opinión favorable sobre China				País	Porcentaje de los latinoamericanos que tienen una opinión desfavorable sobre China			
Año 2007	Año 2014	Año 2015	Año 2017		Año 2007	Año 2014	Año 2015	Año 2017
32	40	53	41	Argentina	31	30	26	26
—	44	55	52	Brasil	—	44	36	25
62	60	66	51	Chile	22	27	25	28
43	43	47	43	México	41	38	34	23
56	56	60	61	Perú	22	27	22	25
—	76	58	52	Venezuela	—	26	33	29
48,3	51	56,5	50	Promedio simple	29	32	29,3	26

Fuente: Pew Global, Global Indicators Database. http://www.pewglobal.org/database/customanalysis, fecha de consulta: 02/03/2020, promedios calculados por los autores. Nota: Entre 2007 y 2019, la encuesta llevada a cabo por el Centro de Investigaciones Pew sobre el "conocimiento de China" no siempre cubrió los seis países latinoamericanos estudiados cada año. Para garantizar la validez de los datos y reflejar la tendencia general del conocimiento sobre China en los países latinoamericanos, solo se contemplan los datos de los años 2007, 2014, 2015 y 2017, que cubren una muestra mayor. La categoría "favorable" abarca la opción "muy favorable" y "algo favorable"; mientras que la sección "desfavorable" abarca la opción "muy desfavorable" y "algo desfavorable".

2. La actitud hacia China por parte de países latinoamericanos en torno a determinados asuntos

En 2013, el Centro de Investigaciones Pew publicó el Informe de la Encuesta sobre la Imagen Global de China y Estados Unidos. El tercer capítulo se enfoca en la actitud hacia China por parte de diversos países, para lo cual se evalúan varios aspectos. Aquí hemos escogido los resultados de la encuesta sobre la actitud hacia China de países latinoamericanos para conocer cómo ve a China el público de esta región.

En primer lugar, sobre cómo ven la relación con China, la mayoría de los latinoamericanos encuestados toman a China como un socio de cooperación en vez de un enemigo (ver Tabla 4-4). Según este reporte, entre los encuestados de siete países latinoamericanos, el 54,1% considera a China como un socio en materia de cooperación; al contrario, solo el 10% de las personas lo considera un enemigo. Sin embargo, en África estas dos cifras son diferentes: 67,7% y 7%, respectivamente. Al mismo tiempo, alrededor de un tercio de los latinoamericanos encuestados se muestran neutrales, es decir, estas personas creen que China no es socio ni enemigo; pero en África esta cifra solo fue del 12,5%.

Además, el resultado varía entre diferentes países. Para Venezuela, China es definitivamente un socio más porque aproximadamente el 74% de los venezolanos encuestados sostienen esta actitud, mientras que menos del 10% toman a China como su enemigo o creen que no es socio ni enemigo. Esto tiene mucho que ver con el rápido desarrollo de las actividades comerciales y de inversión entre China y Venezuela antes de 2013. En Chile, El Salvador, Argentina y Brasil, aunque más de la mitad de los encuestados reconocen a China como un socio, alrededor de un tercio manifestó una actitud neutral. En México, el resultado presentó una característica totalmente diferente. Aunque la mayoría de los encuestados reconocieron a China como un socio, alrededor de un tercio tomaron a China como el "enemigo" o "ni socio ni enemigo", lo cual refleja una relación bilateral compleja entre China y México en términos geopolíticos y geoeconómicos.

Tabla 4-4 Porcentaje de los encuestados de los países latinoamericanos que toman a China como socio o enemigo

País	Socio	Enemigo	Ninguno de los dos
Venezuela	74	9	9
Chile	62	6	26
El Salvador	58	6	33
Argentina	52	6	30
Brasil	50	10	36
Bolivia	42	9	35
México	41	24	27
Promedio	54,1	10	27,7

Fuente: Pew Research Center, "America's Global Image Remains More Positive than China's", p.26, July 18, 2013. www.pewresearch.org, fecha de consulta: 25/02/2020.

En segundo lugar, el poder blando de China se refleja más en la ciencia y la tecnología en lugar de la cultura y la música. Los datos de investigación muestran que, en cuanto al tema del poder blando y la difusión tecnológica y cultural, la mayoría de los latinoamericanos admiran los avances científicos y tecnológicos que se han realzado en China (72% de los encuestados sostienen esta actitud). En El Salvador, Venezuela y Chile, el porcentaje de los encuestados que comparten esta actitud incluso alcanza el 80%, 80% y 75%, respectivamente.

Pero en términos de la difusión de ideas y de costumbres, sobre todo en el sector de la música y las artes audiovisuales, el resultado no es tan satisfactorio (ver Tabla 4-5): los latinoamericanos no muestran mucho interés por la cultura y el arte de China. El porcentaje de los encuestados que dan comentarios positivos sobre las ideas y costumbres de China es del 31,7%, y sobre las artes audiovisuales, del 25,3%. Hablando de países específicos, los encuestados bolivianos y venezolanos que tienen comentarios positivos sobre la cultura china, representada por la música y el arte audiovisual, ocupan un porcentaje mayor que los de otros países. Sin embargo, dicha cifra no alcanza el 40%. En cambio, los que tienen comentarios negativos sobre la música y el cine de China ocupan un porcentaje cercano al 60%. En Argentina y Brasil las cifras son bastante altas: el 75% de los brasileños encuestados y el 68% de los argentinos dan comentarios negativos sobre la música y las artes audiovisuales de China. Además, los países latinoamericanos no aceptan que las ideas y costumbres de China se difundan entre ellos. Solo el 32% de los latinoamericanos encuestados comentaron de manera positiva la difusión de las ideas y costumbres de China en su país, mientras que alrededor del 54% sostienen que su difusión no es favorable. Entre todos los países estudiados, grandes o pequeños, más del 50% de los encuestados creen que dicha difusión es dañosa.

Tabla 4-5 Grado de aceptación de la cultura y las ideas de China en América Latina (%)

Grado de aceptación de la cultura y las artes audiovisuales de China			País	La difusión de las ideas y costumbres de China		
Favorable	Desfavorable	No sabe		Favorable	Dañosa	No sabe
11	68	21	Argentina	28	55	17
37	44	19	Bolivia	30	51	19
19	75	6	Brasil	36	58	6
25	50	25	Chile	27	57	16
28	61	11	El Salvador	37	50	13

Grado de aceptación de la cultura y las artes audiovisuales de China			País	La difusión de las ideas y costumbres de China		
Favorable	Desfavorable	No sabe		Favorable	Dañosa	No sabe
19	56	25	México	27	55	18
38	58	4	Venezuela	37	51	12
25,3	58,9	15,9	Promedio	31,7	53,9	14,4

Fuente: Pew Research Center, "America's Global Image Remains More Positive than China's", p.26, July 18, 2013. www.pewresearch.org, fecha de consulta: 25/02/2020.

En tercer lugar, en cuanto a la pregunta "¿hasta qué punto China considera los intereses de su país?", los encuestados latinoamericanos brindaron comentarios negativos sobre China en general. En promedio (ver Gráfico 4-1), menos del 40% de los encuestados creen que China considera los intereses de su país al tomar decisiones diplomáticas. En comparación con los encuestados de Asia-Pacífico (37,4%) y el Medio Oriente (25%), dicho porcentaje es un poco mayor, aunque está aún muy por debajo del caso de los africanos (63,5%). Además, el 53% de los latinoamericanos encuestados creen que China no considera nada o no considera mucho los intereses de su país, el cual es un poco más bajo que el de Asia-Pacífico (53,1%) y el de Medio Oriente (66%); por el contrario, en África esta cifra es solo del 21,7%.

Entre los países que superan la media de las evaluaciones negativas se ubican Argentina, Chile, Bolivia y Brasil. En el caso de Argentina y Chile, el porcentaje incluso alcanza el 71% y 65%, respectivamente. Por otra parte, Venezuela es el país que cuenta con el mayor porcentaje de los encuestados que consideran que China aprecia plenamente –o en una medida relativamente grande– los intereses de su país: la cifra es del 67%. Estos datos significan que aún queda mucho espacio por mejorar respecto

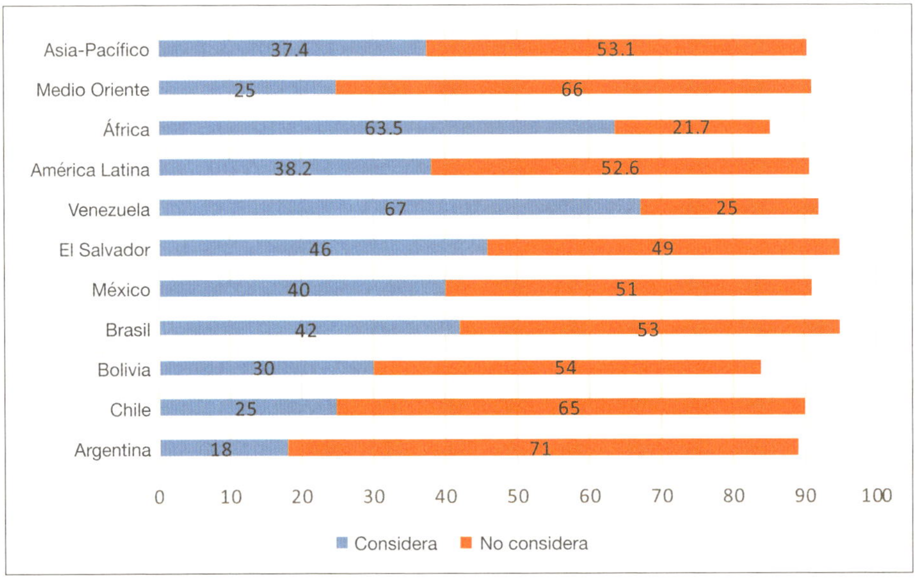

Gráfico 4-1 ¿Hasta qué punto China considera los intereses de su país al elaborar su política exterior? (%)

Fuente: Pew Research Center, "America's Global Image Remains More Positive than China's", p.31, July 18, 2013. www.pewresearch.org, fecha de consulta: 25/02/2020.

Nota: La pregunta es "Hasta qué punto China considera los intereses de su país". Las respuestas de "no considera" incluyen las de "no considera mucho" y "no considera nada"; las respuestas de "considera" incluyen las de "considera extremadamente" y "considera bastante".

a la imagen de China en América Latina y alcanzar el grado de aceptación que China ha logrado en África.

4.2.2.2 Latinobarómetro

A fin de apreciar la realidad del conocimiento de China en América Latina desde diferentes perspectivas, en este texto se analizan también los datos provenientes de la institución local de encuestas en América Latina "Latinobarómetro". Tradicionalmente, los sondeos realizados por esta institución presentan menos prejuicios en comparación con los hechos en EE.UU. Aquí intentamos revisar el conocimiento de China por parte de América Latina desde tres aspectos.

1. Conocimiento general sobre China en América Latina y su tendencia (2001-2018)

En primer lugar, en comparación con la "Encuesta Global de Actitudes" del Centro de Investigaciones Pew de EE.UU., las encuestas realizadas durante 18 años por "Latinobarómetro" muestran que la opinión sobre China en América Latina es relativamente positiva, aunque presenta altibajos. Considerando todo el periodo abarcado por la encuesta, el porcentaje de los encuestados latinoamericanos que tuvieron una opinión favorable sobre China fue del 57% en promedio. Solo en 2003 y 2015 dicho porcentaje fue inferior al 50%, mientras que durante 2006 y 2011 se mantuvo en un nivel alto, alrededor del 60% en promedio. Sin embargo, en los siguientes diez años, el porcentaje de los encuestados que dieron comentarios positivos sobre China sufrió grandes fluctuaciones, ya que bajó del 65% en 2011 –el índice más alto– al 49% en 2015. En los años posteriores, el porcentaje fue subiendo establemente hasta alcanzar el 56% en 2018.

Por el contrario, el porcentaje de los encuestados que dieron comentarios negativos sobre China no sufrió muchas fluctuaciones en el referido periodo, y en general se mantuvo entre el 23% y 30%, lo cual refleja completamente que la impresión negativa sobre China es, en algún sentido, rígida, es decir, los latinoamericanos tienen estereotipos sobre China. Cabe señalar que en cada encuesta, entre el 17% y el 19% de los encuestados no tuvieron ningún conocimiento sobre China. Debe tomarse en serio este vacío para fomentar el conocimiento sobre China en América Latina.

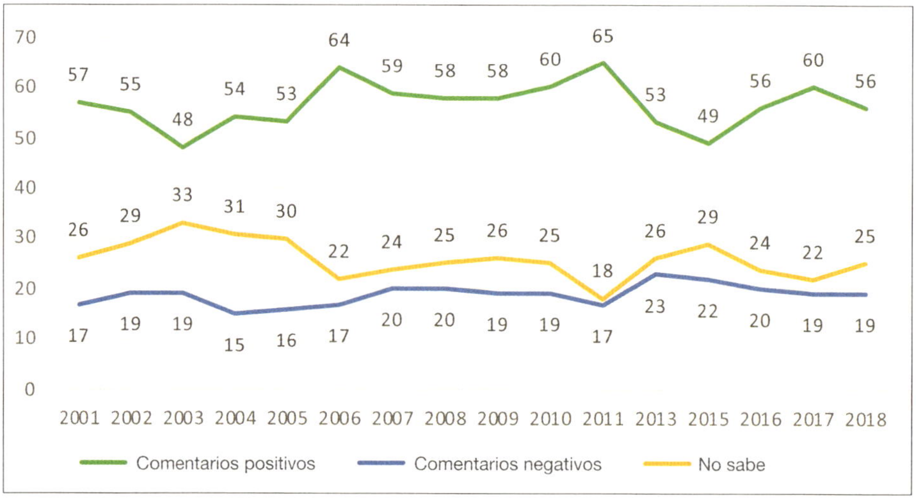

Gráfico 4-2 El conocimiento general de China en América Latina y su tendencia (2001-2018)

Fuente: Gráfico elaborado con los datos del periodo 2001-2018 de la Corporación Latinobarómetro. www.latinobarometro.org.

Nota: Los comentarios positivos incluyen las respuestas de "bueno" y "muy bueno"; los comentarios negativos incluyen los de "malo" y "muy malo"; los comentarios de "no sabe" incluyen los que no han respondido y los que respondieron "no lo sé".

2. Comparación del conocimiento sobre China, Estados Unidos y Japón en América Latina

En comparación con EE.UU., China recibe menos comentarios positivos en América Latina. En todo el periodo de aplicación de la encuesta, el porcentaje de los encuestados latinoamericanos con una opinión positiva sobre EE.UU. es 10 puntos porcentuales más que en el caso de China, lo cual refleja la profunda influencia de larga data que EE.UU. tiene sobre América Latina. En este sentido, los datos revelan que, a excepción de 2008, en todo el periodo de la encuesta el porcentaje de los encuestados con una opinión positiva sobre EE.UU. siempre sobrepasó el 60% y en algunos de estos años –2001, 2002, 2009, 2010, 2011 y 2016– este porcentaje alcanzó incluso un nivel superior al 70%.

Además, la imagen positiva de China en América Latina no puede competir con la de Japón, un país que ingresó relativamente tarde a América Latina. Los datos revelan que el porcentaje de los encuestados latinoamericanos con una opinión positiva sobre Japón permanece en un nivel superior al 60%, a excepción de 2002, cuando descendió al 57%. Al mismo tiempo, la imagen positiva de Japón en América Latina permanece estable, a diferencia de la imagen de EE.UU. y de China, que han sufrido una gran variación. Las encuestas sobre la percepción de Japón demuestran que la gente no toma en cuenta en cierta medida el prejuicio de que "el que llega tarde es el retrasado". De hecho, si las medidas o métodos son adecuados, se puede construir una imagen más activa y positiva.

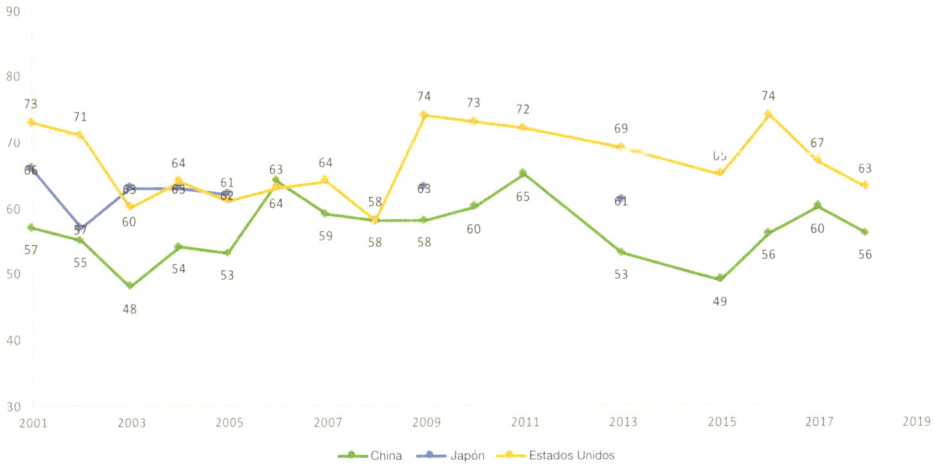

Gráfico 4-3 La opinión positiva sobre China, Japón y EE.UU. en América Latina

Fuente: Gráfico elaborado con los datos del periodo 2001-2018 de la Corporación Latinobarómetro. www.latinobarometro.org

Nota: En el caso de Japón, están disponibles solamente los datos de algunos años. Los comentarios positivos incluyen las respuestas de "bueno" y "muy bueno"; los comentarios negativos incluyen los de "malo" y "muy malo".

3. Conocimiento sobre China en dieciocho países latinoamericanos

Un análisis comparativo de los datos de diferentes países puede reflejar mejor la complejidad y la inestabilidad de la opinión sobre China en América Latina. En este artículo se retoma la información sobre 18 países latinoamericanos, registrada en los años 2008, 2013 y 2018 (ver Gráfico 4-4).

El resultado muestra que: en primer lugar, en 2008, cuando el Gobierno chino publicó el Documento sobre la Política de China hacia América Latina y el Caribe, en la mayoría de los países latinoamericanos el porcentaje de los encuestados con una actitud positiva hacia China era relativamente grande. Por ejemplo, en Chile, la República Dominicana, Venezuela, Perú y Costa Rica ese porcentaje alcanzó entre el 66% y 72%. En los grandes países latinoamericanos como Brasil, Argentina y México, el porcentaje también permaneció en un nivel superior al 50%.

En segundo lugar, en la mayoría de los países de América Latina, este porcentaje disminuyó en 2013 en comparación con 2008, aunque algunos países constituyeron contadas excepciones. En Ecuador y Panamá el porcentaje tuvo un mayor incremento en el referido periodo: 10 y 11 puntos porcentuales, respectivamente. Sin embargo, Chile y la República Dominicana fueron los países en los que ese porcentaje presentó una mayor disminución: 19 y 29 puntos porcentuales, respectivamente, cinco o siete veces la reducción media de América Latina. Por ello, vale la pena reflexionar profundamente sobre la razón subyacente.

En tercer lugar, después del segundo periodo de cinco años, el porcentaje de los encuestados con una actitud positiva hacia China volvió a alcanzar el nivel de hace diez años y se mantuvo alrededor del 56%. En términos de países, Chile fue donde el porcentaje en de los encuestados

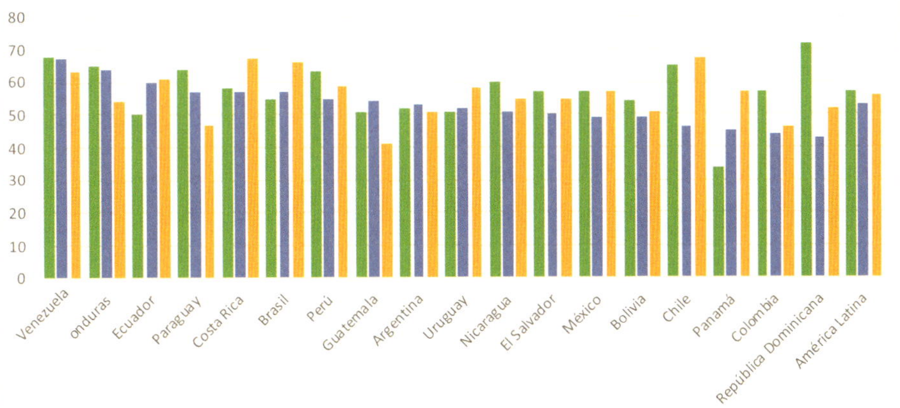

■ 2008:	68	65	50	64	58	55	63	51	52	51	61	57	57	54	65	37	57	72	57
■ 2013:	67	64	60	57	57	57	55	54	53	52	51	50	49	49	46	45	44	43	53
■ 2018:	63	54	61	47	67	66	59	41	51	58	55	55	57	51	67	57	46	52	56

■ 2008 ■ 2013 ■ 2018

Gráfico 4-4 Comentarios positivos de China en 18 países de América Latina

Fuente: Gráfico elaborado con los datos de "Latinobarómetro" de los años 2008, 2013 y 2018. www.latinobarometro.org.

Nota: Los comentarios positivos incluyen las respuestas de "bueno" y "muy bueno"; los comentarios negativos incluyen los de "malo" y "muy malo".

con una actitud positiva hacia China subió más rápido en los cinco años: en 2018 fue 21 puntos porcentuales más que el de 2013. En Costa Rica, la República Dominicana y Brasil el porcentaje también registró un aumento de entre 9 y 10 puntos porcentuales, mientras que Panamá fue el único país donde hubo un aumento constante y rápido, ya que primero fue del 34% en 2008 al 45% en 2013, y en 2018 alcanzó el 57%, obteniendo un aumento de entre 11 y 12 puntos porcentuales cada cinco años, lo cual reflejaba en cierta medida el gran empuje que generaron tanto el deseo por parte de los panameños de establecer relaciones diplomáticas con China como el cumplimiento de dicho propósito. Sin embargo, en varios países dicho porcentaje bajó, entre ellos, los tres países que no tienen relaciones diplomáticas con China, Honduras, Paraguay y Guatemala, en donde hubo una mayor disminución: entre 10 y 13 puntos porcentuales.

4. La impresión sobre la democracia de China

En el mismo marco, el resultado de la encuesta sobre "la imagen que se tiene de la democracia de China", orientada hacia áreas específicas[1], ha sido totalmente diferente de lo esperado. En 2013 solo el 11% de los encuestados latinoamericanos consideraron que China no era un país democrático (ver Gráfico 4-5). Esta situación es completamente contraria al argumento de que "China es una dictadura", inventado por Occidente en términos de opinión pública. Costa Rica y Chile son los países que cuentan con el mayor porcentaje de encuestados que creen que China no es democrático, estas cifras son, respectivamente, del 23% y del 20%; les siguen Panamá, Colombia, Argentina, Venezuela, Brasil y Perú, cuyos porcentajes varían entre el 12% y 16%. En el caso de otros países latinoamericanos estudiados, el porcentaje está por debajo del promedio.

Otros datos (ver Gráfico 4-6) indican que al medir el grado de democracia con el criterio del 1 al 10 –cuanto más grande sea este valor, más democrático será–, China recibe una calificación de 5,3 por parte de los encuestados latinoamericanos; en este aspecto, Uruguay y Paraguay son los países que dan una puntuación más alta, 6,2 y 6,0, respectivamente, mientras que la mayoría de los otros países dan una puntuación no menor a 5,0.

Esta tendencia muestra que para la mayoría de los países latinoamericanos, en lo que concierne a la democracia, China no es una "dictadura", como lo señala Occidente, sino que es considerada como un país que ha realizado

① Latinobarómetro, "Imagen de los países y las democracias", Santiago de Chile, 2014, http://www.latinobarometro.org, fecha de consulta: 21/06/2016.

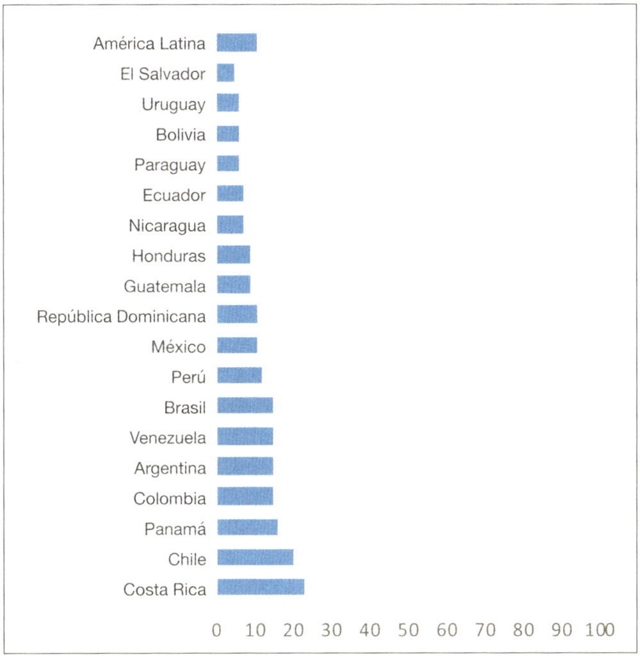

Gráfico 4-5 Porcentaje de los encuestados que toman a China como un país no democrático
Fuente: Latinobarómetro, "Imagen de los países y las democracias", Santiago de Chile, 2014. http://www.latinobarometro.org.

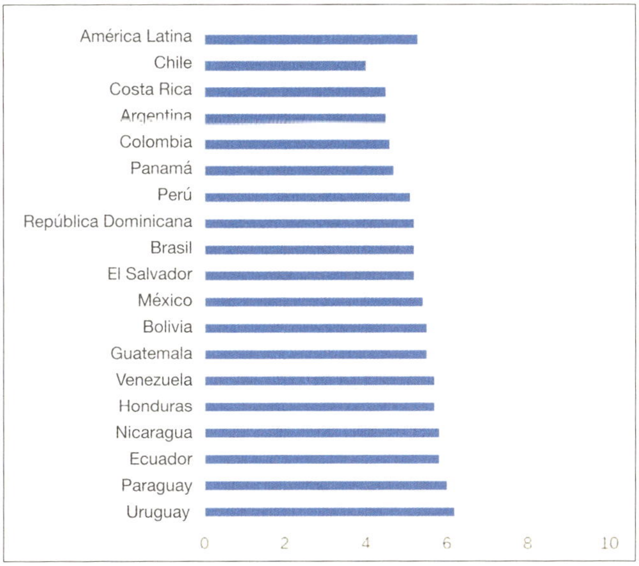

Gráfico 4-6 Comentarios sobre el grado de democracia de China
Fuente: Latinobarómetro, "Imagen de los países y las democracias", Santiago de Chile, 2014. http://www.latinobarometro.org.

grandes avances en este ámbito. Sin embargo, estas puntuaciones también reflejan que los países de América Latina aún abrigan una gran esperanza respecto al avance democrático en China.

4.3 Origen de los malentendidos sobre China en América Latina

El análisis anterior, que parte desde diferentes puntos de vista con base en diversas fuentes, pone de manifiesto que, a excepción de unos pocos países que tienen una opinión relativamente negativa hacia China, en ciertos periodos, la mayoría de los países latinoamericanos muestran una actitud relativamente positiva. Este resultado indica que la actitud que tiene América Latina sobre China no es tan negativa ni tan buena como la que imaginamos; pero existe un gran margen de mejora.

Teniendo en cuenta que la opinión pública siempre impacta en la percepción emocional, y la última, a su vez, forma la opinión, es muy necesario mejorar la mirada sobre China en América Latina, puesto que "la opinión sobre China en América Latina es una dimensión muy importante en la relación sino-latinoamericana, que puede producir un gran impacto en el desarrollo de esta relación"[①]. Para mejorar esta opinión, es imprescindible conocer a fondo el origen de los malentendidos sobre China en América Latina.

① Gustavo E. Santillán, "Determining Factors of Chinese Perception in Latin America", artículo entregado por el Tercer Foro Académico China-ALC, Santiago de Chile, 24-25 de noviembre de 2014.

4.3.1 La falta de conocimiento sobre América Latina en China y sus repercusiones en el conocimiento de China en América Latina

El hecho de que el círculo intelectual de China problematice a América Latina y atribuya muchos de los problemas a dicha región, intensifica la percepción negativa sobre China por parte de América Latina. El conocimiento se forma a partir de la interacción; en este sentido, una imagen positiva se construye en gran medida sobre la base del afecto mutuo. Desde esta perspectiva, la falta de conocimiento sobre América Latina en China impacta en el conocimiento sobre China en América Latina y puede producir una impresión negativa sobre China.

Desde hace tiempo, las investigaciones sobre América Latina realizadas en China se han orientado hacia el pragmatismo; es decir, no son desarrolladas para lograr un conocimiento y una comprensión objetiva e integral, sino que tienen como objetivo "servir de lección". Debido a esta razón, algunas personas pertenecientes a los círculos académicos y a los de medios de comunicación han adherido etiquetas a la concepción de América Latina, tales como "enfermedad urbana", "latinoamericanización", "violencia", "desigualdad", entre otras.

En este sentido, el prejuicio o la ceguera selectiva por parte de unos cuantos y el conocimiento superficial de los medios de comunicación –que se enfocan en obtener beneficios por llamar la atención–, provocan que en China, el "sentido colectivo"[1] haya "problematizado" a América Latina y

---

① Ariel C. Armony y Julia C. Strauss, "From Going Out (zou chuqu) to Arriving In (desembarco): Constructing a New Field of Inquiry in China-Latin America Interactions", en *The China Quarterly*, vol.209, 2012, pp.1-17.

haya "latinoamericanizado" los problemas; de esta forma, se construyó un estereotipo sobre América Latina en China.

"Este entorno conduce a que algunas personas adopten una actitud totalmente pragmática al citar el ejemplo de América Latina y a que se relacione todo con América Latina, incluso en el caso de una falta de conocimiento básico sobre esta; es como si América Latina fuera un cesto en el que puede caber cualquier cosa"[①]. Este concepto negativo alcanzó su punto máximo cuando el pueblo chino desarrolló una visión de América Latina bajo el efecto de los círculos mencionados, los mismos que se refuerzan mutuamente: "Como conjunto, América Latina no ha podido encontrar un camino de desarrollo sostenible y coherente"[②], situación conocida como "la trampa de la renta media". En 2016, la opinión negativa sobre América Latina del pueblo chino alcanzó su punto más alto; una opinión dirigida sobre todo a Brasil y a Venezuela, porque diversos chistes irónicos sobre los Juegos Olímpicos de Río de Janeiro y sobre la situación de Venezuela se difundieron ampliamente en Internet.

El conocimiento relativamente rígido sobre América Latina por parte de China es peligroso. Aparte de que los conceptos –que no son integrales ni objetivos– pueden extenderse hacia el extranjero y difundirse fácilmente por la región de América Latina, este fenómeno no es favorable para el desarrollo a largo plazo de la relación sino-latinoamericana. De hecho, hace muchos años, el especialista en política comparada Howard Wiarda advirtió

① Guo Cunhai, "No relacionemos todo con la *leyenda* de América Latina", en *Oriental Morning Post*, 28 de octubre de 2014.（郭存海：《不要总拿拉美"神话"说事儿》，载《东方早报·上海经济评论》。）

② Simon Shen, "Online Chinese Perceptions of Latin America: How They Differ from the Official View", en *The China Quarterly*, vol.209, 2012, pp.157-177.

con buenas intenciones a los políticos estadounidenses que "EE.UU. está dispuesto a hacer cualquier cosa por América Latina menos entenderla"[1]. En este sentido, el estigma que posee sobre América Latina y su etnocentrismo son las razones principales por las que EE.UU. no puede comprenderla. Para evitar cometer el mismo error, China debe abandonar este estereotipo y fortalecer el conocimiento y la comprensión profunda e integral de América Latina. Esta actitud favorecería fundamentalmente el conocimiento mutuo y la opinión positiva entre China y América Latina.

4.3.2 La duda y la preocupación en América Latina hacia los extranjeros

América Latina es una región con una historia complicada y enredada. En realidad, la historia de esta zona se compone de una serie de "desembarcos", como parte de un proceso de contacto y mestizaje entre los recién llegados –extranjeros y fuerzas extranjeras– y los habitantes nativos –grupos indígenas y población asentada– de esta región.

En la actualidad, el fortalecimiento de las relaciones políticas y económicas entre China y América Latina puede causar fácilmente preocupaciones profundas en los latinoamericanos; por ejemplo, si la relación sino-latinoamericana va a asemejarse a la relación que hubo entre América Latina y Europa, y a la que hubo entre América Latina y EE.UU., es decir, una relación basada en el intercambio de los productos primarios a cambio de los industriales. En este aspecto, a los latinoamericanos les preocupa que con esta relación de intercambio desequilibrada y desigual,

① Howard J. Wiarda, *The Soul of Latin America: The Cultural and Political Tradition*, Yale University Press, febrero de 2003, p.432.

América Latina llegue a depender de China, ocasionando que su economía caiga en un deterioro estructural a largo plazo. Las relaciones económicas y comerciales entre China y América Latina en los últimos veinte años constituyen, en cierta medida y al menos superficialmente, razones de preocupación para los latinoamericanos.

Desde el punto de vista de los grupos marginados, China es esencialmente igual a las potenciales occidentales, pues estos grupos consideran que comparte la misma codicia por los recursos naturales en esta región. Además, la importación de mano de obra de China ha intensificado la preocupación de los habitantes latinoamericanos, debido a la ocupación de puestos de trabajo y al impacto en el medio ambiente local. Por ejemplo, en países latinoamericanos como México y Argentina, algunas personas consideran a la comunidad china y a los supermercados chinos como "un ejército que ha invadido con sus mercancías"[①]. Las empresas chinas también han sido acusadas de hacer negocios de manera "confusa y fuera de la regla", despreciando en general "la justicia y la transparencia" y violando las normas de trabajo y de salario aceptables[②].

Los datos registrados por el Centro de Investigaciones Pew revelan que cerca de un 40% de los latinoamericanos no se muestran a favor de las actividades comerciales de las empresas chinas en su país; sobre todo en Brasil, México, Argentina y Bolivia. Sin embargo, en África, el 59% de los

① Ariel C. Armony y Julia C. Strauss, "From Going Out (zou chuqu) to Arriving In (desembarco): Constructing a New Field of Inquiry in China-Latin America Interactions", en *The China Quarterly*, vol.209, 2012, pp.1-17.

② Ariel C. Armony y Julia C. Strauss, "From Going Out (zou chuqu) to Arriving In (desembarco): Constructing a New Field of Inquiry in China-Latin America Interactions", en *The China Quarterly*, vol.209, 2012, pp.1-17.

encuestados tienen una opinión favorable sobre las prácticas comerciales de China en el contexto local[1].

A partir de esta información, se puede suponer que el factor que tiene un gran impacto en la construcción de la imagen de China en los países latinoamericanos es en qué medida su presencia en América Latina no va a producir influencias negativas en cuanto al medio ambiente, las condiciones laborales, la vida social y la económica. Pero, en realidad, las empresas chinas no se adaptan a las políticas de medio ambiente ni a las laborales; además, la conciencia de la responsabilidad social por parte de las empresas no corresponde a la demanda de las comunidades. Todos estos factores intensifican, sin duda alguna, la preocupación de los latinoamericanos[2].

4.3.3 La diferencia cultural como origen de los malentendidos entre China y América Latina

El hecho de que China y América Latina tengan culturas, valores y conceptos muy diferentes constituye el origen principal de los malentendidos entre ambas partes. La cultura latinoamericana es esencialmente una cultura especial, mixta y en la que predomina la cultura occidental, pues se formó durante una etapa histórica de colonización.

① Pew Research Centre, "Attitudes toward China", 18 de julio de 2013, http://www.pewglobal.org/2013/07/18/chapter-3-attitudes-toward-china, fecha de consulta: 25/07/2016.

② Oficina de Representación en China del Programa de las Naciones Unidas para el Desarrollo, Academia China de Cooperaciones Comerciales y Económicas Internacionales del Ministerio de Comercio, Comisión Estatal de Supervisión y Administración de Activos del Consejo de Estado, *Informe de desarrollo sostenible en el exterior para empresas chinas 2015*, http://www.sasac.gov.cn/n85463/n327265/n327839/n1651676/c2144239/content.html, fecha de consulta: 10/04/2016.（联合国开发计划署驻华代表处、商务部国际贸易经济合作研究院、国务院国有资产监督管理委员会研究中心：《中国企业海外可持续发展报告2015》。）

También se puede decir que América Latina es una región donde predominan las ideas y los valores occidentales. El prejuicio, la falta de conocimiento de China y el conocimiento superficial de ella intensifican las evaluaciones negativas de este país en América Latina. Los estudios revelan que la mayoría de las opiniones negativas sobre la cultura china tienen que ver con la diferencia cultural, pues es una cultura que les parece lejana y la distancia conduce, en cierta medida, a que tengan una actitud de rechazo[1].

Las encuestas de opinión pública son las manifestaciones de esta actitud. Por ejemplo, según la Tabla 4-5[2], la difusión de los conocimientos, del folclore y de los productos culturales chinos no tiene mucha presencia en América Latina. Solo una cuarta parte de los encuestados tienen una actitud positiva hacia la cultura china y cerca de un 60% no se sienten atraídos hacia su música, sus películas ni sus programas de TV; en Brasil y Argentina, este porcentaje alcanzó el 75% y el 68%. Además, pasa lo mismo respecto a la difusión del conocimiento y del folclore, pues solo un tercio de los encuestados tiene una opinión favorable sobre estos valores, mientras que un 54% tiene una opinión desfavorable.

La falta de conocimiento sobre China en América Latina se debe generalmente a la insuficiente difusión de la cultura china en esta región. Aunque esta idea es cierta, el factor más importante es el tipo de cultura que hay que difundir y en qué forma se debe realizar. Este rigor exige fortalecer la atención y la dedicación al Instituto Confucio y mejorar la forma de

① Ariel C. Armony y Julia C. Strauss, "From Going Out (zou chuqu) to Arriving In (desembarco): Constructing a New Field of Inquiry in China–Latin America Interactions", en *The China Quarterly*, vol.209, 2012, pp.1-17.

② Pew Research Center, "Attitudes toward China", en *America's Global Image Remains More Positive than China's*, 18 de julio de 2013.

trabajo del mismo.

Por ejemplo, es necesario cambiar la tradición que se concentra en la difusión del idioma y que ignora la cultura; y también se debe mejorar su contenido. Desde hace tiempo, el intercambio cultural en el exterior depende mucho de la tradición. Es como si el *Clásico de poesía*, el *Sueño en el pabellón rojo*, el kung-fu, la medicina tradicional china y las óperas fueran todos los elementos que integran la cultura china. Pero, en realidad, estas referencias pertenecen a la China antigua, no a la moderna, ya que la contemporánea contempla nuevas civilizaciones urbanas, ciencias, tecnologías e innovaciones. Un experto estadounidense en los temas de China indicó acertadamente que "el mundo sabe cuán antigua es China, no hace falta destacarlo. Lo realmente necesario es conocer de manera simple qué está pasando en China actualmente"[①].

En realidad, aunque a los latinoamericanos no les agraden las telenovelas chinas, hay algunos programas que reflejan la vida cotidiana de los chinos y permiten que los latinoamericanos conozcan la verdadera China de manera más fácil. Tal es el caso de la serie *Tiempos felices de la nuera*. Además, de forma inesperada, la ciencia y la tecnología, que se caracterizan por un espíritu de modernidad, son los poderes blandos que tienen mejor recepción en América Latina. La mayoría de los latinoamericanos, un 72%, admiran mucho los grandes avances de China en este ámbito; en Venezuela, El Salvador y Chile, esta cifra incluso alcanzó un rango del 75% al 80%[②].

① Joshua Cooper Ramo, *La imagen china: China en los ojos de los eruditos extranjeros*, traducción de Shen Xiaolei, Beijing: Social Sciences Academic Press, 2008, p.41.（乔舒亚·库珀·雷默等著，《中国形象：外国学者眼里的中国》，沈晓雷译，社会科学文献出版社，2008年。）

② Pew Research Center, "Attitudes toward China", in *America's Global Image Remains More Positive than China's*, 18 de julio de 2013.

Se puede intuir que el motivo de este fenómeno son las influencias que las famosas marcas chinas de alta tecnología, tales como Huawei, Lenovo, ZTE y TikTok, generan en la vida cotidiana en América Latina.

4.3.4 El predominio de los medios de comunicación occidentales en la opinión pública de América Latina

A la par de la existencia de fenómenos como la falta de conocimiento y la presencia de estereotipos, existen factores con un potencial y una capacidad para mejorar la opinión sobre China en América Latina: la difusión exterior. Lamentablemente, dos factores limitan en gran medida la eficiencia del intercambio entre China y América Latina.

En primer lugar, el predominio que los medios de comunicación occidentales tienen sobre la opinión pública en América Latina. Desde hace tiempo, la presión y la censura por parte de los medios de comunicación occidentales han producido muchas influencias negativas debido a que se muestran "temerosos" ante el surgimiento de China. Desafortunadamente, esta actitud negativa hacia China, promovida por los medios de comunicación occidentales, no va a mejorar a corto plazo.

En segundo lugar, los medios de comunicación latinoamericanos han sido profundamente influenciados por los occidentales, cuya información predomina. Por un lado, en términos generales, los medios de comunicación latinoamericanos dependen de los occidentales con respecto a la fuente de noticias y tienen muy pocos corresponsales en China. De los 33 países (regiones) de América Latina, en el año 2010 –en su mejor momento– había 8 corresponsales en China, provenientes de 5 países; pero en 2015, esta cifra se redujo a solo 2 corresponsales, provenientes de 2 países[1].

Por otro lado, los medios de comunicación latinoamericanos publican muy pocas noticias sobre China, incluso con algún prejuicio en su agenda informativa. Este fenómeno se debe a la falta de corresponsales o de líneas editoriales que se dediquen a compartir información sobre China. También puede atribuirse a que los medios de comunicación latinoamericanos están dominados en su mayoría por una élite que ha recibido una educación occidental y a que están profundamente influenciados por las noticias publicadas por Occidente. Aunque los medios de comunicación latinoamericanos muestran una actitud objetiva al publicar noticias sobre algunos temas, la forma en que China proyecta su pensamiento contrarresta el efecto de la falta de difusión.

Otro factor consiste en la limitación de China y su retraso en términos de contenido y de canales de difusión. Quizás debido a que los medios de comunicación occidentales ejercen una presión de larga data sobre China a través de la opinión pública, China suele adoptar una actitud defensiva en lo que concierne a la construcción de su imagen nacional; es decir, se enfoca en la autopromoción de una apariencia muy oficial y rígida, la cual no produce un buen efecto.

Aparte de este factor, el contenido que China difunde también está un

---

① Patricia Castro Obando, "Análisis de las noticias sobre China en los diarios de América Latina", discurso en el simposio "Intercambio cultural: el nuevo pilar de la relación entre China y América Latina", organizado conjuntamente por el Instituto de América Latina de la Universidad de Sichuan y la Comunidad de Estudios Chinos y Latinoamericanos, 31 de octubre de 2015. Según Patricia Castro, las noticias sobre China publicadas en los periódicos latinoamericanos provienen en su mayoría de la agencia EFE de España, la agencia de noticias Associated Press de EE.UU., la Agencia France Presse de Francia, la agencia Reuters de Inglaterra, la BBC y la agencia DPA de Alemania. Todas ellas no son de América Latina, pero tienen corresponsalías en China.

poco atrasado. En cuanto a la promoción de China hacia el exterior, no es incorrecto concentrarse en la construcción de una imagen positiva, pero este objetivo no implica una promoción elegante, ni una difusión mediada por buenas noticias, puesto que con el tiempo, la credibilidad de los medios de comunicación y del Gobierno se verá erosionada.

Además, el hecho de que China se concentre en promover, en lugar de mostrar objetivamente su realidad –para obtener así más comprensión y confianza– puede generar que la comunidad internacional le exija asumir más responsabilidades.

Por otra parte, el atraso en sus canales de difusión también limita la eficacia de los mismos, sobre todo en lo que concierne a los nuevos medios de comunicación que no se han internacionalizado plenamente; especialmente los medios de comunicación social.

En comparación con las principales agencias internacionales, en términos generales, a los medios de comunicación chinos aún les falta mucho por hacer en cuanto al manejo de redes sociales, una deficiencia que se refleja con mayor incidencia en los siguientes aspectos: las noticias no se publican con suficiente frecuencia, hay poca interacción con la audiencia, las cuentas se caracterizan por mantener un perfil oficial cuyo contenido no es tan cercano a la vida real, hay un retraso en la publicación de la información y los medios permanecen mudos frente a las grandes noticias o los acontecimientos delicados[①].

① He Huiyuan, "Cómo los medios de comunicación pueden usar eficazmente las redes sociales extranjeras", en *International Communications*, núm.6, 2015, p.72.（何慧媛：《媒体如何有效利用境外社交媒体平台》，载《对外传播》，2015年第6期。）

4.4 Construir el mecanismo de intercambio cultural de alto nivel entre China y América Latina

A partir del XVIII Congreso del Partido Comunista de China, el intercambio cultural entre China y América Latina viene presentando una serie de nuevas características. Por ejemplo, la sociedad civil se ha incorporado para impulsar dicha actividad, complementando el trabajo del Gobierno y apoyándose mutuamente. Asimismo, en el desarrollo institucional del intercambio cultural sino-latinoamericano, se han establecido proyectos de intercambio cultural dirigidos a la región de América Latina, y las actividades relevantes que antes eran ocasionales y fragmentadas se han vuelto más profesionales.

En comparación con otras regiones, es en América Latina donde China ha tenido un atraso en materia de intercambio cultural. Hasta ahora China no ha establecido un mecanismo de intercambio cultural de alto nivel con ningún país latinoamericano, menos a nivel sino-latinoamericano. Debido a la falta de un mecanismo de intercambio cultural, entre las instituciones y las fuerzas involucradas en dicha causa no hay una coordinación para lograr un impulso conjunto y generar un efecto compuesto. Por lo tanto, establecer un mecanismo de intercambio cultural entre China y América Latina tiene un sentido positivo en varios aspectos.

En primer lugar, el establecimiento de un mecanismo de intercambio cultural entre China y América Latina favorece una mejor coordinación entre diferentes sectores. En la actualidad, los ministerios y entidades derivadas del Partido Comunista de China, como sindicatos, ligas de la juventud o asociaciones de mujeres, organizan diversos proyectos de intercambio cultural, y algunas entidades locales también tienen sus propios proyectos. Sin embargo, a la mayoría de ellos les falta una planificación integral y una conexión orgánica entre sí, lo cual ha resultado en un desarrollo disperso y fragmentado. Lo más importante es que en la etapa de exploración del intercambio cultural entre China y América Latina hace falta la guía profesional de las instituciones y sectores relevantes. Por ejemplo, China aún no ha tenido una planificación estratégica para la diplomacia cultural con América Latina. Y la estrategia de "salir al mundo" de la cultura china no tiene enfoque ni soporte, por lo cual no se pueden coordinar las acciones al respecto. Además, la planificación de las actividades de la diplomacia cultural con América Latina no ha generado un efecto de acción conjunta.

Por ejemplo, la Oficina del Consejo Internacional para la Lengua China tiene los proyectos del Instituto Confucio y el Aula Confucio, mientras que el Ministerio de Cultura y Turismo ha implementado el proyecto del Centro Cultural de China, e instituciones como universidades e institutos de investigación científica se han enfocado en el establecimiento de los centros de estudios chinos. Si estas tres fuerzas que están dedicadas respectivamente al idioma, la cultura y la investigación académica pudiesen coordinar, se favorecería una mayor amplitud y profundidad de la comunicación cultural en América Latina y se mejoraría la vinculación y el efecto compuesto de los intercambios culturales entre China y América Latina.

En segundo lugar, el establecimiento de un mecanismo de intercambio cultural entre China y América Latina contribuirá a integrar las fuerzas civiles. Con el fortalecimiento de la relación sino-latinoamericana y la asistencia de China a América Latina, han surgido organizaciones civiles de intercambio cultural de diferentes magnitudes y categorías tanto en China como en América Latina. Dichas organizaciones difunden la cultura de su país en China y desempeñan un papel cada vez más importante en fomentar la comprensión y el conocimiento mutuo entre los dos pueblos.

Inspirada en el establecimiento de la Asociación de Estudiantes Latinoamericanos en la Universidad de Beijing, la Universidad Tsinghua también estableció la Asociación de Estudiantes Latinoamericanos en 2016. Al mismo tiempo, Brasil, Argentina, Perú y México han establecido las hermandades de paisanos en China. En 2015 emergió la Comunidad de Estudios Chinos y Latinoamericanos (CECLA), una organización iniciada por jóvenes académicos de China y de América Latina, y viene desempeñando un papel cada vez más importante en promover la comunicación entre los jóvenes chinos y latinoamericanos y el intercambio cultural entre ambos lados. Bajo su influencia, jóvenes profesores de la Universidad Central de Venezuela establecieron el Centro Venezolano de Estudios sobre China (CVEC) y muchos otros jóvenes latinoamericanos también están estableciendo instituciones de estudios chinos similares. Sin embargo, aunque estas organizaciones civiles han mantenido una comunicación y diversos encuentros, aún no se ha establecido una red de contactos institucionalizada.

En tercer lugar, el establecimiento de un mecanismo de intercambio cultural entre China y América Latina favorecerá modelar el mecanismo del seguimiento posterior y consolidar los efectos del intercambio. Durante mucho tiempo, los proyectos de intercambio cultural de China han prestado más atención a la etapa inicial que a la labor de seguimiento, por lo cual no se puede alcanzar un efecto ideal.

Sin embargo, en América Latina la situación es más positiva. Por ejemplo, en Buenos Aires se ha establecido el Centro de Estudios de Argentina-China. Tanto su fundador como sus miembros son argentinos que se han beneficiado del programa de becas del Gobierno chino o de los planes de capacitación. No solo han establecido una red de comunicación fuera de línea para difundir la cultura china y las experiencias de China, así como organizar eventos con temáticas sobre China, sino que también han creado el sitio web de la asociación, a través del cual todos los argentinos que se han beneficiado del programa de becas del Gobierno chino o de diversos proyectos de capacitación pueden inscribirse en línea para unirse. Y lo más importante es que la página actualiza en tiempo real la información sobre los programas de becas del Gobierno chino y de capacitación para facilitar la postulación.

Inspirados en el Centro de Estudios de Argentina-China, los estudiantes peruanos que participaron en el Campamento de Intercambio y Capacitación de Líderes Juveniles China-América Latina 2017 establecieron una organización similar en la capital de Perú, Lima, en agosto de ese año: la Asociación de Estudios Chinos y Peruanos. Sin duda alguna, hay que apreciar y difundir plena y ampliamente este tipo de organizaciones civiles innovadoras en América Latina, a fin de tomarlas como ejemplos para tener una influencia en más países latinoamericanos.

China y América Latina están alejadas la una de la otra, pero no tienen disputas territoriales ni conflictos históricos, por lo que teóricamente es relativamente fácil construir una relación de mutuo entendimiento y confianza. Sin embargo, debemos reconocer que las culturas de China y América Latina son muy diferentes. Además, América Latina ha sido profundamente influenciada por los valores occidentales, por lo cual le cuesta formar una "comunidad de futuro común" con China. En este sentido, se explica por qué la imagen de China en América Latina no es tan positiva como ocurre en África. Al entender este aspecto, hay que realizar actividades de intercambio cultural entre China y América Latina de acuerdo con las condiciones locales y sobre la base de un conocimiento completo de la historia y la cultura latinoamericanas. El intercambio cultural entre China y América Latina está relativamente atrasado en comparación con el que se ha realizado con otras regiones y en otros ámbitos como el político y el económico, y aún se encuentra en una etapa inicial. Por lo tanto, todavía hay un largo camino por recorrer para consolidar una base de la opinión pública que favorezca la cooperación China-América Latina, a través de la expansión de los intercambios culturales y el fortalecimiento del conocimiento y el entendimiento entre las dos partes.

CAPÍTULO 5

Desarrollo y aprendizaje mutuo: Diálogo entre las culturas de China y de América Latina

A medida que la relación entre China y América Latina avanza de un doble impulso en la cooperación económica y política hacia una cooperación integral, ambas partes se aproximan cada vez más hacia una comunidad de beneficio, de responsabilidad y de futuro compartido. Por ello, hay que señalar una necesidad urgente: al mismo tiempo que las relaciones entre China y América Latina continúan expandiéndose, es indispensable mantener un conocimiento mutuo profundo. El diálogo cultural entre ambas partes es la vía fundamental para conseguir este objetivo. Las diferencias, la apertura y la inclusividad presentes en las culturas china y latinoamericana hacen que el diálogo entre ambas no solo sea esencial, sino también posible.

Mientras América Latina se va convirtiendo en un importante participante por extensión natural y esencial de la Iniciativa de la Franja y la Ruta, esta se ha vuelto en tanto la vía principal para promover el diálogo cultural entre China y América Latina y el vector primordial para establecer el mecanismo del diálogo cultural entre ambas partes. Esto se debe a que el espíritu de la Ruta de la Seda, que se caracteriza por la cooperación pacífica, la apertura y la inclusividad, el aprendizaje y el beneficio mutuo, converge con los objetivos perseguidos por el diálogo cultural bilateral. El presente capítulo pretende investigar a nivel teórico el establecimiento del mecanismo para el diálogo cultural sino-latinoamericano, así como analizar su significado, sus objetivos y las vías posibles para la finalidad mencionada. Además, pretende ofrecer unas concepciones preliminares sobre posibles acciones para establecer el mecanismo del diálogo cultural bilateral.

5.1 Diálogo cultural: Nuevo paradigma de las relaciones internacionales

Desde la década de 1990, mientras se aceleraba la expansión del proceso globalizador, el contacto entre distintas economías y culturas se hizo cada vez más frecuente. Esto ocasionó dos cuestiones de merecida atención: por una parte, la aparición de problemas globales; por otra parte, la cuestión de si una interacción más frecuente entre varios sujetos con diferentes culturas y valores ocasionaría la armonía o el conflicto. Las reflexiones respecto a estas dos cuestiones conformaron dos corrientes principales: la "teoría del choque de civilizaciones" representada por Samuel Huntington; y la otra, la "teoría del diálogo entre civilizaciones" ("diálogo entre culturas" o "diálogo cultural") impulsada por la ONU①. Huntington opina que el conflicto entre las civilizaciones reemplazará los conflictos internacionales y se convertirá en un nuevo paradigma de la política internacional, incluso llegará a emplazar los conceptos de "cultura" y "civilización" en el centro de los estudios teóricos de la política internacional. Su teoría del "choque de civilizaciones" ha atraído numerosas polémicas y críticas, además de haber suscitado la preocupación de la comunidad internacional ante la perspectiva de un "choque de civilizaciones".

---

① Du Weiming, "El desarrollo del diálogo entre civilizaciones y su significado mundial", en *Journal of Nanjing University (Filosofía, Humanidades, Ciencias Sociales)*, núm.1, 2003, pp.33-34.（杜维明：《文明对话的发展及其世界意义》，载《南京大学学报（哲学・人文科学・社会科学）》，2003年第1期。）

El sentido más importante de esta proposición sorprendente de Huntington no es su teoría en sí misma, sino la reflexión y el interés que ha desencadenado, algo que justamente parece haber sido una de sus intenciones. Tal y como él mismo escribe en la edición en chino del prólogo de su obra *The Clash of Civilizations and the Remarking of World Order*: "Lo que espero es despertar el interés de la gente por el peligro del conflicto de civilizaciones, para poder ayudar a promover el 'diálogo entre las civilizaciones' en todo el mundo"①. El profesor Du Weiming, catedrático de origen chino de la Universidad de Harvard, ha demostrado interés e investigado por largo tiempo el "diálogo entre civilizaciones", y ha reconocido esta intención en Huntington. Du también opina que Huntington ha conseguido su objetivo en cierto grado. "Sin embargo, ahora se atañe más importancia al diálogo entre civilizaciones y ha dado respuesta a las perspectivas de confrontación o choques entre las civilizaciones, principalmente gracias a la teoría de Huntington anunciada en 1993"②.

En 1998, en respuesta a la proposición del entonces presidente de Irán, Mohamed Jatamí, de iniciar un diálogo entre las diferentes civilizaciones del mundo, la Asamblea General de la ONU definió mediante resolución a 2001 como el "año del diálogo entre civilizaciones"③. Desde entonces, el diálogo entre civilizaciones se convirtió en una cuestión oficial de la ONU y la 56.º Asamblea General aprobó la Agenda Global para el Diálogo

① Samuel Huntington, *The Clash of Civilizations and the Remarking of World Order*, traducción de Zhou Qi, et al, Beijing: Xinhua Press, 2002, p.3.（塞缪尔·亨廷顿：《文明的冲突与世界秩序的重建》，周琪等译，新华出版社，2002年。）

② Du Weiming, "El desarrollo del diálogo entre civilizaciones y su significado mundial", en *Journal of Nanjing University (Filosofía, Humanidades, Ciencias Sociales)*, núm.1, 2003, p.37.

③ Resolución 56/6 de la 56.º Asamblea General de las Naciones Unidas, *Agenda Global para el Diálogo de Civilizaciones*, www.un.org, 21 de noviembre de 2001.

de Civilizaciones, cuya primera disposición estipula claramente que: "El diálogo entre civilizaciones es un proceso entre diferentes civilizaciones y a nivel interno, basado en la inclusividad, que mediante el diálogo pretende comprender, descubrir y comprobar las presunciones, descubrir acepciones comunes y valores centrales, así como el deseo colectivo de resumir múltiples perspectivas"①. El entonces secretario general de la ONU, Kofi Annan, también creó la Alianza de Civilizaciones de la Organización de las Naciones Unidas, como una institución dedicada especialmente al diálogo entre civilizaciones②. Desde comienzos del siglo XXI, el diálogo entre civilizaciones se viene convirtiendo cada vez más en un nuevo paradigma de las relaciones internacionales, porque el diálogo entre civilizaciones ha sido concebido como una forma racional de contacto entre diferentes culturas de la humanidad. Se trata de una forma positiva de intercambio cultural, mientras que el conflicto de civilizaciones es una forma negativa de ello③.

China, que es miembro permanente del Consejo de Seguridad de la ONU, siempre ha sido partidaria y promotora del diálogo entre civilizaciones. Durante el 60.º periodo de sesiones de la Asamblea General de la ONU en 2005, el entonces representante permanente de China ante las Naciones Unidas, Wang Guangya, pronunció un discurso sobre este

① Resolución 56/6 de la 56.º Asamblea General de las Naciones Unidas, *Agenda Global para el Diálogo de Civilizaciones*, www.un.org, 21 de noviembre de 2001.

② Yang Rujia, *Las Naciones Unidas y el diálogo entre civilizaciones: roles y tendencias*, Tesina de Maestría, Universidad de Fudan, 2014.（杨濡嘉：《联合国与文明对话：角色和趋势》，复旦大学硕士学位论文，2014年。）

③ Peng Shuzhi, "Contacto entre civilizaciones y el diálogo entre civilizaciones", en *Northwestern University Journal (Edición de Filosofía y Ciencias Sociales)*, núm.4, 2006, pp.5-9.（彭树智：《文明交往和文明对话》，载《西北大学学报（哲学社会科学版）》，2006年第4期。）

tema donde destacó que "la diversidad del mundo, las diferencias entre civilizaciones y culturas no deberían ser el origen de conflictos mundiales, sino el punto de partida del intercambio y la cooperación mundial (...) la diversidad, la inclusividad y la aceptación de los hechos de manera indiscriminada son una importante característica de la cultura china (...) China reforzará el intercambio cultural y el diálogo intercultural con cada país del mundo"[1].

En marzo de 2014, el presidente Xi Jinping visitó la sede de la Unesco y pronunció un discurso en el que propuso tres principios fundamentales para promover el entendimiento mutuo entre las civilizaciones: la diversidad de las civilizaciones, la igualdad entre las civilizaciones y la inclusión de las civilizaciones[2]. La idea central de esta línea de pensamiento es que "el intercambio entre las civilizaciones supera sus diferencias, el entendimiento mutuo entre las civilizaciones supera los conflictos entre sí, y la coexistencia entre civilizaciones supera el sentido de supremacía", algo que se convirtió en un pilar esencial para establecer la comunidad de futuro compartido y la Iniciativa de la Franja y la Ruta.

En esencia, tanto la idea de la comunidad de futuro compartido como la Iniciativa de la Franja y la Ruta son respuestas a los problemas mundiales

① Declaración del embajador Wang Guangya, representante permanente de China ante las Naciones Unidas, en el sexagésimo período de sesiones de la Asamblea General, sobre el tema del programa para el diálogo entre civilizaciones y la cultura de paz (temas 42 y 43), sitio web del Ministerio de Relaciones Exteriores, 20 de octubre de 2005, http://www.fmprc.gov.cn/ce/ceun/chn/zgylhg/shhrq/zjwh/t217668.htm, fecha de consulta: 09/10/2019. (《中国常驻联合国代表王光亚大使在第60届联大关于不同文明对话议程与和平文化议题的发言（议题42、43）》，中国外交部网站。)

② "Palabras de Xi Jinping ante la sede de la Unesco", 27 de marzo de 2014, http://www.xinhuanet.com/politics/2014-03/28/c_119982831_2.htm, fecha de consulta: 16/10/2019. (《习近平在联合国教科文组织总部的演讲》，新华网。)

y son una contribución de la sabiduría china para afrontar los problemas globales, además de ser una iniciativa propuesta por China. La Iniciativa de la Franja y la Ruta no solo representa así la principal forma para construir la comunidad de futuro compartido de la humanidad, "su lógica profunda incluye un modelo de diálogo entre civilizaciones. Este modelo radica en la cultura tradicional de China"①. Xu Jialu opina que la Franja y la Ruta supera las diferencias culturales y esencialmente representa una vía cultural para un diálogo profundo entre la civilización china y el mundo②.

Precisamente por ello, los principios en la visión y las acciones de los documentos de la Franja y la Ruta especialmente dan importancia a mantener una cooperación abierta y la inclusividad armoniosa, promover la inclusividad entre civilizaciones, el respeto hacia la elección de cada país de su vía y modelo de desarrollo, reforzar el diálogo entre diferentes civilizaciones, buscar las similitudes manteniendo las diferencias, la inclusión, la coexistencia pacífica y la prosperidad común en coexistencia③. En realidad, se trata de una nueva perspectiva cultural, una nueva perspectiva de la civilización. En este sentido, la Franja y la Ruta pretende construir esencialmente un camino de respeto y confianza mutua; un

① "El modelo del diálogo entre civilizaciones en el concepto de la Franja y la Ruta", 30 de octubre de 2016, http://news.163.com/16/1030/02/C4JFF7E200014AED.html., fecha de consulta: 04/03/2019.（《"一带一路"理念包含对话文明的模式》，网易。）

② Xu Jialu, "Diferentes civilizaciones van a prosperar y florecer en la Franja y la Ruta", 6 de noviembre de 2015, http://culture.ifeng.com/a/20151106/46133716_0.shtml., fecha de consulta: 20/04/2018.（许嘉璐：《不同文明都将在"一带一路"上绚丽绽放》，凤凰网。）

③ "Visión y acción para promover la construcción conjunta de la Franja y la Ruta y la Ruta de la Seda Marítima del Siglo XXI", sitio web del Ministerio de Comercio de la República Popular China, 30 de marzo de 2015, http://zhs.mofcom.gov.cn/article/xxfb/201503/20150300926644.shtml.，fecha de consulta: 18/04/2019.（《推动共建丝绸之路经济带和21世纪海上丝绸之路的愿景与行动》，中国商务部网站。）

camino de cooperación y beneficio mutuo; y una ruta de entendimiento entre las civilizaciones. Es decir, "una ruta para el diálogo entre civilizaciones"[1].

De los debates anteriores se desprende que el diálogo entre civilizaciones goza de un consenso internacional cada vez mayor y que se están adoptando más medidas con ese fin. El apoyo y la promoción de China al diálogo entre civilizaciones no solo se reflejan en la filosofía de la gestión pública y en los documentos de políticas gubernamentales, sino que también han sido demostrados en la práctica. El 22 de mayo de 2019 se celebró la Conferencia Asiática sobre el Diálogo de Civilizaciones en Beijing. Mucho antes de esta conferencia, bajo el marco del Foro de Cooperación Sino-Árabe, el diálogo cultural sino-árabe se ha celebrado ya en ocho ediciones consecutivas[2]. Sin embargo, el progreso del diálogo de civilizaciones entre China y América Latina ha sido relativamente lento, y no ha sido sino hasta 2015 que fue un tema propuesto de manera oficial. En vista de ello, el presente capítulo trata de responder a varias preguntas relativas al diálogo de civilizaciones entre China y América Latina, incluyendo, entre otras preguntas, las siguientes: ¿por qué es necesario un diálogo?, ¿cuál es el contenido del diálogo?, ¿con quién es el diálogo?, ¿cómo ha de ser el diálogo? Sobre esta base, el presente capítulo busca presentar algunas reflexiones y propuestas para el establecimiento de un mecanismo de diálogo entre China y América Latina.

① Xie Jinying, "Convertir la Franja y la Ruta en la vía para el diálogo entre civilizaciones", en *People's Daily*, 4 de mayo de 2016.（谢金英：《让"一带一路"成为文明对话之路》，载《人民日报》。）

② Sitio oficial del Foro de Cooperación Sino-Árabe: http://www.fmprc.gov.cn/zalt/chn/jzjs/wmdhyths/.

5.2 El diálogo cultural entre China y América Latina: Una práctica regional

5.2.1 El significado teórico y real del diálogo cultural sino-latinoamericano

Debido a la larga distancia geográfica y la falta de desarrollo en el transporte y las telecomunicaciones, los vínculos entre China y América Latina han sido relativamente tardíos y han tenido una frecuencia limitada. Desde comienzos del siglo XXI, con el aumento de las necesidades mutuas entre las dos partes, los contactos bilaterales han sido cada vez más frecuentes y la antigua belleza creada por las distancias del pasado ha dado lugar a la actual y embarazosa situación de contacto y desconocimiento mutuo. En consecuencia, "al mismo tiempo que se mantiene el creciente desarrollo de las relaciones entre China y América Latina, es urgente sincronizar el conocimiento profundo mutuo. El diálogo cultural sino-latinoamericano es precisamente la base y la clave para conseguir este objetivo"[1].

Desde la perspectiva del desarrollo sostenible en las relaciones entre China y América Latina, el diálogo entre ambas civilizaciones tiene una significancia extremadamente necesaria y teórica. En primer lugar, la distancia geográfica entre China y América Latina no solo es amplia, sino que también existen profundas diferencias culturales y de valores. Esta realidad establece un obstáculo tanto material como inmaterial a la hora

① Guo Cunhai, "El momento oportuno del diálogo de civilizaciones entre China y América Latina", en *People's Daily*, 15 de mayo de 2015.（郭存海：《中拉文明对话正当时》，载《人民日报》。）

de mejorar el entendimiento mutuo. Sin embargo, el rápido desarrollo a largo plazo de las relaciones bilaterales también requiere urgentemente del apoyo fundamental y sólido de la opinión pública. En segundo lugar, el conocimiento de la cultura china en América Latina se obtiene de fuentes de información diversas y la imagen de la China idealizada dista mucho de la China real. La civilización latinoamericana ha estado influenciada por la civilización europea durante un largo periodo y mantiene un profundo carácter europeísta. La percepción de China por parte de América Latina a menudo es influenciada por la intermediación del "punto de vista europeo"[①]. La persistencia de los estereotipos europeos y occidentales sobre China indudablemente ha aumentado la dificultad en América Latina para conocer objetiva y auténticamente a China. Sin embargo, durante mucho tiempo, incluso "nuestra percepción actual (en China) sobre América Latina contiene más ideas abstractas que conocimientos concretos, más impresiones confusas que experiencias exactas"[②]. Por último, la presencia de China en América Latina ha sido considerada por los medios de comunicación occidentales como "neocolonialismo", algo que no solo ha producido malinterpretaciones sobre la imagen de China, sino que también ha suscitado profundas dudas entre los latinoamericanos[③]. Este tipo de escepticismo se manifiesta tanto en el trasfondo histórico de

① Wei Ran, "La China imaginada en la cultural popular latinoamericana: un análisis centrado en Argentina", artículo aún no publicado.（魏然：《拉美大众文化中的中国想象：以阿根廷为中心》。）

② Leslie Bethell (ed.), The *Cambridge History of Latin America*, vol. 1, traducción de ILAS-CASS, Beijing: Economy and Management Pulbishing House, 1995, p.1.（莱斯利·贝瑟尔主编：《剑桥拉丁美洲史》，第一卷，经济管理出版社，1995年。）

③ Guo Cunhai, "El establecimiento de la imagen nacional de China: la perspectiva de América Latina", en *Estudios Latinoamericanos*, núm.5, 2016, p.54.（郭存海：《中国的国家形象构建：拉美的视角》，载《拉丁美洲研究》，2016年第5期。）

la desconfianza de los países latinoamericanos hacia todo lo foráneo, como en el conflicto cultural provocado por el desconocimiento de la tradición de los valores latinoamericanos. Este tipo de situación indica que para construir conjuntamente la comunidad de futuro compartido y la Iniciativa de la Franja y la Ruta, el aumento de la confianza y la disipación de dudas son una labor indispensable e incluso inevitablemente prioritaria. Este es precisamente el valor y la misión del diálogo cultural entre China y América Latina. No obstante, hay que puntualizar que los sujetos en el desarrollo de las relaciones sino-latinoamericanas están en posiciones desequilibradas. Es decir, China es la parte activa y con iniciativa, mientras que América Latina casi ha resultado ser una parte reactiva. Por tanto, para promover el diálogo cultural entre ambas partes y para establecer su mecanismo, China debe seguir con su papel activo y constructivo, que además es obligatorio.

El diálogo de civilizaciones entre China y América Latina es, en esencia, una respuesta y puesta en práctica de una "nueva visión de la civilización" de China, que tiene un fuerte sentido práctico. Tomando como referente el discurso pronunciado por el presidente Xi Jinping en la sede de la Unesco en marzo de 2014, cuando la "nueva visión de la civilización" de China fue inicialmente establecida, este concepto terminó incluyéndose en los documentos del Partido Comunista de China y del Gobierno en sus términos generales, como "el intercambio entre las civilizaciones supera las diferencias entre las civilizaciones, el entendimiento mutuo entre las civilizaciones supera los conflictos entre civilizaciones, y la coexistencia entre civilizaciones supera la supremacía de las civilizaciones". Desde entonces, esta "nueva visión de la civilización" se ha aplicado en las relaciones entre China y América Latina, las que se han desarrollado rápidamente, para dar un nuevo contenido y dinamismo a esta nueva era de relaciones entre ambas partes. En julio de 2014, en la cumbre celebrada en Brasilia con los dirigentes latinoamericanos, el presidente Xi Jinping proclamó "el aprendizaje cultural mutuo" como una parte integrante de la nueva configuración de las relaciones entre China y América Latina. También propuso que en 2016 se organizara el Año de Intercambio Cultural China-América Latina y el Caribe[①]. En noviembre de 2016, en la ceremonia de clausura del mismo evento, el presidente Xi Jinping enfatizó: "Las relaciones culturales son un ala importante del conjunto de la diplomacia entre China y América Latina, debemos tomarlo (referido al Año de Intercambio Cultural China-América Latina y el Caribe) como el inicio y aprender plenamente de los logros mutuos en el ámbito cultural, así como hacer de las civilizaciones de ambas partes un modelo de convivencia armoniosa y de refuerzo mutuo.

El diálogo de civilizaciones entre China y América Latina fue presentado como tema oficial en el discurso que pronunció el primer ministro chino, Li Keqiang, en la sede de la CEPAL en 2015: "Esta visita ha sido muy enriquecedora en el ámbito del intercambio cultural entre China y América Latina. (...) Ambas partes pueden estudiar la posibilidad de establecer un mecanismo para el diálogo cultural entre China y América Latina e incorporarlo en la vía del Foro China-CELAC, conversar sobre el establecimiento de un proyecto de transliteración de los clásicos del pensamiento y las culturas de China y América Latina para aumentar el

① Guo Cunhai, "La política y acción de China en América Latina desde el XVIII Congreso Nacional del PCCh", en *Estudios Latinoamericanos*, núm.2, 2017, p.11.（郭存海：《中共十八大以来中国对拉美的政策与实践》，载《拉丁美洲研究》，2017年第2期。）

conocimiento cultural entre ambos pueblos"①. Posteriormente, el entonces director general del Departamento de América Latina y el Caribe del Ministerio de Relaciones Exteriores, Zhu Qingqiao, escribió: "China ha tomado la iniciativa de establecer un mecanismo para el diálogo entre China y América Latina, algo que ha recibido una respuesta positiva por parte de la contraparte latinoamericana"②. Desde entonces, el diálogo cultural entre China y América Latina representa una agenda urgente que debe incluirse en los documentos políticos. En noviembre de 2011 se publicó el segundo Documento sobre la Política de China hacia América Latina y el Caribe, donde por primera vez se hizo claro hincapié en "desarrollar activamente el diálogo de civilizaciones entre China y América Latina"③. En enero de 2018, en la segunda Reunión Ministerial del Foro China-CELAC, se publicó el Plan de Acción Conjunta de Cooperación en Áreas Prioritarias China-CELAC (2019-2021), donde el "intercambio cultural" se lista en siete grandes "ámbitos de cooperación prioritaria"④. En realidad, aquellos

---

① Li Keqiang, "Hacia un nuevo futuro de la asociación para la cooperación integral entre China y América Latina - Discurso pronunciado ante la Comisión Económica para América Latina y el Caribe", 27 de mayo de 2015, http://www.xinhuanet.com/world/2015-05/27/c_127847299.htm., fecha de consulta: 20/03/2019.（李克强：《共创中拉全面合作伙伴关系新未来——在联合国拉丁美洲和加勒比经济委员会的演讲》，新华网。）

② Zhu Qingqiao, "La cooperación integral entre China y América Latina se prepara para zarpar", en *People's Daily*, 29 de enero de 2016.（祝青桥：《中拉整体合作扬帆启程》，载《人民日报》。）

③ "Documento sobre la Política de China hacia América Latina y el Caribe", sitio web del Ministerio de Relaciones Exteriores, 24 de noviembre de 2016, http://www.fmprc.gov.cn/web/zyxw/t1418250.shtml.，fecha de consulta: 19/04/2019.（《中国对拉美和加勒比政策文件》，中国外交部网站。）

④ "Plan de Acción Conjunta de Cooperación en Áreas Prioritarias China-CELAC (2019-2021)", sitio web del Ministerio de Relaciones Exteriores, 2 de febrero de 2018, http://www.fmprc.gov.cn/ce/cemn/chn/gnyw/t1531472.htm.，fecha de consulta: 19/05/2019.（《中国与拉共体成员国优先领域合作共同行动计划（2019—2021）》，中国外交部网站。）

ámbitos, temas y dimensiones que abarca son las directrices específicas para el diálogo cultural entre China y América Latina. En resumen, con el diálogo cultural entre China y América Latina no solo se trata de implementar la nueva visión de civilización del Partido Comunista de China y del Gobierno, sino también de que sea un pilar fundamental de la nueva era para impulsar la cooperación integral en la construcción de la Iniciativa de la Franja y la Ruta entre China y América Latina, además de garantizar que, en el barco de la comunidad de futuro compartido, ambos países lleguen a buen puerto.

5.2.2 Objetivos y contenidos del diálogo cultural entre China y América Latina

En su sentido más fundamental, el diálogo entre civilizaciones tiene como objetivo principal la búsqueda del respeto, la inclusividad, el entendimiento e incluso la confianza y el reconocimiento para evitar el choque de civilizaciones al máximo grado posible. En su sentido filosófico, "el objetivo principal del diálogo entre civilizaciones es lograr que los conceptos y el sistema de creencias de dos civilizaciones sean comprendidos y se comuniquen entre sí, y al mismo tiempo limitar el egoísmo y la codicia, de modo que las diferencias entre dos civilizaciones no provoquen conflictos sustanciales, y conduzcan a una ideología y un sistema de valores más integrados"[1]. En términos generales, el objetivo del diálogo

① Cheng Zhongying, "El diálogo entre civilizaciones, la cooperación cultural y la reflexión filosófica sobre la Iniciativa de la Franja y la Ruta", en *Revista Académica de la Universidad de Shenzhen (Edición de Humanidades y Ciencias Sociales)*, núm. 5, septiembre de 2017, p.18.（成中英：《文明对话、文化合作与对"一带一路"倡议的哲学反思》，载《深圳大学学报（人文社会科学版）》，2017年9月第5期。）

entre civilizaciones es aumentar la inclusividad y la comprensión mutua, ampliar el consenso, amortiguar los conflictos y promover la estabilidad del progreso económico y cultural a nivel mundial[1]. Desde la perspectiva de China y América Latina, el diálogo cultural incluiría como mínimo los tres siguientes objetivos importantes en distintos niveles.

En primer lugar, el diálogo cultural entre China y América Latina debe perseguir el respeto y la inclusividad. Las civilizaciones china y latinoamericana son diversas y tienen claras diferencias, aunque esto es precisamente el punto de partida para la integración de las civilizaciones de China y América Latina, y también es la base para el diálogo cultural. Este tipo de características, para empezar, indica que China y América Latina deben respetar su coexistencia en términos igualitarios, no subestimar a la otra partiendo de sus valores propios, ni imponerle sus valores y su modelo cultural propios. En este sentido, el respeto y la inclusión son los objetivos y las premisas fundamentales del diálogo de civilizaciones entre China y América Latina, así como las condiciones y la base para conseguir el respeto y la aceptación de la otra parte. Precisamente, sobre este punto, China ha respondido enérgicamente con una declaración en torno a las dudas sobre la exportación del "modelo chino" al resto del mundo, incluyendo América Latina: nosotros abogamos por una inclusividad civilizada, el respeto hacia las decisiones sobre el modelo y las vías de desarrollo de cada país; China no va a "importar" modelos extranjeros ni tampoco "exportar" el modelo chino, tampoco exige a otros países que "reproduzcan" el modo

---

① Song Jian, "El diálogo entre civilizaciones: la búsqueda común del mundo", en *People's Daily*, 21 de septiembre de 2001. (宋健：《文明对话：世界的共同追求》，载《人民日报》。)

de actuar chino[1].

En segundo lugar, el diálogo cultural entre China y América Latina debe perseguir el entendimiento y la confianza. El idioma y la cultura de ambas regiones son distintos y las tradiciones culturales son radicalmente diferentes, por lo que ambas partes difícilmente pueden evitar malentendidos o dudas en su interacción y cooperación. Incluso caer en conflictos de intereses también sería algo comprensible. Sin embargo, la clave son las actitudes y las maneras de abordar y responder a este tipo de cuestiones. Naturalmente, los primeros pasos son concebir correctamente los problemas, reforzar la confianza y disipar las dudas.

La cultura latinoamericana tiene profundas huellas de la civilización europea y, además, está profundamente influenciada por los valores occidentales. Por otra parte, históricamente, la interacción y el conocimiento mutuo entre China y América Latina han sido relativamente escasos, mientras que el conocimiento de América Latina sobre China también se basa en mayor grado en el conocimiento occidental sobre China. Ambos factores han aumentado las dificultades y los obstáculos en el entendimiento mutuo entre las dos partes. Al entrar en esta nueva era, pese a que China y América Latina han mantenido canales de comunicación y que no hay necesidad de desarrollar relaciones a través de intermediarios europeos u occidentales, debido a factores históricos, la mejora del entendimiento mutuo e incluso el establecimiento de una confianza mutua siguen afrontando grandes retos.

---

① Xi Jinping, "Trabajando conjuntamente por un mundo mejor: Discurso de apertura en la Reunión de Diálogo de Alto Nivel del Partido Comunista de China con los Partidos Políticos del Mundo", en *People's Daily*, 2 de diciembre de 2017.（习近平：《携手建设更加美好的世界——在中国共产党与世界政党高层对话会上的主旨讲话》，载《人民日报》。）

Por otra parte, la costumbre de China de percibir a América Latina como un ente común inevitablemente le ha impedido la comprensión de esta región. Ver tanto las similitudes históricas y culturales de América Latina como las diferencias y la diversidad dentro de esta es un punto de partida fundamental para mejorar el entendimiento sobre la región. La búsqueda del entendimiento y la confianza es el nivel intermedio de los objetivos del diálogo entre ambas civilizaciones, aunque también es posible que sea la parte más difícil de lograr. Para ello, se requiere una mayor comunicación e interacción, una comprensión profunda de los valores y las formas de pensar de ambas partes, mantener aún más el sentido de la unidad y hacer esfuerzos por pensar como la otra parte o cambiar de opinión.

Por último, el diálogo entre ambas civilizaciones debe buscar el aprendizaje mutuo. Una visión de la historia del desarrollo de las civilizaciones china y latinoamericana demuestra que la apertura y la inclusividad son características comunes de ambas partes. "La civilización china, por su propia naturaleza, es una civilización del diálogo. Esta civilización del diálogo se caracteriza por la apertura, la inclusión y el progreso"[1]. Esto indica que la civilización china en su trato con otras civilizaciones no solo no las copia ni asimila simplemente, y menos aún trata de difundir o "enseñar" a otras civilizaciones, sino que pretende conseguir su propio progreso mediante el diálogo y el aprendizaje. Se podría decir que es una civilización que aprende de las demás. A pesar de que la civilización

① Zheng Yongnian, "La civilización del diálogo y el diálogo de civilizaciones", en *United Morning Post*, 5 de abril de 2016, http://www.zaobao.com/forum/expert/zheng-yong-nian/story20160405-601323, fecha de consulta: 06/05/2019.（郑永年：《对话文明与文明对话》，载《联合早报》。）

latinoamericana a lo largo de su historia fue invadida y sometida por otras más fuertes, gracias a su amplia aceptación y fuerte inclusividad, las culturas extranjeras han sido continuamente atraídas e integradas hasta finalmente convertirse en una parte de la civilización mestiza de América Latina.

Estas características comunes en ambas civilizaciones no solo han dado cabida al diálogo entre ambas partes, sino que también ofrecen un fuerte impulso para el aprendizaje. La Ruta de la Seda del Pacífico, que duró más de dos siglos y medio, no fue solo una ruta de intercambios materiales entre China y América Latina, sino también una ruta de comunicación e integración cultural. Por tanto, se podría decir que fue el comienzo del diálogo entre las civilizaciones de China y América Latina[①]. En la actualidad, ambas partes se encuentran en una nueva era de desarrollo y enfrentan desafíos comunes en materia de gobernanza económica y social. La experiencia de China con la reforma y apertura económica, la gobernanza y gestión pública; los conceptos y las prácticas de conservación ecológica de América Latina, así como las estrategias y modelos de desarrollo de ambas partes, todo ello merece la comprensión y el reconocimiento de ambos lados para progresar conjuntamente a través del aprendizaje mutuo. Este debe ser el objetivo supremo y fundamental del diálogo de civilizaciones entre China y América Latina.

Habida cuenta de los múltiples objetivos del diálogo y de la ampliación de las esferas de cooperación, el contenido del diálogo de civilizaciones entre China y América Latina es cada vez más amplio, diverso, rico y concreto. Esto se refleja en tres documentos publicados en los últimos

① Ver Mariano Bonialian, *China en la América colonial. Bienes, mercados, comercio y cultura del consumo desde México hasta Buenos Aires*, Buenos Aires: Biblos-Instituto Mora, 2014, p.264.

años: el Plan de Cooperación China-CELAC (2015-2019)①, el Documento sobre la Política de China hacia América Latina y el Caribe (2016)② y el Plan de Acción Conjunta de Cooperación en Áreas Prioritarias China-CELAC (2019-2021)③. En resumen, el contenido del diálogo de civilizaciones entre China y América Latina puede dividirse en tres categorías: el intercambio de experiencias en materia de gobernanza y administración, el intercambio de experiencias en materia de desarrollo social y gobernanza, y el intercambio cultural y social.

Dentro de estos ámbitos, en el intercambio de experiencias en materia de gobernanza y administración se abarca tanto la gobernanza de los partidos políticos, el pensamiento jurídico y la práctica legislativa, así como la convergencia de las experiencias en materia de gobernanza (local) y las estrategias de desarrollo. En cambio, el intercambio de experiencias en materia de desarrollo social y gobernanza se enfoca más en las experiencias y modelos para reducir la pobreza, en el desarrollo sostenible y en los conceptos de inclusión social. Por otra parte, el intercambio cultural y social representa el contenido más activo y rico dentro del diálogo entre ambas civilizaciones, desempeña un papel fundamental y precursor a lo largo de todo el proceso, y es un pilar del diálogo cultural entre ambas civilizaciones,

① "Plan de Cooperación China-CELAC (2015-2019)", en *Xinhua Net,* 9 de enero de 2015, http://www.xinhuanet.com/world/2015-01/09/c_1113944648.htm., fecha de consulta: 19/04/2019.（《中国与拉美和加勒比国家合作规划（2015—2019）》，新华网。）

② "Documento sobre la Política de China hacia América Latina y el Caribe (2016)", sitio web del Ministerio de Relaciones Exteriores, http://www.fmprc.gov.cn/web/zyxw/t1418250.shtml., fecha de consulta: 19/04/2019.（《中国对拉美和加勒比政策文件》，外交部网站。）

③ "Plan de Acción Conjunta de Cooperación en Áreas Prioritarias China-CELAC (2019-2021)", sitio web del Ministerio de Relaciones Exteriores, 2 de febrero de 2018, http://www.fmprc.gov.cn/ce/cemn/chn/gnyw/t1531472.htm., fecha de consulta: 19/05/2019.（《中国与拉共体成员国优先领域合作共同行动计划（2019—2021）》，外交部网站。）

además de ser también el tema central del presente capítulo.

5.2.3 Los sujetos y las vías del diálogo de civilizaciones entre China y América Latina

Considerando que el diálogo cultural entre China y América Latina tiene objetivos a distintos niveles, su contenido es rico y diverso, por lo que los sujetos del diálogo también deben de ser múltiples y amplios. La Agenda Global para el Diálogo de Civilizaciones de la ONU abogó públicamente por "un diálogo entre diferentes civilizaciones que debe esforzarse por tener una dimensión mundial en su participación y estar abierto a todos"[①]. Asimismo, el diálogo entre China y América Latina debería estar abierto a todos los pueblos de las dos partes, permitiendo que todos los sujetos activos puedan participar en el proceso del diálogo y aprovechar al máximo sus propias ventajas. Los académicos, los escritores, los pensadores, los científicos, los intelectuales, así como los colectivos de jóvenes, entre otros, todos desempeñan un papel precursor y primordial en impulsar y mantener el diálogo bilateral. La sociedad civil, cada vez más activa y fuerte, representa un socio y cooperante en la promoción y el desarrollo del diálogo entre civilizaciones. Por otra parte, los medios de comunicación tienen un papel especial e indispensable en este proceso.

Además de ser los interlocutores más activos y posiblemente más consistentes, es importante reconocer y valorar objetivamente el papel de los gobiernos, en particular del Gobierno chino. Tomando en cuenta la

① Resolución 56/6 de la 56.º Asamblea General de las Naciones Unidas, *Agenda Global para el Diálogo de Civilizaciones*, www.un.org/chinese/ga/56/res/a56r6.pdf., 21 de noviembre de 2001, fecha de consulta: 12/05/2019.

etapa actual de desarrollo y realidad de las relaciones sino-latinoamericanas, el Gobierno está desempeñando una función de liderazgo, promoción, aliento y asistencia en el diálogo cultural bilateral, incluso tiene una posición rectora y dominante. En resumen, para reactivar el diálogo entre China y América Latina y permitir que se mantenga un alto dinamismo sostenible, será necesario movilizar plenamente la iniciativa y el espíritu participativo de todos los sujetos para establecer un formato de diálogo integral, multinivel y de amplias esferas entre China y América Latina.

La diversidad de interlocutores significa que las formas de diálogo también tienen muchas vías por elegir. La Agenda Global del Diálogo de Civilizaciones de la ONU considera que, en términos generales, hay 14 tipos de vías para el diálogo cultural. Estas incluyen principalmente el contacto e intercambio persona a persona, especialmente entre intelectuales, pensadores, artistas, etc.; el intercambio entre expertos académicos; los festivales culturales y artísticos; las conferencias, debates temáticos y seminarios; las competiciones deportivas y científicas; las traducciones y la difusión; el turismo histórico y cultural; la educación y la enseñanza; el estudio y la investigación académica; el intercambio juvenil, entre otros[1]. El diálogo entre China y América Latina también puede avanzar en gran medida por ese camino, pero hay que prestar atención a algunos importantes diálogos y programas intergubernamentales. Por otra parte, a medida que cada vez mas países latinoamericanos se adhieran a la Iniciativa de la Franja y la Ruta, esta indudablemente se convertirá en un marco

① Resolución 56/6 de la 56.º Asamblea General de las Naciones Unidas, *Agenda Global para el Diálogo de Civilizaciones*, www.un.org/chinese/ga/56/res/a56r6.pdf., 21 de noviembre de 2001, fecha de consulta: 12/05/2019.

principal del diálogo cultural sino-latinoamericano. Tal y como lo expresó el presidente Xi Jinping: hay que convertir la Franja y la Ruta en una ruta de la civilización, establecer un mecanismo de cooperación cultural a distintos niveles, construir una plataforma para una mayor cooperación, abrir nuevas vías de cooperación y establecer un modelo de cooperación en continua innovación, a fin de conseguir el objetivo de la comprensión, el respeto y la confianza mutuos[①]. A continuación, primero se presentarán brevemente los actuales diálogos intergubernamentales y los programas más importantes, y después nos centraremos en explorar las principales vías y modalidades del diálogo entre China y América Latina desde la perspectiva de la sociedad civil.

El mecanismo de diálogo intergubernamental es un componente especial del diálogo cultural entre China y América Latina. Al mismo tiempo, es un catalizador del diálogo cultural entre ambas partes. Con la creación del Foro China-CELAC a mediados de 2015 y el desarrollo gradual del mecanismo de cooperación entre los dos lados, el mecanismo de diálogo y el mecanismo consultivo bilateral intergubernamental han seguido avanzando; a su vez, una serie de mecanismos nuevos, activos y profesionales para el diálogo multilateral han comenzado a prosperar. La mayoría de este tipo de mecanismos de diálogo multilateral se han desarrollado en formato de foros, entre ellos: el Foro de Ministros de Agricultura de China y América Latina (2013, Beijing), el Foro de Innovación Científica y Tecnológica China-América Latina (2015, Quito,

① "Discurso pronunciado por Xi Jinping en la inauguración del Foro de la Franja y la Ruta para la Cooperación Internacional", en *Xinhua Net*, 14 de mayo de 2017, http://www.xinhuanet.com/politics/2017-05/14/c_1120969677.htm., fecha de consulta: 20/05/2019. （《习近平在"一带一路"国际合作高峰论坛开幕式上的演讲》，新华社。）

Ecuador)[1], el Foro de Partidos Políticos China-CELAC (2015, Beijing; 2018, Shenzhen), el Foro de Cooperación entre Gobiernos Locales China-América Latina (2016, Chongqing; 2018, Wuhan)[2], la Cumbre Empresarial China-América Latina[3], el Foro de Cooperación en Infraestructura China-América Latina y el Foro de Políticos Jóvenes China-América Latina[4]. Aparte de estos, otros mecanismos intergubernamentales de diálogo multilateral que se celebraron "a su debido tiempo" o "en el momento acordado" fueron: el Foro de Alcaldes de Capitales China-América Latina, el Foro Sino-Latinoamericano de Energía y Minería, el Foro Sino-Latinoamericano de Desarrollo y Cooperación Industrial, la Conferencia Sino-Latinoamericana de Ministros de Turismo, así como el Foro Sino-Latinoamericano sobre Desarrollo Social y Reducción de la Pobreza.

Aparte de todos los tipos de mecanismos de diálogo a nivel intergubernamental, cada vez es más evidente el dinamismo y el potencial

---

① Al mismo tiempo, China ha puesto en marcha la Asociación Sino-Latinoamericana para la Ciencia y la Tecnología y el Programa de Intercambio de Jóvenes Científicos Chinos y Latinoamericanos.

② Según el *Manual de estadísticas de ciudades amigas (1973-2017)*, elaborado por la Federación Internacional de Ciudades Amigas de China (inédito, mayo de 2018), China ha establecido ciudades amigas con 172 provincias y municipios de América Latina y el Caribe, principalmente en Brasil (57), México (32) y Argentina (22).

③ Creada en 2007 por iniciativa del Consejo Chino para la Promoción del Comercio Internacional (CCPIT, siglas en inglés), fue la primera plataforma institucional de China para la promoción de la cooperación económica y comercial en América Latina. La cumbre se celebra anual y alternativamente en China y América Latina. Hasta la fecha se han realizado 13 reuniones en China, Chile, Colombia, Perú, Costa Rica, México, Uruguay y Panamá.

④ El Foro de Cooperación en Infraestructura China-América Latina se viene celebrando anualmente en Macao desde 2015 y hasta la fecha ha sido realizado unas siete veces. El Foro de Políticos Jóvenes China-América Latina se ha celebrado anualmente en Beijing desde 2014 y hasta la fecha ha sido realizado unas cinco veces. El sexto foro, llevado a cabo en Shanghai en octubre de 2019, se renombró Foro para el Desarrollo de la Juventud Sino-Latinoamericana.

único de los diálogos a nivel de la sociedad civil, que son relativamente flexibles, más diversificados y sostenibles. El presente capítulo pretende analizarlos desde cinco vías principales: el aprendizaje de idiomas, la difusión cultural, las publicaciones literarias, el mundo académico y los medios de comunicación.

5.2.3.1 El aprendizaje de idiomas

Los idiomas son una herramienta para el diálogo entre civilizaciones y también un vector para la difusión cultural. La interacción y difusión del español, el portugués y el chino mandarín tienen un papel fundamental en la promoción del diálogo cultural y el entendimiento mutuo entre China y América Latina. Por ello, ambas partes deben dar importancia a la formación de talentos lingüísticos y alentar la difusión mutua de los idiomas oficiales[①].

La interacción y la difusión de los idiomas son también necesarias para el desarrollo de las relaciones bilaterales y, al mismo tiempo, responden y reflejan la realidad de los crecientes vínculos entre ambas partes. Ya en octubre de 1952, en la Conferencia de Paz de Asia y la Región del Pacífico celebrada en Beijing, a fin de recibir a los once representantes de países latinoamericanos cuya lengua materna era el español, "Zhou Enlai, quien desempeñaba el doble cargo de primer ministro y ministro de Relaciones Exteriores, dio órdenes directas a la Universidad de Lenguas Extranjeras de Beijing para establecer la carrera de español y formar cuadros en idioma español"[②]. Este tipo de necesidad *ad hoc* directamente contribuyó al nacimiento de la primera

① "Plan de Cooperación China-CELAC (2015-2019)", en *Xinhua Net,* 9 de enero de 2015, http://www.xinhuanet.com/world/2015-01/09/c_1113944648.htm., fecha de consulta: 19/04/2019.（《中国与拉美和加勒比国家合作规划（2015—2019）》，新华网。）

② Pang Bing'an, "Cómo la Nueva China abrió las puertas a lo grande al mundo hispanohablante", en *International Communications*, núm.5, 2012, p.22.（庞炳庵：《新中国怎样向西语世界敞开大门》，载《对外传播》，2012年第5期。）

carrera de español en China.

Ocho años después, se inició la primera especialidad de portugués en la Academia de Radiodifusión de Beijing (actual Universidad de Comunicación de China). Durante cuarenta años, la enseñanza del español y portugués en China se desarrolló lentamente hasta la entrada al siglo XXI, cuando finalmente ingresó en una etapa de vertiginoso desarrollo. Hasta marzo de 2020, en la parte continental de China se habían ya establecido 100 centros de enseñanza de español como grado universitario, ocho veces más que en 1999. Por otra parte, el número de instituciones que ofrecen estudios universitarios de portugués ha aumentado a 41 centros, en comparación con los dos que había en 1999, un crecimiento aún más rápido[①].

En cambio, la difusión del mandarín en América Latina ha sido mucho menos intensa. Objetivamente, la introducción de la enseñanza del español

---

① CECLA e INCAE, *Informe sobre empleo y movimiento de profesionales que hablan español en China*, 15 de enero de 2017.（中拉青年学术共同体、INCAE商学院：《中国西班牙语人才就业和流动调查报告》，2017年1月15日。）Zheng Shujiu (ed.), *Estudio sobre la enseñanza del español en las instituciones de enseñanza superior de China*, Beijing: Foreign Language Teaching and Research Press, 2015, p.2, y datos actualizados por Zheng Shujiu.（郑书九主编：《全国高等院校西班牙语教育研究》，外语教学与研究出版社，2015年，第2页。）Según los resultados de las inscripciones y aprobaciones profesionales de los grados superiores publicadas sucesivamente por el Ministerio de Educación en 2017, 2018 y 2019 en todo el país (sin incluir Hong Kong, Macao y Taiwan). Ver "Circular del Ministerio de Educación sobre la publicación de los resultados de la inscripción y aprobación de los estudios universitarios de la enseñanza superior general en 2017", Carta oficial del Ministerio de Educación〔2018〕, No. 4, 21 de marzo de 2018.（"教育部关于公布2017年度普通高等学校本科专业备案和审批结果的通知"，教高函〔2018〕4号，2018年3月21日。）"Circular del Ministerio de Educación sobre la publicación de los resultados de la inscripción y aprobación de los estudios universitarios de la enseñanza superior general en 2018", Carta oficial del Ministerio de Educación〔2019〕, No. 7, 25 de marzo de 2019.（"教育部关于公布2018年度普通高等学校本科专业备案和审批结果的通知"，教高函〔2019〕7号，2019年3月25日。）"Circular del Ministerio de Educación sobre la publicación de los resultados de la inscripción y aprobación de los títulos universitarios de la enseñanza superior general en 2019", Carta oficial del Ministerio de Educación〔2020〕, No. 2, 25 de febrero de 2020.（"教育部关于公布2019年度普通高等学校本科专业备案和审批结果的通知"，教高函〔2020〕2号，2020年2月25日。）

y el portugués en China se dio por una necesidad interna, mientras que la introducción de la enseñanza del mandarín en América Latina se debe a un impulso externo, aunque los estudiantes de chino mandarín principalmente se ven atraídos por las "oportunidades en China"[1]. Los datos indican que desde 2006, cuando se estableció el primer Instituto Confucio de América Latina en la Ciudad de México, hasta finales de 2019 se han abierto en total 45 institutos Confucio y 18 aulas Confucio en 25 países de América Latina[2]. Aunque esta cifra no es comparable con el desarrollo en China de la enseñanza del español y el portugués, hay que reconocer que su ritmo de crecimiento ha sido extraordinario.

En la actualidad, la difusión del español, el portugués y el chino mandarín en China y América Latina indudablemente desempeña un papel fundamental en la cooperación económica, comercial y cultural. A la vez, se ponen de manifiesto unas cuestiones a tener en cuenta: las limitaciones del idioma como medio de comunicación cada vez más patentes y la creciente incapacidad de adaptarse a las actuales necesidades en la complicada tarea de construir una asociación de cooperación integral entre China y América Latina. Se podría decir que la formación de talentos con capacidades mixtas es actualmente el desafío común que afrontan ambas partes.

5.2.3.2 La difusión cultural

La difusión cultural es una vía principal para mejorar el entendimiento mutuo, además de ser el principal método para promover el diálogo

---

① Ma Hongchao, Guo Cunhai, "El poder blando de China en América Latina: perspectiva de la difusión del mandarín", en *Estudios Latinoamericanos*, núm. 6, 2014, pp.48-54. （马洪超、郭存海：《中国在拉美的软实力：汉语传播视角》，载《拉丁美洲研究》，2014年第6期。）

② Sitio web oficial de la Oficina del Consejo Internacional de la Lengua China (Hanban). http://www.hanban.edu.cn/confuciousinstitutes/node_10961.htm., fecha de consulta: 11/03/2020.

bilateral. En los últimos años, el intercambio cultural ha sido cada vez más variado y las formas y canales de comunicación han sido cada día más diversos. En el ámbito del intercambio y la difusión cultural, China siempre ha sido el principal precursor e impulsor.

El Año de Intercambio Cultural China-América Latina y el Caribe (2016), promovido por el presidente Xi Jinping, fue el primer paso en la historia de las relaciones bilaterales que tuvo como objetivo transmitir una importante señal para el intercambio cultural. Según las estadísticas, durante 2016 se realizaron hasta 240 proyectos prioritarios en China y 24 países latinoamericanos y caribeños, un total de más de 650 actividades de intercambio cultural en las esferas del arte, la literatura, el comercio cultural, los objetos culturales, los medios de comunicación, el turismo, etc., donde participaron más de 6,3 millones de personas y un público de más de 32 millones de personas. En ese año se promovió la organización de más de 1.000 actividades culturales a nivel regional y privado con América Latina y el Caribe, con un público de más de 100 millones de personas①. Esta fue la primera vez que China y la región latinoamericana organizaron conjuntamente un año temático dedicado a la cultura, y también fue la actividad del "Año de la Cultura" con la cobertura más amplia y de mayor magnitud celebrada en la historia de América Latina, y con las características distintivas de larga duración, alta calidad y gran impacto. El Año de Intercambio Cultural China-América Latina y el Caribe marcó el inicio del gran acto del intercambio y la difusión cultural entre las dos partes.

En mayo de 2013, el antiguo Ministerio de Cultura inauguró por primera

① Datos facilitados por la Oficina de Relaciones Exteriores del Ministerio de Cultura y Turismo de China.

vez como programación cultural institucional y proyecto de marca la "Temporada del Arte Latinoamericano". En colaboración con 18 embajadas de países latinoamericanos en China, se organizaron representaciones culturales, exposiciones de arte latinoamericano, intercambios creativos de artistas visitantes, entre otras actividades de ese tipo. Desde 2014, en los meses de abril y mayo de cada año, en el marco de la Temporada de Arte Latinoamericano, también se celebra el Festival de Música Caribeña. Hasta la actualidad, se han llevado a cabo seis ediciones de la Temporada de Arte Latinoamericano, se han invitado a más de 200 artistas provenientes de más de una veintena de países latinoamericanos y caribeños, y se han realizado en torno a 500 actividades de diverso formato y con contenido variado en Beijing, Zhejiang, Hunan, Guizhou, Sichuan, entre otras provincias[1].

China ha firmado 19 acuerdos culturales con los países latinoamericanos. En este marco, ha firmado con 11 países planes de ejecución de intercambios culturales anuales, mediante los cuales ha iniciado intercambios culturales bilaterales amplios y profundos en los ámbitos de la cultura y el arte, la radio y la televisión, la protección de los bienes culturales, la prensa, el deporte, el turismo, entre otros. Aún así, se debe reconocer que las instituciones dedicadas a la difusión cultural de China y América Latina siguen siendo escasas. Hasta ahora, solo existe oficialmente un Centro Cultural de China en México, mientras que en China solo contamos con el Centro Cultural de Brasil en la Universidad de Beijing, cuya constitución es conjunta. Fuera de ello, aún no existen otros centros culturales latinoamericanos. Por supuesto, hay un factor importante que

① Datos facilitados por la Oficina de Relaciones Exteriores del Ministerio de Cultura y Turismo de China.

merece la pena mencionar: a pesar de la multiplicidad de agentes privados en la ejecución de las actividades culturales, en su esencia, estas siguen siendo de índole intergubernamental, por eso, en cuanto a la vitalidad, la motivación e incluso el potencial de la participación de la sociedad civil aún queda mucho margen por desarrollar.

5.2.3.3 Traducciones y publicaciones

Las traducciones y publicaciones son una forma tradicional y sólida del diálogo cultural, puesto que los libros y las obras literarias se caracterizan por ser una forma de transmisión perdurable en el tiempo. Sin embargo, previo al año 2000, la traducción, la publicación y la difusión de las obras chinas y latinoamericanas no solo eran muy escasas, sino que se centraban en obras literarias. No obstante, el análisis también ha mostrado que la traducción y difusión de obras literarias chinas en América Latina siguen estando rezagadas, mientras que el número y la variedad de obras también son limitados[①]. En comparación con la difusión de la literatura latinoamericana en China (a pesar de que esta difusión sigue siendo el resultado de la iniciativa de China), en la actualidad, la difusión de obras literarias chinas en América Latina tiene un desequilibrio relativamente notable en lo que respecto a cantidad e influencia[②]. Sin embargo, la difusión de obras literarias chinas en América Latina, especialmente al comienzo, consistía principalmente en una traducción indirecta a partir de un tercer idioma. Tan solo en los últimos años, a medida que se han

① Ver Lou Yu, "La difusión cultural de China en América Latina: la perspectiva de la literatura", en *Estudios Latinoamericanos*, núm. 5, 2017, pp.31-44.（楼宇：《中国对拉美的文化传播：文学的视角》，载《拉丁美洲研究》，2017年第5期。）

② Ver Lou Yu, "La difusión cultural de China en América Latina: la perspectiva de la literatura", en *Estudios Latinoamericanos*, núm. 5, 2017, pp.31-44.

ido desarrollando los talentos lingüísticos en español y portugués, se han establecido editoriales encargadas de traducciones a gran escala.

El modelo pionero de editoriales especializadas en el ámbito del intercambio cultural con América Latina es el de la editorial China Intercontinental Press. Desde 2012, cuando aceptó el encargo de promocionar en el exterior (en las regiones hispanohablantes) obras y autores contemporáneos de China, la editorial China Intercontinental Press ha publicado 32 obras de la literatura contemporánea china en español, de las cuales 25 han sido coleccionadas por bibliotecas de países latinoamericanos[①]. En consonancia con ello, la editorial ha unido de manera creativa a varios institutos Confucio en América Latina para que conjuntamente inicien el "Itinerario Latinoamericano de Autores Chinos", con el fin de acercar los autores chinos a los lectores latinoamericanos[②]. Cabe destacar que China Intercontinental Press también ha creado una plataforma transfronteriza de servicios de lectura digital para el público hispanohablante de todo el mundo, un sitio web en español de libros electrónicos y una interfaz para clientes en español de la "Estantería China", que actualmente contiene 1.518 libros electrónicos y se ha convertido en

① Jiang Shan, Zhou Wei, et al., "Análisis de la entrada en el mercado hispanohablante de las obras de la literatura contemporánea de China: el caso de China Intercontinental Press", en *Information on Publication*, núm. 4, 2017, pp.45-47. （姜珊、周维等：《中国当代文学图书开拓西语市场分析——以五洲传播出版社为例》，载《出版参考》，2017年第4期。）

② La editorial China Intercontinental Press también amplió el proyecto "Estantería China" a Chile (2017) y Argentina (2018), con el objetivo de facilitar la comprensión en profundidad de China en la región. Al mismo tiempo, la sucursal en Zhejiang de la Librería Xinhua, junto con la editorial de Chinos de Ultramar de América Latina de Argentina abrieron la Librería Boku, la primera librería china de gran tamaño en América Latina. En febrero de 2018, el Grupo de Publicaciones Internacionales de China estableció en Cuba el Centro de Libros de China, que es el segundo centro de este tipo en la región latinoamericana. El primero de ellos se inauguró en Perú en noviembre de 2016.

la principal editorial china que exporta a la región hispanohablante libros sobre temas chinos.

Aparte de las publicaciones en el ámbito literario, el diálogo en el ámbito ideológico también ha comenzado a cobrar fuerza. Con el fin de impulsar la traducción recíproca y publicación de obras ilustres chinas y latinoamericanas, la formación de traductores, así como la promoción del intercambio cultural y de pensamiento, el Ministerio de Cultura inició el "Proyecto de Traducción de los Clásicos de la Cultura y el Pensamiento de China y América Latina". Según ello, durante el periodo del XIII Plan Quinquenal (2016-2020), a través de la colaboración entre especialistas de ambas partes, se tradujeron aproximadamente 50 clásicos representativos del pensamiento y la cultura tanto de China como de América Latina. En el ámbito civil, el Centro de Estudios Cinematográficos y Culturales de Beijing, junto con otras instituciones, colaboran desde enero de 2018 en el programa de "Colección de Traducciones Académicas del Pensamiento Latinoamericano", con el fin de promover en el ámbito cultural un mayor entendimiento entre China y América Latina[①].

5.2.3.4 Intercambio académico

La investigación académica desempeña un papel singular en la promoción del entendimiento mutuo entre China y Latinoamérica, ya que es tanto un elemento como un medio en el diálogo entre diferentes culturas. En los últimos años, las instituciones académicas chinas y latinoamericanas dedicadas a los estudios regionales se han desarrollado

① Chen Jingxia, "Lanzamiento del proyecto de publicación de las traducciones académicas de las obras del pensamiento latinoamericano", en *China Reading Weekly*, 24 de enero de 2018.（陈菁霞：《拉丁美洲思想学术译丛出版项目启动》，载《中华读书报》。）

rápidamente. Además, han empezado a establecer una red de intercambio y de cooperación académica.

En China, los estudios latinoamericanos ganan cada vez más popularidad, algo que es una tendencia creciente. En el presente siglo, sobre todo en los últimos cinco años, las instituciones de investigación de América Latina en China se han desarrollado rápidamente, pasando de unas pocas a comienzos de la década de 1970 a 56 en la actualidad. Se concentran especialmente en las universidades[1]. Este ímpetu por los estudios latinoamericanos se debe principalmente a tres factores: en primer lugar, la realidad del rápido desarrollo de las relaciones entre China y América Latina ha puesto en evidencia la urgente necesidad de conocimientos sobre esta última; en segundo lugar, debido a la demanda y expectativas del mercado ha aumentado considerablemente la apertura de centros de enseñanza superior de español y portugués; y, por último, se encuentra la oportuna promoción de las universidades a través del plan de centros académicos a nivel regional y nacional, que fue iniciado por el Ministerio de Educación de China. Además, la proposición en 2013 de la Iniciativa de la Franja y la Ruta y su implementación se han convertido en un catalizador para el desarrollo de las instituciones chinas dedicadas a los estudios latinoamericanos.

Sin embargo, hay que señalar que, tras la rápida expansión de las instituciones dedicadas al estudio académico de América Latina, hay una realidad que no puede pasarse por alto: la capacidad del estudio académico efectivo sigue siendo insuficiente para producir resultados de valor. De

① Guo Cunhai, "70 años de estudios latinoamericanos en China: desarrollo institucional y desafíos de su transición", en *Estudios Latinoamericanos*, núm. 4, 2019, p.4.（郭存海：《中国拉美研究70年：机构发展与转型挑战》，载《拉丁美洲研究》，2019年第4期。）

hecho, la tendencia positiva observable es que una nueva generación de estudios latinoamericanos está creciendo y muestra un gran potencial académico: su grupo de edad está conformado principalmente por aquellos "nacidos después de la década de 1980", dominan el idioma del país objeto de estudio y tienen un cierto grado de formación académica especializada. Lo más importante es que la "nueva generación de estudios latinoamericanos"① posee una visión global y una capacidad comunicativa internacional, además, su ámbito de investigación no solo se limita a las esferas tradicionales de la política, la economía y la diplomacia, sino que también se ha ido expandiendo hacia las humanidades, el derecho, la arquitectura, la arqueología, la educación, el medioambiente, etc. El auge de estudios latinoamericanos ha aportado aire fresco a las instituciones nacionales de investigación, de manera que ha estimulado las actividades académicas. Las tres principales organizaciones de estudios latinoamericanos a nivel nacional, como la Asociación China de Estudios Latinoamericanos, la Asociación China de Investigación de Historia Latinoamericana y la Asociación China de Estudios de Literatura Española, Portuguesa y Latinoamericana –perteneciente a la Asociación China de Literatura Extranjera–, especialmente las dos primeras, han fortalecido la cooperación y han promovido de forma coordinada el desarrollo de los talentos y las instituciones de estudios latinoamericanos en China.

Al igual que los estudios latinoamericanos en China, los estudios

---

① Guo Cunhai, "La nueva generación de los investigadores de estudios latinoamericanos en China", en *La distancia que nos une. Reflexiones y vivencias entre China y América Latina*, Guo Cunhai, Li Yunzuo (eds.), Beijing: China Pictorial Press, 2016, p.150.（郭存海：《中国的拉美研究新一代》，载郭存海、李昀祚主编：《中国与拉美：山海不为远》，中国画报出版社，2016年。）

chinos en América Latina están floreciendo a medida que se desarrollan rápidamente las relaciones bilaterales. Según estadísticas parciales, en América Latina, el número total de instituciones de investigación, grupos académicos o cursos especializados que llevan el nombre de "China" ha alcanzado los 30. Al igual que los estudios latinoamericanos en China, el número de jóvenes latinoamericanos dedicados a los estudios chinos está creciendo gradualmente. Esta tendencia se ha beneficiado principalmente de la difusión del mandarín, promovida por el Instituto Confucio. Cada vez hay más jóvenes latinoamericanos que aprenden mandarín, e incluso tienen un fuerte interés por los estudios chinos. Ellos se benefician de varios tipos de becas ofrecidas por el Gobierno chino para estudiar maestrías y doctorados de temas relacionados con China. Especialmente, se encuentra el plan de "Nuevos Estudios Chinos del Instituto Confucio", recientemente promovido por la Oficina del Consejo Internacional de la Lengua China (Hanban).

Al mismo tiempo, las universidades de América Latina también han comenzado a hacer pruebas piloto de programas de maestría sobre estudios chinos. Por ejemplo, en 2017, la Universidad Nacional de La Plata y la Universidad Nacional de Lanús crearon una maestría de estudios chinos de un año, con el fin de formar talentos en esta materia en Argentina. En vista del creciente interés de los académicos latinoamericanos por China, Enrique Dussel Peters, director del Centro de Estudios China-México de la Universidad Nacional Autónoma de México (UNAM), encabezó la creación de la Red Académica de América Latina y el Caribe sobre China (Red ALC-China), que organiza reuniones periódicas para los estudiosos latinoamericanos de China y publica documentos sobre las conferencias, algo que ha cobrado mucha notoriedad. La Asociación Latinoamericana de Estudios de Asia y África (ALADAA), que se dedica a la investigación académica de Asia y África en América Latina, ha sido más activa en los últimos años, especialmente en Chile, México y Argentina. Su interés por China es cada día mayor.

Lamentablemente, el surgimiento de los estudios latinoamericanos y chinos en ambas partes no ha contribuido a crear una red estrecha de intercambios académicos. En los últimos años, la aproximación en las relaciones bilaterales ha acercado a los círculos académicos de ambos lados, cuyo éxito consiste en la creación de marcas académicas, tales como los foros académicos de alto nivel entre China y América Latina, los encuentros de *think tanks*, los foros jurídicos entre ambas partes[①], al igual que el reciente diálogo entre investigadores jóvenes chinos y latinoamericanos.

Sin embargo, estos foros y diálogos se han limitado a organizar conferencias y no han establecido un mecanismo de intercambio frecuente, ni mucho menos han establecido un marco para la investigación conjunta, lo que dificulta la formación de un diálogo e intercambio académico en profundidad. Este aspecto se debe a que, primero, las instituciones chinas de estudios latinoamericanos carecen de una profunda integración y colaboración; y segundo, las de América Latina están más dispersas y ni siquiera existe un organismo académico de coordinación regional, como en el caso de la Asociación China de Estudios Latinoamericanos. Por tanto, a pesar de que actualmente el intercambio académico tiene las bases asentadas, aún queda mucho por hacer para crear una red académica que se

---

① El Foro Jurídico Sino-Latinoamericano, establecido en Shanghai en 2007, ha sido celebrado hasta la fecha en siete ocasiones en China, Cuba, Argentina, Perú, Chile, Ecuador y Brasil, constituyendo así la única plataforma interactiva multilateral de la comunidad académica del ámbito jurídico entre ambas partes.

dedique al diálogo cultural.

5.2.3.5 Diálogo entre los medios de comunicación

En la actual era de la informatización y las redes, los medios de comunicación, especialmente los nuevos, son una forma de difusión de mayor rapidez y alcance. Sin embargo, los medios de comunicación son un cuchillo de doble filo: la difusión de información objetiva e imparcial facilita la comunicación entre las personas; pero si sucede lo contrario, puede ocasionar malentendidos. Por tanto, se puede decir que la comunicación y la cooperación entre los medios de comunicación son primordiales para promover el diálogo cultural entre China y América Latina.

Lamentablemente, los intercambios entre los medios de comunicación de ambas partes no presentan un aspecto alentador. En general, las características actuales en el intercambio y la cooperación entre los medios de comunicación de ambos lados pueden clasificarse en tres palabras: disparidad, déficit y superávit[①]. En primer lugar, existe una clara disparidad en el grado de atención y el desarrollo integral de las relaciones entre ambas partes. En segundo lugar, hay un déficit en la difusión de noticias positivas sobre China. En general, el interés mutuo de los medios de comunicación es relativamente bajo; y en cuanto a la cobertura limitada, los medios latinoamericanos se enfocan más en la "China problemática" que en el "sueño de China", mientras que los medios de comunicación chinos cubren a América Latina generalmente de forma neutral y positiva. Por último, China cuenta con un superávit considerable en cuanto a número de

① Esta opinión se benefició en gran medida de la declaración formulada por Feng Junyang, entonces director de la edición en español del Departamento Internacional de la Agencia Xinhua, en el 6.º Foro de Alto Nivel Académico Sino-Latinoamericano y el Congreso de la Asociación China de Estudios Latinoamericanos, celebrado en Beijing del 29 al 30 de junio de 2017.

corresponsalías y periodistas enviados. Casi todos los principales medios de difusión chinos tienen periodistas en América Latina, de los cuales la Agencia de Noticias Xinhua ha logrado casi una cobertura completa de los países latinoamericanos. Por el contrario, los medios de comunicación latinoamericanos en China han sufrido una escasez crónica de periodistas. En los últimos años, a medida que han mejorado las relaciones entre China y América Latina, su número no ha aumentado, sino que ha disminuido.

La situación actual del intercambio entre los medios de comunicación de ambos lados no es difícil de comprender. Primero, ha sido China quien ha tomado la iniciativa de acercarse y ha sido la principal impulsora del denominado "desarrollo constructivo"[①] en las relaciones bilaterales. Segundo, la mayoría de los artículos de los medios latinoamericanos que tratan sobre China son generalmente negativos y principalmente provienen de medios occidentales que orientan la opinión pública en América Latina; debido a la escasez de periodistas latinoamericanos, la prensa de esta región tiene una dependencia enorme de los medios occidentales. Tercero, en la agenda bilateral, la política y la economía han sido siempre temas prioritarios. Tan solo en años recientes, a medida que los obstáculos culturales se han vuelto más patentes en las relaciones sino-latinoamericanas, ambas partes, especialmente China, han tomado conciencia de la importancia de los intercambios culturales.

Esta situación severa indica que es necesario intensificar la cooperación entre los medios de comunicación y tomar la iniciativa de establecerla. Del 22 al 23 de noviembre de 2016, la primera Cumbre de Líderes de Medios

① Zhao Zhongyang, Chen Yuanting, "Las relaciones entre China y América Latina en la etapa del 'desarrollo constructivo' ", en *Estudios Latinoamericanos*, núm.5, 2017, pp.16-30.

de Comunicación China-América Latina[①], copatrocinada por la Oficina de Información del Consejo de Estado y la CEPAL, se celebró en Santiago de Chile, la cual atrajo a responsables de más de cien medios de comunicación de ambas partes. El presidente Xi Jinping, durante su discurso en la ceremonia de inauguración, presentó tres ideas para profundizar la cooperación en este ámbito. Anunció la creación del Centro de Prensa China-América Latina y el Caribe (CLACPC, por sus siglas en inglés) e invitó a los periodistas latinoamericanos a visitar China.

El CLACPC se estableció oficialmente en Beijing en mayo de 2017 y once periodistas de nueve países latinoamericanos se inscribieron en el primer curso. En mayo de 2018 se celebró la apertura de la segunda edición, en la que participaron 13 periodistas de 10 países de América Latina. Hasta la fecha, se han organizado un total de tres cursos de intercambio para periodistas latinoamericanos. Un estudio de seguimiento a los participantes de la primera edición muestra que dicho proyecto ha tenido un efecto real en ayudar a los periodistas latinoamericanos a comprender China e informar sobre el país de manera objetiva y plural[②].

① El 27 de octubre de 2017, la Oficina de Información del Consejo de Estado organizó en Beijing el Foro de Medios de Comunicación de China y América Latina, al que asistieron 19 importantes medios de comunicación de 11 países de dicha región, a fin de dar un nuevo impulso a la formación inicial del mecanismo de comunicación entre China y América Latina. Asimismo, el 19 de noviembre de 2018 se celebró en Buenos Aires el Foro de Medios de Comunicación de China y América Latina 2018, bajo el lema de "profundizar en la difusión y cooperación de los medios de comunicación y aportar a la construcción de la comunidad de destino China-América Latina".

② Jin Xiaowen, "Replanteamiento de la diplomacia pública en los medios de comunicación. El caso del Centro de Información Sino-Latinoamericano", en el estudio temático sobre la "Eficacia de la diplomacia pública en América Latina", Departamento de Comunicaciones del Ministerio de Relaciones Exteriores, 2017.（金晓文：《对拉媒体公共外交的再思考——中拉新闻中心为例研究》，外交部新闻司"对拉公共外交有效性研究"课题，2017年。）

5.3 El mecanismo del diálogo cultural entre China y América Latina: Reflexiones y exploración

Actualmente, gracias a la intensa labor de promoción de los gobiernos de China y de América Latina, los intercambios culturales y aprendizaje mutuo han pasado de ser un tema de "baja política" a la "alta política" en las relaciones bilaterales. Como resultado de ello, se han intensificado los intercambios culturales en consonancia con los objetivos del diálogo cultural entre China y América Latina. Sin embargo, bajo este fenómeno de prosperidad superficial, se encuentra la realidad de un desarrollo integral relativamente fragmentado. Por ello, el problema potencial es que los numerosos intercambios, incluso las reiteradas actividades de intercambio cultural y de aprendizaje entre ambas civilizaciones, difícilmente han establecido suficientes sinergias para lograr un efecto combinado. En vista de ello, se necesita urgentemente una plataforma, o un plan general y pragmático, para coordinar, orientar y dirigir las actividades de intercambio cultural entre ambas partes. Por tanto, construir un mecanismo para el diálogo cultural no solo resulta ser cada vez más necesario, sino también oportuno.

En primer lugar, hay que conocer suficientemente la urgencia e importancia de fortalecer el diálogo cultural en el presente y en el futuro. Actualmente, las relaciones bilaterales ya han entrado en una etapa de "desarrollo constructivo"① y la integración, la planificación y los objetivos de la cooperación entre China y América Latina son cada vez más claros.

① Zhao Zhongyang, Chen Yuanting, "Las relaciones entre China y América Latina en la etapa del 'desarrollo constructivo'", en *Estudios Latinoamericanos*, núm.5, 2017, pp.16-30.

Los tres documentos políticos[1] publicados sucesivamente han indicado un aumento considerable de la cooperación bilateral. No cabe duda de que son tareas primordiales reducir al mínimo los conflictos de intereses y aumentar el entendimiento de la cooperación y el beneficio mutuo. El diálogo cultural entre China y América Latina es una vía importante para mitigar los conflictos, fomentar la confianza e, incluso, forjar consensos.

En segundo lugar, el diálogo cultural entre China y América Latina aún se encuentra en una etapa inicial, de manera que requiere urgentemente cierta coordinación e integración. En comparación con otras regiones, América Latina mantiene un diálogo cultural con China relativamente estancado. A pesar de ello, en la actualidad existen proyectos de intercambio cultural, pero el problema más importante es que muchos de ellos carecen de un diseño integral y sostenible, así como de una conexión orgánica, por eso, presentan una apariencia de dispersión y fragmentación. El diálogo cultural bilateral aún está en una etapa de exploración, lo cual requiere urgentemente la orientación profesional de un órgano competente. Sin embargo, hasta la fecha, China no ha establecido ningún mecanismo de intercambio cultural de alto nivel con ningún país latinoamericano, y mucho menos con toda la región. La falta de un mecanismo de ese tipo no favorece la promoción general de la convergencia entre los pueblos, ya que no permite coordinar con eficiencia los distintos proyectos ni integrar los esfuerzos del diálogo cultural. Para que este continúe de manera eficaz y

[1] Se refiere a los tres documentos mencionados anteriormente que tienen por objeto enmarcar y orientar la dirección de la cooperación en el desarrollo de China y América Latina: el Plan de Cooperación China-CELAC (2015-2019), el Documento sobre la Política de China hacia América Latina y el Caribe (2016) y el Plan de Acción Conjunta de Cooperación en Áreas Prioritarias China-CELAC (2019-2021).

aumente la sostenibilidad de la confianza mutua y la cooperación bilateral, la construcción orgánica debe figurar en la agenda.

Por último, ha llegado el momento de crear un mecanismo de diálogo cultural. Como se ha señalado anteriormente, en el plano gubernamental, el presidente Xi Jinping ha subrayado en diversas ocasiones la necesidad de fortalecer el diálogo cultural entre China y América Latina, y convertirla en un modelo de convivencia armoniosa y de entendimiento mutuo. El primer ministro Li Keqiang, en su discurso ante la CEPAL, presentó la iniciativa de establecer un mecanismo para el diálogo de civilizaciones entre China y América Latina. El segundo Documento sobre la Política de China hacia América Latina y el Caribe también se centra en esas iniciativas y señala claramente la necesidad de "promover activamente el diálogo cultural entre China y América Latina".

En el plano civil, la traducción, publicación y difusión de obras clásicas del pensamiento y la cultura de ambas partes han adquirido un nuevo dinamismo; las instituciones académicas organizan cada vez más seminarios sobre temas relacionados con ambos lados y ha habido intercambios más frecuentes entre intelectuales. También se viene reforzando el intercambio entre los medios de comunicación de ambas partes, que cada vez diversifican más sus temas y son más objetivos respecto al contenido. Más importante aún, los *think tanks*, las instituciones de difusión cultural, las universidades y los gobiernos locales también han tomado la iniciativa de organizar un seminario sobre el "diálogo cultural entre China y América Latina", con el fin de apoyar, a través de acciones prácticas, la iniciativa de establecer un mecanismo de diálogo cultural sino-latinoamericano.

De la misma manera que el diálogo cultural sino-latinoamericano debe "fluir como un largo río" y "conseguir logros sin hacer demasiado ruido", es poco probable que la construcción del mecanismo para el diálogo cultural entre ambas partes se consiga de la noche a la mañana, por lo que debe ser gradual. En este sentido, hacemos las siguientes recomendaciones o reflexiones para el establecimiento de un mecanismo de diálogo cultural bilateral:

Primero, elevar la categoría del seminario "China y América Latina: Diálogo entre Civilizaciones" al nivel de foro sobre el "diálogo cultural entre China y América Latina", además de incluirlo en el Foro Sino-Latinoamericano para coordinar cada ámbito del diálogo cultural entre ambas partes. En la actualidad, el Foro Sino-Latinoamericano cuenta con ocho foros subsidiarios, donde lo único que falta es un mecanismo de intercambio cultural integral y de diálogo cultural entre ambos lados, que ha estado retrasado durante mucho tiempo y que todavía no se ha establecido eficazmente. El establecimiento de un mecanismo de diálogo cultural entre ambas partes llenará las lagunas existentes en este ámbito y proporcionará una plataforma de alto nivel para el intercambio cultural integral. Teniendo en cuenta la diversidad cultural de China y América Latina, el diálogo cultural debe centrarse ante todo en la determinación de los valores comunes de ambas culturas y en buscar las bases del diálogo.

Segundo, promover y apoyar los estudios chinos en América Latina y crear una red de intercambio académico y cooperación entre China y América Latina. En respuesta al interés de los estudios latinoamericanos en China, los círculos académicos latinoamericanos también han aumentado considerablemente su iniciativa de estudiar a China. En los últimos años, numerosas universidades e instituciones académicas de varios países latinoamericanos han intensificado los estudios chinos. Sin embargo, en América Latina, estos siguen siendo un campo de estudio "emergente" y el número de instituciones dedicadas a este campo es aún limitado.

En este contexto, 1) existe la urgente necesidad de aprovechar al máximo el papel de la Asociación China de Estudios Latinoamericanos, consolidar los recursos académicos a nivel nacional, apoyar y cultivar las nuevas fuerzas de estudios latinoamericanos, y servir de puente para el intercambio académico entre China y América Latina, con miras al desarrollo de instituciones de estudios chinos en América Latina; 2) promover la cooperación entre las instituciones académicas de China y Latinoamérica en la construcción de un centro de estudios chinos en la región latinoamericana para ayudar a formar talentos en los estudios chinos, así como apoyar la creación en su debido momento de una sociedad académica de estudios chinos con académicos e instituciones latinoamericanos; 3) crear el Instituto de Estudios Chinos y Latinoamericanos, como órgano coordinador del diálogo y la investigación conjunta entre China y América Latina, a fin de realizar investigaciones conjuntas y de que sea un apoyo para la creación de instituciones de estudios chinos en la región latinoamericana; y 4) intensificar la comunicación e interacción entre los medios de comunicación y los académicos de China y América Latina, y promover la oportuna organización de un diálogo entre periodistas y académicos de ambas partes.

Tercero, fortalecer el grado de apoyo de las políticas y ampliar un mecanismo de intercambio cultural de larga duración sobre la base del mercado. Actualmente, el mecanismo para el diálogo cultural entre China y América Latina tiene un impulso por parte del Gobierno, así que, pese a su singular papel, no puede impulsar un diálogo cultural por sí solo a largo plazo. En esta época en que la economía mundial está altamente interconectada, la construcción de un mecanismo de larga duración para la convergencia cultural y el aprendizaje mutuo entre China y América

Latina requiere la cooperación de las industrias culturales centrada en los bienes y servicios y basada en el mercado. Esto se debe a que los productos culturales son recipientes materiales de los símbolos y valores. No solo cumplen una función igual a la de las actividades de intercambios, sino que son también más fuertes y significativos en cuanto a su capacidad de transmitir e incentivar la comunicación cultural. Aunque el nivel actual de la cooperación entre las industrias culturales de ambas partes sigue siendo insuficiente, a largo plazo habrá un amplio margen para mejorar. Sus objetivos fundamentales son tres: la riqueza y el esplendor de los recursos culturales de ambas civilizaciones; las necesidades estratégicas para el desarrollo de las industrias culturales y la promoción de la cooperación internacional; y, por último, el gran potencial del mercado cultural y las bases de la cooperación teniendo como esencia la igualdad y el beneficio mutuo[①].

Columna

Seminario Internacional "China y América Latina: Diálogo entre Civilizaciones": Exploración de un mecanismo

El 27 de marzo de 2014, el presidente Xi Jinping pronunció un discurso en la sede central de la Unesco y presentó por primera vez el concepto de "nueva visión de la civilización". Desde entonces, el intercambio cultural se ha convertido en un nuevo foco y orientación

① He Shuangrong, "La industria cultural y la imagen internacional: posibilidades de cooperación entre China y América Latina", en *Estudios Latinoamericanos*, núm.4, 2015, p.40.（贺双荣：《文化产业与国际形象：中拉合作的可能性》，载《拉丁美洲研究》，2015年第4期。）

de la política exterior de China. El pensamiento en torno a la "nueva visión de la civilización" ha dado un contenido novedoso, un impulso y un dinamismo a las relaciones sino-latinoamericanas, que se han desarrollado rápidamente. Para poner en práctica este nuevo concepto rector de las relaciones bilaterales, las universidades, los *think tanks*, los departamentos de relaciones exteriores y las agencias de difusión exterior, aprovechando sus respectivas ventajas comparativas y reuniendo esfuerzos humanistas y diplomáticos, han iniciado un seminario institucional "China y América Latina: Diálogo entre Civilizaciones", con el objetivo de crear una plataforma de intercambio cultural y aprendizaje mutuo, así como una reunión de esfuerzos para promover la comunicación sino-latinoamericana.

Del 18 al 19 de noviembre de 2017, el Instituto de América Latina de la Academia China de Ciencias Sociales, la Oficina de Relaciones Exteriores del Gobierno de la Provincia de Jiangsu, la editorial Blossom Press del Grupo de Publicaciones Internacionales de China y la Universidad de Changzhou organizaron conjuntamente la primera edición del seminario internacional "China y América Latina: Diálogo entre Civilizaciones", que tuvo lugar en la Universidad de Changzhou, provincia de Jiangsu. El tema central del seminario fue "intercambios entre civilizaciones y aprendizaje mutuo". En total, más de cien funcionarios, diplomáticos, académicos, expertos, periodistas y representantes de instituciones culturales provenientes de China y diez países latinoamericanos participaron en este seminario. El vicegobernador de la provincia de Jiangsu, Wang Jiang; el embajador y representante especial del Gobierno chino para asuntos latinoamericanos, Yin Hengmin; el embajador de Perú en China, Juan Carlos Capuñay, entre otros funcionarios, estuvieron presentes en la ceremonia de inauguración y pronunciaron discursos.

El primer seminario internacional "China y América Latina: Diálogo entre Civilizaciones" se organizó en torno a tres módulos temáticos:

"Más allá de la Ruta de la Seda del Pacífico: El encuentro entre las civilizaciones china y latinoamericana", "China y América Latina: Intercambios entre civilizaciones y aprendizaje mutuo" y "El futuro de los intercambios entre civilizaciones y el aprendizaje mutuo China-América Latina: Oportunidades y desafíos". En el seminario se hizo un examen general de los primeros intercambios y experiencias entre ambas culturas desde la Ruta de la Seda del Pacífico en el siglo XVI, se discutieron las experiencias históricas del diálogo entre ambas culturas en los últimos tiempos, y también se exploraron las futuras vías para seguir promoviendo los intercambios culturales y el entendimiento mutuo.

El primer seminario internacional "China y América Latina: Diálogo entre Civilizaciones" tuvo una repercusión inesperada. Doce medios de comunicación de China y América Latina publicaron 23 reportajes, de los cuales, la página 23 del *Diario del Pueblo* del 27 de febrero de 2018 incluyó una edición completa, con un artículo de opinión de una página entera titulado "Las civilizaciones de China y América Latina, una bella comunión". El primer seminario "China y América Latina: Diálogo entre Civilizaciones" supuso un esfuerzo del Gobierno chino en busca de vías para establecer un mecanismo de diálogo entre ambas civilizaciones.

La segunda edición del seminario internacional "China y América Latina: Diálogo entre Civilizaciones" se celebró del 8 al 9 de septiembre de 2018 en Nanjing, provincia de Jiangsu, y fue organizada conjuntamente por el Instituto de América Latina de la Academia China de Ciencias Sociales la Oficina de Relaciones Exteriores del Gobierno de la Provincia de Jiangsu, la editorial Blossom Press, en colaboración con la Universidad Veracruzana de México, y fue acogida por la Universidad de Finanzas y Economía de Nanjing. El tema de estas sesiones se ciñó a la actualidad, "La Franja y la Ruta: Un canal para el diálogo entre las civilizaciones sino-latinoamericanas". Se contó con la presencia de las siguientes autoridades en el acto de inauguración, quienes pronunciaron discursos: Guo Yuanqiang, vicegobernador de la provincia de Jiangsu; el embajador Zhao Bentang, director general del Departamento de América Latina del Ministerio de Relaciones Exteriores de China; José Luis Bernal, embajador de México en China; Óscar Rueda García, embajador de Colombia en China; Patricia Rodríguez Holkemeyer, embajadora de Costa Rica en China; así como Stephen Seedansingh, embajador de Trinidad y Tobago en China.

En 2018 fue el quinto aniversario de la Iniciativa de la Franja y la Ruta y fue también el segundo año desde que se declaró que América Latina era una extensión natural de esta iniciativa. La conferencia de aquel año se centró en dos aspectos principales: un examen general de la difusión y el acoplamiento de la Iniciativa de la Franja y la Ruta en América Latina, y una exploración desde la perspectiva empresarial, cultural y de los medios de comunicación de asentamiento de las bases, a fin de que la gente entienda la Franja y la Ruta, y explorar cómo impulsar la Franja y la Ruta para que se convierta en la vía del diálogo cultural entre China y América Latina, con la idea de que el diálogo cultural contribuya al acercamiento entre ambos pueblos y así proporcionar un apoyo clave para la construcción conjunta de la Franja y la Ruta. Uno de los puntos centrales fue la publicación del libro *La Franja y la Ruta y América Latina: nuevas oportunidades y nuevos retos.* Este libro, escrito por 13 académicos de alto nivel de China y América Latina de la Comunidad de Estudios Chinos y Latinoamericanos (CECLA) y publicado por la editorial Blossom Press, fue financiado por el Fondo Nacional de Publicaciones en 2018 y fue el primer libro en China que describía de manera organizada la relación entre la iniciativa de la Franja y la Ruta y el desarrollo de América Latina.

El otro punto importante del segundo seminario internacional "China y América Latina: Diálogo entre Civilizaciones" fue el aumento de la influencia internacional y su difusión. Al seminario también asistió un grupo especial de invitados, a saber, 13 periodistas de 10 países de América Latina que participaron en la segunda fase del Centro de Prensa China-América Latina y el Caribe (CLACPC). No solo asistieron a todo el seminario y participaron en sus debates, sino que también publicaron una gran cantidad de informes sobre este con sus colegas de los medios de comunicación chinos. Entre los medios de comunicación latinoamericanos figuraron *Monitor Mercantil* y *Jornal do Comércio* de Brasil; *Rumbos* y *Perfil* de Argentina; agencias de noticias y el diario *Excélsior* de México; el diario *La Estrella de Panamá*; la Agencia Boliviana de Información; la Agencia Peruana de Noticias Andina; el diario *El Telégrafo* de Ecuador; el diario *La República* de Costa Rica; el diario *Granma* de Cuba; el canal Telesur de Venezuela, entre otros.

En la tercera edición del seminario internacional "China y América Latina: Diálogo entre Civilizaciones" hubo una mejora tanto en el tamaño como en la calidad. El evento se celebró del 21 al 22 de septiembre de 2019 en la ciudad de Xuzhou, provincia de Jiangsu. El tema central fue "70 Años de China y América Latina: Entendimiento mutuo e intercambio de experiencias". El seminario fue organizado conjuntamente por el Instituto de América Latina de la Academia China de Ciencias Sociales la Oficina de Relaciones Exteriores del Gobierno de la Provincia de Jiangsu, y la editorial Blossom Press, y fue acogido por la Universidad Normal de Jiangsu. También colaboraron en la organización la Universidad de Buenos Aires, la Universidad Católica de Salta, la Universidad de Chile, la Universidad Veracruzana, China National Knowledge Infraestructure y la Oficina de Relaciones Exteriores del Gobierno Popular de la Ciudad de Xuzhou. Además, contó con el gran apoyo del Centro de Intercambio Cultural entre China y el Extranjero del Ministerio de Educación y la Municipalidad de Xuzhou. Participaron en el seminario expertos, académicos, funcionarios y diplomáticos provenientes de 15 países latinoamericanos. Durante la ceremonia de inauguración, Wang Rongping, vicepresidente de coordinación política de la provincia de Jiangsu; el embajador Zhao Bentang, director general del Departamento de América Latina del Ministerio de Relaciones Exteriores de China; y Miguel Ángel Riquelme, gobernador del Estado de Coahuila de México, pronunciaron sendos discursos. El vicepresidente del Grupo de Publicaciones Internacionales de China, Lu Cairong; la rectora de la Universidad Veracruzana, Sara Ladrón de Guevara; el subdirector del Centro de Intercambio Cultural entre China y el Extranjero del Ministerio de Educación, Yang Xiaochun, entre otros, presentaron disertaciones sobre las relaciones bilaterales entre China y México, la difusión de la cultura y las publicaciones chinas en América Latina, la similitud entre las primeras civilizaciones de China y México, y la situación actual y las perspectivas futuras de los intercambios culturales sino-latinoamericanos.

El tercer seminario internacional "China y América Latina: Diálogo entre Civilizaciones" se enfocó en los setenta años del intercambio cultural entre ambas partes y el intercambio de experiencias de desarrollo, lo cual tuvo un fuerte significado histórico, pero también un fuerte significado práctico, porque en 2019 la República Popular China celebró el 70.º aniversario de su establecimiento. En estas siete décadas, China y América Latina se han conocido y han dependido mutuamente en su camino de construcción, reformas y desarrollo; han aprendido la una de la otra y han ido constituyendo una comunidad de futuro compartido entre ambas partes, así como una comunidad solidaria, de cooperación y de beneficio mutuo. Los ponentes invitados de 11 países, entre ellos, China, Brasil, Argentina, Chile y México, celebraron un animado debate sobre el intercambio de experiencias en la creación y el desarrollo de parques industriales, el desarrollo urbano y el mejoramiento de la capacidad de gobernanza, sobre los estudios latinoamericanos en China y los estudios chinos en América Latina, así como sobre los cambios en la imagen de China y América Latina.

El tercer seminario internacional "China y América Latina: Diálogo entre Civilizaciones" tuvo dos aspectos destacados. El primero fue la inauguración del Centro de Intercambio Cultural Sino-Latinoamericano. Dicho centro fue construido conjuntamente por cuatro instituciones: la Oficina de Relaciones Exteriores del Gobierno de la Provincia de Jiangsu, el Instituto de América Latina de la Academia China de Ciencias Sociales, el Centro de Intercambio Cultural entre China y el Extranjero del Ministerio de Educación y la Universidad Normal de Jiangsu, implementado así las "ideas sobre el fortalecimiento y la mejora de las labores del intercambio cultural entre China y otros países", que enfatiza un mecanismo y sistema en el que toda la sociedad sea partícipe, lo cual ha innovado y enriquecido el modelo participativo del intercambio cultural entre ambas partes, manteniendo una significancia extraordinaria. Es el primer *think tank* de nuevo formato de especialización en China que se centra en la "investigación del intercambio cultural entre China y América Latina", que combina un enfoque teórico y práctico y que integra el capital de las instituciones políticas, académicas, de intercambio cultural y de comunicación. El establecimiento del Centro de Intercambio Cultural Sino-Latinoamericano proporcionará un sólido apoyo tanto para la continuación de los seminarios sobre diálogos entre China y América Latina como para la construcción de su plataforma.

El segundo aspecto destacable fue la presentación del libro *Historia oral: Voces y testigos del intercambio cultural entre China y América Latina* (edición en chino), el primer libro en China en el que se documenta la historia del intercambio cultural entre ambas partes durante los 70 años de la República Popular China. Era la primera vez que, bajo el formato de "historia oral" y a través de un enfoque personal, se centraba la atención en la esfera del intercambio cultural, el cual había sido descuidado en las relaciones bilaterales. El libro recaba los recuerdos de los últimos 70 años para tratar de restablecer el verdadero rostro de la historia del intercambio cultural sino-latinoamericano. El libro fue planificado y elaborado por la CECLA durante tres años y fue también el resultado de la cooperación con la Academia de Estudios sobre la China Contemporánea y el Mundo del Grupo de Publicaciones Internacionales de China. Fue publicado por la editorial Blossom Press.

CAPÍTULO 6

La traducción de obras literarias: Pionera en el intercambio cultural entre China y América Latina

Los intercambios culturales comprenden varios ámbitos, como la cultura, el arte, la educación, el deporte, las publicaciones, la radio, el cine, la televisión, el turismo, entre otros. La literatura es uno de los vectores más importantes de la cultura. Cada obra lleva la seña de su pueblo y cultura, y contiene el idioma, la cultura, la historia y el pensamiento propios de un país. La literatura tiene el poder de comunicar directamente con el corazón y es un importante medio de transmisión y una muestra del espíritu, la imagen y los valores de un país al exterior. Es también la ventana principal a través de la cual el mundo conoce a un país y su cultura.

Desde la fundación de la República Popular China, los intercambios culturales entre China y América Latina han evidenciado el desarrollo de las relaciones entre ambas partes. Las traducciones y la difusión de las obras literarias chinas y latinoamericanas han reflejado las características y la evolución del intercambio cultural bilateral. Sin duda alguna, el intercambio en el ámbito literario desempeña un papel indispensable para reforzar el conocimiento mutuo. El presente capítulo tiene como objetivo hacer una presentación sobre la historia y la situación actual de las traducciones de las obras literarias chinas y latinoamericanas, analizar una serie de retos que afronta la actual difusión literaria entre ambas partes, así como proponer algunas recomendaciones sobre cómo mejorar el conocimiento mutuo entre China y América Latina a través de la difusión cultural.

6.1 La traducción y difusión de la literatura latinoamericana en China

Tomando como base los datos recogidos por el Centro de Información de la Administración Nacional de Prensa y Publicaciones de China y la bibliografía china, así como la información de las bibliotecas nacionales de China, de China National Knowledge Infrastructure (CNKI) y de las principales casas editoriales en China de obras de la literatura latinoamericana, se han recopilado las obras literarias latinoamericanas publicadas en la parte continental de China desde 1949, cuando se fundó la República Popular, hasta diciembre de 2019①. A través de un análisis sistemático de tales obras, la presente parte pretende indagar sobre los factores socioculturales detrás de la traducción al mandarín y la difusión de la literatura latinoamericana y su interacción con el proceso de desarrollo de las relaciones entre China y Latinoamérica. Es cierto que el desarrollo de los intercambios culturales entre ambas partes está estrechamente relacionado con la historia cultural de la República Popular China, con la historia del intercambio con el exterior y con la historia de las relaciones bilaterales entre China y América Latina. Sin embargo, la evolución de la traducción y la difusión de la literatura latinoamericana en China, aparte de los múltiples factores mencionados y ligados al contexto histórico, también presenta sus propias características. Por tanto, teniendo en cuenta tales factores, se analizan las características de la difusión de la literatura latinoamericana en

① El presente capítulo incluye los datos sobre las traducciones de la literatura latinoamericana en China desde 1949 hasta 2019. A menos que se indique lo contrario, se derivan de las estadísticas recopiladas por los autores.

China desde 1949 en las siguientes tres etapas.

6.1.1 Traducción y difusión de la literatura latinoamericana desde la perspectiva política (1949-1978)

Las tres décadas desde el establecimiento de la República Popular China hasta la aplicación de la política de Reforma y Apertura representan el periodo de exploración general de la construcción de la cultura socialista china. Las políticas culturales de "dejar que un centenar de flores florezcan y cien escuelas de pensamiento contiendan" y la de "aplicar lo antiguo al presente y aplicar lo extranjero a China" promovieron el desarrollo de la industria cultural y asentaron una sólida base para la modernización de la cultura, la ciencia y la tecnología. Lamentablemente, tras el comienzo de la Revolución Cultural, la industria cultural sufrió un grave revés, la cultura extranjera fue juzgada completamente y se paralizaron todas las traducciones y publicaciones de literatura extranjera en China. La literatura latinoamericana no fue una excepción a esta regla. Así, en dicho contexto, entre las 85 obras literarias latinoamericanas publicadas entre 1949 y 1978, hubo 77 que fueron editadas antes de la Revolución Cultural. Durante este periodo, la traducción y difusión de la literatura latinoamericana en China presentaba principalmente las siguientes características:

6.1.1.1 Mensajeros literarios en el periodo de la diplomacia pública entre China y América Latina

En las primeras dos décadas después de la fundación de la República Popular China, aparte de Cuba que estableció relaciones diplomáticas con China en 1960, el resto de los países latinoamericanos no tenía vínculos oficiales con Beijing. Con el fin de terminar con este escollo diplomático, la política de China hacia América Latina consistió principalmente en promover la diplomacia pública, esperando que en América Latina se formase una fuerza social suficiente para que fuese "el pueblo el que impulsase al Gobierno". Entonces, los intercambios culturales se convirtieron en el principal formato de la diplomacia pública entre ambas partes. Los contactos en el ámbito literario desempeñaron un papel aún más importante para establecer lazos entre China y América Latina.

Entre los escritores latinoamericanos que viajaron por aquellos años a China se encuentra el poeta chileno Pablo Neruda. En septiembre de 1951, Neruda recibió un encargo del Comité del Premio Stalin de la Paz entre los Pueblos y viajó a Beijing para otorgarle dicho galardón a la señora Soong Ching-ling. Neruda fue recibido cordialmente por los líderes chinos y se convirtió en "el primer amigo latinoamericano de Zhou Enlai"[①]. La visita de Neruda a China fue un antecedente importante para el intercambio cultural e internacional. Posteriormente, hubo una serie de acontecimientos que de manera directa o indirecta constataron cómo la visita de Neruda había ayudado a acercar las distantes culturas de ambas partes e iniciar la amistad entre la República Popular China y los países latinoamericanos.

Recomendado por Neruda, el pintor chileno José Venturelli visitó China y vivió en el país por una larga temporada. Venturelli participó en los trabajos preparatorios del Congreso Mundial por la Paz en Beijing en 1952 y contactó activamente con amigos y personalidades latinoamericanos, de manera que hizo una importante contribución en la organización exitosa de aquel Congreso. "Los miembros de las delegaciones latinoamericanas

① Huang Zhiliang, *Redescubrimiento del nuevo continente: Zhou Enlai y América Latina*, Beijing: World Knowledge Press, 2004, p.55. En adelante, las citas que vamos a utilizar de este libro serán de esta misma edición y las indicamos solo con la información del autor y del número de la página. (黄志良：《新大陆的再发现——周恩来与拉丁美洲》，世界知识出版社，2004年。)

en el Congreso Mundial por la Paz desempeñaron un papel fundamental en la posterior promoción de la diplomacia pública entre China y América Latina, convirtiéndose en los impulsores pioneros del desarrollo de las relaciones amistosas sino-latinoamericanas"①. Venturelli también fue un promotor de manera indirecta de la enseñanza del idioma español en China. Fruto de su propuesta, el Instituto de Lenguas Extranjeras de Beijing (la actual Universidad de Estudios Extranjeros de Beijing) estableció en 1952 la primera carrera universitaria de castellano en China. En octubre de ese año, gracias al impulso de Neruda y Venturelli, se constituyó en Santiago de Chile la Asociación de Cultura Chile-China, la cual fue el primer colectivo de amistad con el pueblo chino establecido en América Latina. En 1954, los prestigiosos poetas chinos Ai Qing y Xiao San viajaron a Chile para asistir a una actividad conmemorativa por el nacimiento de Pablo Neruda. "Chile es el país que inició la diplomacia pública entre China y América Latina, donde más trabajo se realizó y donde mayor efecto tuvo"②. El papel impulsor de las relaciones sino-chilenas desempeñado por Neruda indudablemente sirvió como punto de referencia en la fase inicial de la diplomacia pública entre China y América Latina. Su influencia no solo se limitó al ámbito literario, sino que también tuvo una función de mensajero en los intercambios sino-latinoamericanos. Por tanto, Pablo Neruda fue apodado por el primer ministro Zhou Enlai como "la primera golondrina en la primavera de la amistad sino-latinoamericana"③.

La historia de la traducción de la literatura latinoamericana al chino

① He Shuangrong (ed.), *Historia de las relaciones entre China y América Latina y el Caribe,* p.79.

② Huang Zhiliang, p.131.

③ Huang Zhiliang, p.55.

en la República Popular China también está estrechamente vinculada a Neruda. En enero de 1950, la editorial Xinqun publicó la colección de poemas de Neruda *Que despierte el leñador*. Esta fue la primera obra literaria latinoamericana publicada en la Nueva China. Así como en el caso de Neruda, las traducciones al chino de la literatura latinoamericana de entonces promovieron el entendimiento entre China y América Latina, y representaron también un vector para la diplomacia pública entre ambas partes y un testimonio escrito de amistad. La mayoría de las obras literarias latinoamericanas introducidas en este periodo tuvieron distintivas características realistas, tomando como temas principales las historias antiimperialistas, anticoloniales y antihegemónicas del pueblo latinoamericano y su vida real. Aunque la temática de las obras latinoamericanas traducidas al chino era relativamente monótona, en aquel periodo este tipo de obras mostraban claramente a los lectores chinos una América Latina que estaba en el "tercer mundo" al igual que China. La colección de poemas de Neruda *Que despierte el leñador* y las novelas *Seara Vermelha* y *Terras do Sem Fim* del escritor brasileño Jorge Amado fueron reimpresas o reeditadas varias veces y tuvieron una buena acogida por parte de los lectores chinos.

En aquel entonces, las relaciones entre China y América Latina abogaban por establecer relaciones amistosas ampliamente y promover una diplomacia pública activa y apropiada que conduzca al establecimiento de relaciones oficiales. Por tanto, las obras traducidas e introducidas a China no solo se limitaban a países importantes de la literatura latinoamericana, sino que tuvieron un amplio abarcamiento. Dentro de las siete décadas de historia de la traducción de la literatura latinoamericana al chino, este periodo fue el de mayor amplitud e incluyó a 18 países latinoamericanos, entre ellos, Honduras, Haití, Guyana y Trinidad y Tobago, que solo tienen obras traducidas al chino en este periodo.

En la década de 1970, las relaciones entre China y América Latina progresaron enormemente. China estableció relaciones diplomáticas con 11 países de la región, mientras que el volumen comercial con América Latina aumentó de 100 millones a 1.000 millones de dólares[1]. El intercambio cultural entre China y los países latinoamericanos con los que ya tenía relaciones diplomáticas entraron en una nueva etapa. Lamentablemente, la traducción de la literatura latinoamericana estuvo gravemente afectada por la Revolución Cultural y entró en una fase de estancamiento. Los intercambios culturales bilaterales eran prácticamente inexistentes. Sin embargo, es innegable que la traducción y la difusión de la literatura latinoamericana en esta época de diplomacia pública desempeñaron un papel activo y tuvieron un importante significado a la hora de mejorar el conocimiento de China sobre América Latina.

6.1.1.2 Influencia ideológica en la traducción al chino de la literatura latinoamericana

En la década de 1950, para China, el intercambio cultural sino-soviético era la parte más importante de la comunicación cultural con el mundo exterior; incluso los intercambios culturales iniciales entre China y América Latina también estaban relacionados con la URSS. En este periodo, muchos intelectuales latinoamericanos de izquierda, como Pablo Neruda y José Venturelli, aprovechaban sus viajes a la URSS y a los países socialistas de Europa oriental para viajar hasta China. En el periodo entre 1949 y

① He Shuangrong (ed.), *Historia de las relaciones entre China y América Latina y el Caribe*, p.138.

1978, hay 55 escritores latinoamericanos traducidos al Chino. En la lista de personalidades latinoamericanas que visitaron China, compilada por el académico estadounidense William E. Ratliff, se observa que muchos de ellos habían sido invitados a visitar China. Aparte de Pablo Neruda, también estaban el escritor brasileño Guilherme Figueiredo, el poeta cubano Nicolás Guillén, el escritor guatemalteco Miguel Ángel Asturias, el escritor hondureño Ramón Amaya Amador, el escritor argentino Alfredo Varela, el escritor haitiano Jacques Stephen Alexis, entre otros[1]. Pablo Neruda y Jorge Amado fueron los autores con más obras traducidas al chino durante este periodo, representando ambos el 16% del total.

Aparte del contacto cultural muy vinculado a la URSS, las traducciones al chino de la literatura latinoamericana en su etapa inicial tenían que estar también muy vinculadas al ruso. Tal y como se mencionó anteriormente, las especialidades de estudios de español y portugués en China comenzaron en 1952 y 1960, respectivamente. En aquel entonces, había una extrema falta de traductores de español y portugués en China. Por tanto, en las décadas de 1950 y 1960, una gran parte de las obras fueron traducidas del ruso y del inglés principalmente. En 1958, el primer diccionario chino-español editado por los jóvenes profesores de español del entonces Instituto de Lenguas Extranjeras de Beijing fue traducido de la edición soviética del *Diccionario ruso-español* de la URSS. No fue sino hasta la década de 1960 que aparecieron ilustres traductores de español como Wang Yangle, Wang Yongnian, Chen Yongyi, Zhao Jinping, entre otros.

En la década de 1960, las relaciones entre China y la URSS se

① Ver William E. Ratliff, "Chinese Communist Cultural Diplomacy toward Latin America, 1949-1960", en *The Hispanic American Historical Review*, vol.49, núm.1, 1969, pp.61-63.

deterioraron completamente, algo que también quedó reflejado en las traducciones de la literatura latinoamericana al chino. Un ejemplo fue el caso de Pablo Neruda: todas sus 7 obras traducidas fueron publicadas entre 1950 y 1961. Tras el empeoramiento de las relaciones sino-soviéticas, Neruda optó por apoyar a la URSS. Por tanto, su nombre casi desapareció en todas las traducciones al chino de la literatura latinoamericana entre 1960 y 1970. Las relaciones entre China y Cuba también estuvieron afectadas, pero por ser el único país latinoamericano que mantenía vínculos diplomáticos con China, entre 1949 y 1978, Cuba fue el país que tenía más obras literarias traducidas al chino, con un total de 16 obras, de las cuales 13 habían sido traducidas entre 1959 y 1965, cuando hubo un rápido desarrollo de las relaciones bilaterales. Por tanto, no debe subestimarse durante este periodo la influencia ideológica sobre las traducciones al chino de la literatura latinoamericana.

6.1.2 Retorno al estándar literario en la traducción y difusión de la literatura latinoamericana (1979-2012)

En diciembre de 1978, tras la celebración de la tercera sesión plenaria del XI Comité Central del Partido Comunista de China, los entornos político, económico y cultural nacional fueron mejorando y se hicieron importantes ajustes en las políticas literarias y artísticas. Deng Xiaoping indicó que había que respetar tanto la función del arte y la literatura como a los artistas y a los escritores, así como aplicar una política más laxa hacia el arte y la literatura. El desorden en el ámbito cultural cesó y surgió un fenómeno de revitalización cultural. Las relaciones entre China y Latinoamérica en este periodo mostraron unas características de desarrollo pragmático. La diplomacia china en América Latina se extendió y la cooperación económica y comercial y los intercambios culturales fueron más frecuentes. Así, los países de América Latina se convirtieron en un importante componente de la estrategia de "cooperación Sur-Sur" de China. Las estancadas traducciones y publicaciones de la literatura latinoamericana en China se reactivaron y rápidamente hubo un retorno al estándar literario, lo que dio paso al primer auge de su publicación y difusión en China. Según las estadísticas, entre 1979 y 2012 un total de 579 obras de la literatura latinoamericana fueron publicadas en China. La traducción y la difusión de la literatura latinoamericana en China en este periodo muestran dos características principales.

6.1.2.1 La moda de la literatura latinoamericana que conquistó los círculos literarios de China

En octubre de 1979 se estableció en la ciudad de Nanjing la Asociación China de Estudios de Literatura Española, Portuguesa y Latinoamericana. Esta fue una de las primeras asociaciones académicas de literatura constituidas en China, la cual congregó a una centena de especialistas y aficionados de la literatura hispano-portuguesa provenientes de universidades, instituciones académicas, editoriales y medios de comunicación. A través de la dedicación y el esfuerzo de los expertos y académicos miembros de dicha asociación, muchas obras clásicas de la literatura latinoamericana y un grupo de importantes escritores latinoamericanos empezaron a ser conocidos en China. Tan solo entre 1980 y 1985 se publicaron 82 obras, entre ellas las de importantes autores como Juan Rulfo, Jorge Luis Borges, Gabriel García Márquez, Mario Vargas Llosa y Carlos Fuentes, entre otros. Entre 1979 y 2012, las obras traducidas al chino comprendían más de 150 autores latinoamericanos. La mayoría de ellos eran por primera vez traducidos y presentados en China. La ideología y la postura política de los autores ya no eran un factor decisivo a la hora de publicar sus obras. En cuanto a la temática, el anterior estándar "unificador" de los temas del realismo y la revolución ya no estaba presente.

La literatura china en la década de 1980 inició una tendencia reformista. "Ruptura (con el pasado)" e "innovación" se convirtieron en las palabras claves de los círculos literarios. La afluencia masiva de la literatura extranjera que llegó a China promovió el intercambio y la colisión de ideas y culturas, lo que impulsó con fuerza la transformación de la literatura china, mientras que la literatura latinoamericana fue un componente que no podía ser ignorado. En las décadas de 1980 y 1990, entre los escritores extranjeros frecuentemente concebidos como una influencia transcendental en los escritores chinos figuraban Gabriel García Márquez, Jorge Luis Borges y Mario Vargas Llosa. Entre 1979 y 2012, las principales obras de estos tres escritores fueron traducidas e introducidas en China, y tuvieron posteriormente reediciones y diferentes versiones de traducción. Las publicaciones de los tres escritores suman un total de 141 libros, que representan el 24% de las obras latinoamericanas traducidas y publicadas de aquel periodo. El realismo mágico influyó enormemente en los círculos literarios de China y "finalmente se convirtió en una de las corrientes más importantes de la literatura occidental, la cual influyó e iluminó el desarrollo del nuevo periodo de la literatura china"[①].

El interés y el aprecio de los autores chinos hacia la literatura latinoamericana fueron de gran relevancia para la difusión de la literatura

① Chen Liming, *Realismo mágico y la narrativa del nuevo período en China*, Baoding: Hebei University Press, 2008, p.1.（陈黎明：《魔幻现实主义与新时期中国小说》，河北大学出版社，2008年。）

latinoamericana en China. En este periodo, las relaciones entre China y América Latina ya se encontraban en una etapa de desarrollo estable, mientras que el intercambio cultural era cada vez más frecuente. Sin embargo, en cierto sentido, dentro de los múltiples formatos del intercambio cultural entre China y América Latina, ninguno trajo cambios tan amplios y profundos en el campo cultural de China como la literatura latinoamericana. Se podría decir que las traducciones al chino de la literatura latinoamericana de este periodo ya no solo se limitaban a promover el conocimiento de China sobre la cultura y la sociedad latinoamericanas, sino que también tuvieron una importante influencia en la literatura contemporánea de China, lo que ha dejado una marca indeleble en la historia literaria china. Al mismo tiempo, han tenido una profunda y maravillosa influencia en la historia del intercambio cultural entre ambas partes.

6.1.2.2 La traducción y publicación de la literatura latinoamericana de estandarización progresiva

En la década de 1980, la enseñanza del español y portugués a nivel nacional comenzó a tomar forma en China y un gran número de talentos hispanohablantes y lusoparlantes comenzaron a dedicarse a la traducción de la literatura latinoamericana. La proporción de obras traducidas de otros idiomas se redujo enormemente y los errores y omisiones en anteriores traducciones fueron subsanados en gran medida. De los cerca de 300 traductores que participaron en las traducciones al chino de la literatura latinoamericana en este periodo, la mayoría dominaba el español o el portugués.

Merece destacar que muchos de los traductores eran profesores universitarios, traductores o revisores profesionales que trabajaban en los medios de comunicación o en los ministerios. No solo eran personas que dominaban a la perfección un idioma extranjero, sino que también eran activos partícipes en las relaciones sino-latinoamericanas. Precisamente, fue gracias a su perspectiva académica que pudieron seleccionar y traducir minuciosamente y establecer unos cimientos sólidos para las traducciones al chino de las obras clásicas de la literatura latinoamericana. Según las estadísticas, Zhao Deming participó en la traducción y edición de más de 50 obras, mientras que Zhu Jingdong, Zhao Zhenjiang y Wang Yongnian participaron en la traducción y edición de más de una veintena de ellas. En lo que va del siglo XXI, la enseñanza del español y el portugués ha tenido un próspero desarrollo, y la educación, la investigación científica y los intercambios académicos entre China y América Latina han continuado progresando. Así, el conjunto de traductores chinos de la literatura latinoamericana fue constituyéndose progresivamente. Al mismo tiempo, comenzaron los estudios académicos de la literatura latinoamericana en China.

En este periodo, las publicaciones de las traducciones al chino de la literatura latinoamericana se estandarizaron y mejoraron. A comienzos de la República Popular China, no había una fuerte consciencia en la industria editorial nacional sobre los derechos de autor y la mayoría de las obras traducidas al chino no los habían obtenido. En 1992, China se adhirió oficialmente al Tratado Internacional sobre Derechos de Autor y comenzó a implementar el Convenio de Berna para la Protección de las Obras Literarias y Artísticas y la Convención Universal sobre Derechos de Autor. La concienciación por los derechos de autor en el mundo editorial fue incrementándose gradualmente y la implementación de las respectivas políticas y normativas también fue estandarizándose paulatinamente. En términos generales, tras la entrada en el siglo XXI, los derechos de autor de las traducciones al chino de la literatura latinoamericana empezaron a normativizarse. Por ejemplo, la licencia de derechos de autor de *Cien años de soledad* no fue obtenida sino hasta 2011, aunque para entonces dicha obra de García Márquez ya disponía de más de diez ediciones. La traducción de *Cien años de soledad* que ha nutrido a numerosos lectores chinos proviene principalmente de dos ediciones: la edición publicada en 1984 de traducción de Huang Jinyan, Shen Guozheng y Chen Quan, y la edición publicada en 1993 de traducción de Wu Jianheng.

Aparte del problema de los derechos de autor, en la década de 1980 y 1990 también existían otros fenómenos de "desorden" en el sector editorial. Persiguiendo solo el beneficio económico, algunas editoriales se apropiaron de los temas "candentes", provocando el serio problema de una publicación repetida, e incluso, el plagio. Por ejemplo, entre las más de diez ediciones de *Cien años de soledad* puestas a la venta en aquel momento, no solo varias tenían una traducción de mala calidad, sino que también había ediciones plagiadas. No solo se había perdido el estilo de la versión original, sino que también se estaba perjudicando a los lectores. En el presente siglo, con la mejora continua del mercado y la profunda transformación de la industria editorial, este fenómeno prácticamente ha desaparecido. Cabe señalar que en el caso de todas las obras traducidas al chino de la literatura latinoamericana, como las de García Márquez, Borges y Vargas Llosa, y publicadas en los años 80 y 90, se adquirieron los derechos de autor y se volvieron a publicar. Las nuevas ediciones de estas famosas obras de grandes autores fueron también una de las razones por las que hubo un drástico aumento en el número de traducciones al chino de la literatura latinoamericana entre 1979 y 2012.

6.1.3 La traducción y difusión de la literatura latinoamericana en auge en la nueva era (2013 hasta la actualidad)

En el presente siglo, la moda de la literatura latinoamericana en China volvió a diluirse durante una temporada. En 2012, el escritor Chino Mo Yan fue galardonado con el Premio Nobel de Literatura. En el discurso de entrega del premio, se mencionó que la creatividad literaria de Mo Yan se ve reflejada en el estilo del escritor estadounidense William Faulkner y del colombiano Gabriel García Márquez. A la vez que había un frenesí en China por volver a leer la obra de Mo Yan, la literatura latinoamericana volvió a ser el centro de atención de los lectores chinos. En 2014, cuando García Márquez falleció, numerosos lectores chinos organizaron actividades conmemorativas. *Cien años de soledad*, entre otras de sus obras, volvió a repuntar en ventas, lo que provocó una fiebre por la lectura y publicación de la literatura latinoamericana. Según muestran las estadísticas, en el corto periodo entre 2013 y 2019 se publicaron un total de 373 obras de la literatura latinoamericana en China, lo que representó un 36% del total de las traducciones al chino de la literatura latinoamericana desde 1949. Se podría decir que la literatura latinoamericana aún sigue estando muy presente en China. Los autores mencionados anteriormente, como Mo Yan y García Márquez, son factores del ámbito cultural que naturalmente son muy importantes. No obstante, el auge de la traducción al chino de la literatura latinoamericana está estrechamente vinculado con el desarrollo integral de las relaciones entre China y Latinoamérica en los últimos años.

6.1.3.1 Las relaciones entre China y América Latina en la nueva era ayudan a la traducción y la difusión de la literatura latinoamericana

En 2013 las relaciones entre China y América Latina entraron en una nueva era de desarrollo integral. Los intecambios culturales bilaterales han progresado a un nivel sin precedentes históricos.

En junio de 2013, el presidente Xi Jinping indicó en su discurso pronunciado en el Congreso de la Unión de México, que China y América Latina tienen que reforzar su diálogo entre civilizaciones y sus intercambios culturales. En julio de 2014, en la reunión con los líderes latinoamericanos en Brasilia, Xi Jinping anunció que el aprendizaje mutuo en lo cultural y lo humano era un componente orgánico del nuevo modelo para construir una nueva estructura en las relaciones China-América Latina y el Caribe. En 2015, durante su visita oficial a América Latina, el primer ministro chino Li Keqiang estuvo acompañado por los escritores Mo Yan y Tie Ning en el Foro de Intercambio Cultural Sino-Latinoamericano en Colombia, lo que demostró claramente el fuerte interés en aumentar los intercambios culturales entre ambas partes. En 2016, en la ceremonia de clausura del Año de Intercambio Cultural China-América Latina y el Caribe, Xi Jinping destacó que las relaciones culturales eran un ala importante del conjunto de la diplomacia entre las dos partes. Posteriormente, el Plan de Acción Conjunta de Cooperación en Áreas Prioritarias China-CELAC (2019-2021), publicado en 2018, incluyó el intercambio cultural como uno de los siete ámbitos prioritarios de la cooperación sino-latinoamericana.

Del análisis anterior se observa que, en los últimos años, los intercambios culturales y el aprendizaje mutuo entre ambas culturas vienen ocupando una posición cada vez más importante dentro de las relaciones bilaterales. Al principio del desarrollo de las relaciones entre ambas partes, la traducción al chino de la literatura latinoamericana ayudó a la diplomacia pública bilateral. Como parte de las relaciones culturales, se convirtió en un ala importante dentro del conjunto de la diplomacia en la nueva era. La traducción al chino de la literatura latinoamericana también se volvió un ala importante de los intercambios culturales entre China y América Latina, mostrando una vitalidad sin precedentes. Tomando en cuenta las obras latinoamericanas traducidas al chino y publicadas entre 1949 y 2019, se observa que en el periodo inicial de la traducción al chino de la literatura latinoamericana (1949-1978) se publicaban una media inferior a 3 libros al año, y el año en el que más traducciones se publicaron fue 1959, con 18 libros. En el primer auge de las traducciones al chino de la literatura latinoamericana (1979-2012) se publicó una media anual de 17 libros, y 2008 fue el año con más publicaciones, con 32 libros. En el último periodo de 2013-2019, la cifra de publicaciones anuales fue de 53 libros, y 2018 y 2015 fueron los años con más publicaciones, con 72 y 68 libros, respectivamente (ver Gráfico 6-1). Por una parte, los datos ofrecidos reflejan la aceptación y la demanda de los lectores chinos hacia la literatura latinoamericana y muestran el desarrollo floreciente de los intercambios culturales y el diálogo entre civilizaciones de China y América Latina.

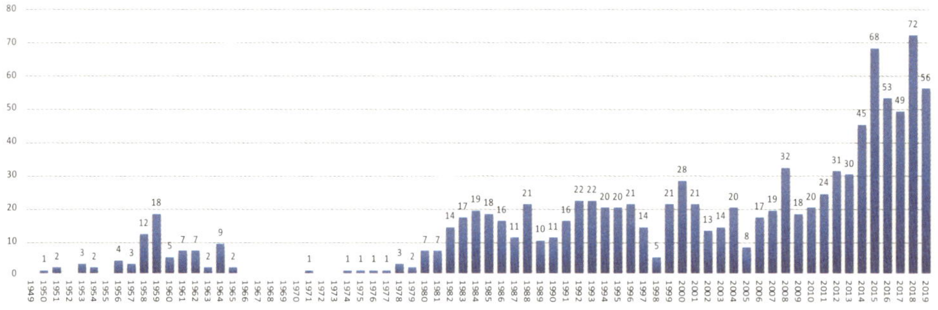

Gráfico 6-1 Las traducciones al chino de obras literarias latinoamericanas entre 1949-2019

Fuente: Elaboración propia según datos recopilados por los autores.

6.1.3.2 La actualización y aceleración creciente de la traducción y difusión de la literatura latinoamericana en China

La traducción e introducción de la literatura latinoamericana contemporánea a nivel nacional ha presentado graves deficiencias en el pasado. Sin embargo, desde 2013, a medida que los vínculos entre las industrias editoriales nacional y extranjera de China y América Latina se hicieron cada vez más estrechos, la traducción y la difusión de la literatura latinoamericana se han caracterizado por su actualización y mayor rapidez, lo que ha promovido mejor el intercambio y el aprendizaje mutuo de la literatura contemporánea de China y América Latina.

Desde 2013, además de continuar publicando las obras clásicas de importantes autores como García Márquez, Borges y Vargas Llosa, hubo un gran aumento en las publicaciones de "nuevos escritores" y de "nuevas obras"; es decir, autores y obras de América Latina que fueron traducidos por primera vez y eran "nuevos" para los lectores chinos. Una gran cantidad de obras de escritores extranjeros de grandes ventas se volvieron el foco de las traducciones; por ejemplo, las del brasileño Paulo Coelho, el chileno Roberto Bolaño, el argentino César Aira, entre otros. Además, algunas de las obras de jóvenes autores también fueron traducidas; por ejemplo, el chileno Alejandro Zambra y la argentina Samanta Schweblin, ambos nacidos en la década de 1970, y las escritoras nacidas en los años 80 como la mexicana Valeria Luiselli y la chilena Paulina Flores.

La velocidad de traducción y publicación también mejoró notablemente. Algunas de las obras latinoamericanas que recibieron premios en el extranjero o que captaron la atención del público, ya disponían rápido de una versión traducida al chino. Esto benefició en gran medida la comprensión de los lectores chinos sobre los círculos literarios contemporáneos de América Latina. Por otra parte, el formato de publicación de la literatura latinoamericana también se ha diversificado. Muchas obras publicadas en papel también se han publicado en versión digital, con el fin de ofrecer al lector diversas opciones de lectura.

6.2 La traducción y difusión de la literatura china en América Latina

La difusión de la literatura china en el extranjero ha pasado por tres etapas. La primera de ellas se dio desde las dinastías Ming y Qing hasta antes de la fundación de la República Popular China, donde principalmente se daba la traducción y difusión espontánea a través de misioneros, diplomáticos, corresponsales extranjeros, etc. La segunda etapa fue desde la fundación de la República Popular China hasta antes de la aplicación de la política de Reforma y Apertura en 1978, cuando las obras literarias se habían convertido en un importante medio de propaganda ideológica al exterior y eran traducidas principalmente por organizaciones gubernamentales chinas. La tercera etapa va desde la Reforma y Apertura hasta la actualidad, donde las formas de traducción y difusión son cada día más variadas y se ha ido estableciendo un buen modelo de promoción conjunta por el Gobierno y la sociedad civil y de esfuerzos conjuntos a nivel nacional e internacional.

La difusión de la literatura china en América Latina se ajusta a estas tres etapas de desarrollo. Por un lado, la difusión y la influencia de la literatura china en el extranjero aún son extremadamente limitadas, además de concentrarse principalmente en países angloparlantes, Francia, Alemania,

Japón, entre otros. En el caso de la región latinoamericana, la traducción y difusión de la literatura china están claramente más atrasadas, debido al factor de la distancia geográfica y a los enormes obstáculos lingüísticos. Por otro lado, la introducción de obras de la literatura extranjera sobrepasa enormemente la exportación de la literatura china al exterior, existiendo así un grave déficit en la difusión y el intercambio entre las obras literarias chinas y extranjeras. En cuanto al intercambio entre la literatura china y latinoamericana, este déficit es mucho más evidente.

Dado que en total hay 33 países en América Latina y el Caribe, la publicación y difusión de la literatura china en esta región involucra a organizaciones editoriales de varias decenas de países, incluyendo América Latina, España, Portugal, etc. Por tanto, actualmente es difícil hacer un análisis exhaustivo de la situación de la traducción y difusión de la literatura china en América Latina, similar a las estadísticas presentadas sobre la traducción al chino de la literatura latinoamericana. La presente parte del ensayo ha seleccionado tres universidades nacionales y representativas de América Latina, a saber, la Universidad de Buenos Aires, la Universidad Nacional Autónoma de México y la Universidad de los Andes. Se ha realizado una muestra y un resumen de sus ejemplares de literatura china traducidas al español y se han sintetizado los datos relativos a las ventas de las ediciones en español y en portugués de literatura china en la conocida plataforma global de Amazon (Amazon México y Amazon Brasil), con el fin de esbozar la situación general de la traducción, la introducción y la publicación de la literatura china en América Latina y analizar sobre esta base las características de su difusión en la región.

En términos generales, la difusión de las obras literarias chinas en América Latina puede ser dividida en tres etapas: desde la fundación de la

República Popular China en 1949 hasta antes de la Reforma y Apertura, desde la Reforma y Apertura hasta 2012, y desde 2012 –cuando Mo Yan recibió el Premio Nobel de Literatura– hasta la actualidad. La traducción, introducción y difusión de la literatura china en América Latina aún se ubican en una fase "exploradora" y las cifras de autores y obras y los tipos de obras aún son muy limitadas, por lo que la presente parte se centrará en el análisis de las características generales y la tendencia de desarrollo de la difusión de la literatura china en América Latina desde la fundación de la República Popular China hasta la fecha. No se narrará etapa por etapa según la división anterior.

6.2.1 Temática de la traducción de la literatura china en América Latina: el paso de la literatura clásica a la literatura contemporánea

Según las estadísticas, las obras de la literatura china más ampliamente extendidas y de mayor interés en América Latina se centran en la poesía antigua y las obras clásicas. Estas abarcan los poetas y poemas de las dinastías Tang, Song u otras, y se centran en mostrar el encanto de la poesía clásica china. Li Bai, Wang Wei, Bai Juyi y Du Fu son los poetas más traducidos. Las colecciones de leyendas y mitos clásicos chinos, de cuentos populares, así como las novelas clásicas como *Sueño en el pabellón rojo*, *Peregrinaje hacia el Oeste*, *A la orilla del agua* y *Romance de los Tres Reinos* también están difundidos en América Latina.

La región de América Latina ha presentado una grave carencia respecto a la traducción y difusión de la literatura contemporánea china. Entre los años 1949 y 1978, las obras y los autores de la literatura contemporánea china traducidos e introducidos a la región fueron principalmente los poemarios de Mao Zedong, Ai Qing, Wen Yiduo, Xu Zhimo, Guo Moruo y los cuentos de Lu Xun. A partir de 1979, hubo algunos cambios y las obras de escritores como Ba Jin, Lao She, Ding Ling, Mo Yan, Tie Ning, Bei Dao, Wang Anyi, Wang Shuo, Han Shaogong, Yan Lianke, Su Tong, Yu Hua, A lai, Jia Pingwa y Chi Li comenzaron a llegar a los lectores latinoamericanos. Cabe destacar que en las décadas de 1980 y 1990, el cine chino consiguió brillantes logros a nivel mundial, desempeñando un papel positivo en la promoción de la traducción e introducción de la literatura china contemporánea. *Sorgo rojo* de Mo Yan, *Hibisco* de Gu Hua, *Adiós a mi concubina* de Li Bihua, entre otras obras, se difundieron rápidamente en los países hispanohablantes y lusoparlantes y tuvieron un éxito compartido e inseparable de aquel obtenido por las respectivas películas dirigidas por Zhang Yimou, Xie Jin y Chen Kaige.

El Premio Nobel de Literatura obtenido por Mo Yan en 2012 promovió enormemente la traducción y difusión de las obras de este autor en los países de habla hispana. La primera de las obras de Mo Yan en ser traducida al español fue *Sorgo rojo*, que fue traducida de la versión en inglés y posteriormente publicada al español en 1992. Hasta la fecha, hay 17 obras de Mo Yan traducidas al español, de las cuales más de la mitad fueron traducidas tras haber recibido el Premio Nobel de Literatura, y muchas de ellas fueron traducidas directamente desde el chino (ver Tabla 6-1). El efecto publicitario del Premio Nobel de Literatura y la creación literaria de Mo Yan, quien ha recibido también la influencia de la literatura latinoamericana, consiguieron despertar el interés general por su obra en América Latina. La traducción y la difusión a gran escala de la obra de Mo Yan también suscitaron el interés de los lectores latinoamericanos por la literatura china contemporánea. En años recientes se han añadido los siguientes autores contemporáneos chinos a la lista de la literatura china en América Latina: Mai Jia, Yu Jian, A Yi, Murong Xuecun, entre otros.

Tabla 6-1 Las obras de Mo Yan en español

Año de publicación	Título en español y Título original	Traductor, editorial y reedición	Otras informaciones
1992	*Sorgo rojo*	Ana Poljak	Traducción indirecta del inglés
		Muchnik	
		El Aleph, ediciones en 2002, 2009 y 2012	
2007	*Grandes pechos amplias caderas*	Mariano Peyrou	Traducción indirecta del inglés
		Kailas	
2008	*Las baladas del ajo*	Carlos Ossés	Traducción indirecta del inglés
		Kailas	
		Reedición: 2013	
2009	*La vida y la muerte me están desgastando*	Carlos Ossés	Traducción indirecta del inglés
		Kailas	
		Reedición: 2012	
2010	*La república del vino*	Cora Tiedra	Traducción indirecta del inglés
		Kailas	
		Reedición: 2013	
2011	*Shifu, harías cualquier cosa por divertirte*	Cora Tiedra	Traducción indirecta del inglés
		Kailas	
		Reedición: 2012	
2011	*Rana*	Yifan Li	Traducción directa del chino
		Kailas	
		Reedición: 2013	

Año de publicación	Título en español y Título original	Traductor, editorial y reedición	Otras informaciones
2012	*Cambios*	Anne-Hélène Suárez Girard Seix Barral	Traducción directa del chino
2013	*¡Boom!*	Yifan Li Kailas	Traducción directa del chino
2014	*El suplicio del aroma de sándalo*	Blas Piñero Martínez Kailas	Traducción directa del chino
2015	*Trece pasos*	Juan José Ciruela Kailas	Traducción directa del chino
2016	*El clan del sorgo rojo*	Blas Piñero Martínez Kailas	Traducción directa del chino
2016	*El manglar*	Blas Piñero Martínez Kailas	Traducción directa del chino
2017	*El mapa del tesoro escondido*	Blas Piñero Martínez Kailas	Traducción directa del chino
2017	*El rábano transparente*	Blas Piñero Martínez Kailas	Traducción directa del chino
2018	*El clan de los herbívoros*	Blas Piñero Martínez Kailas	Traducción directa del chino
2019	Una carretera en obras	Blas Piñero Martínez Kailas	Traducción directa del chino
2020	*Júbilo*	Blas Piñero Martínez Kailas	Traducción directa del chino

Fuente: Elaboración propia según datos recopilados por los autores.

En los últimos años, la traducción e introducción de la literatura china no solo han mostrado la tendencia del paso de la literatura clásica a la literatura contemporánea, sino también una mayor diversidad en los géneros y estilos literarios. Por ejemplo, las obras de ciencia ficción de Liu Cixin han obtenido excelentes resultados en su difusión. En 2015, Liu Cixin obtuvo el Premio Hugo a la Mejor Novela en la Convención Mundial de Ciencia Ficción con su obra *El problema de los tres cuerpos*. Dicha obra fue rápidamente traducida y publicada en los países hispanohablantes y lusoparlantes y fue velozmente difundida en varios países de América Latina. Según las estadísticas de Amazon México, la calificación de los lectores de la versión en español de *El problema de los tres cuerpos* fue de 4,2 puntos (siendo 5 la puntuación tope) y se encuentra en la octava posición dentro de la categoría de "Los más vendidos en Aventuras y Ciencia Ficción"[①]. En Amazon Brasil, las ediciones en portugués de las novelas de Liu Cixin se encuentran dentro de los 30 primeros libros de la categoría de "Los más vendidos en Ciencia Ficción de Invasión Alienígena", ocupando seis posiciones en esta categoría, a saber, la 6.º, la 9.º, la 17.º, la 27.º, la 28.º y la 29.º[②]. La popularidad de las obras de Liu en América Latina es evidente.

6.2.2 Traducción y difusión de la literatura china en América Latina: del "aprovechamiento del impulso externo" al "diálogo directo"

Durante un periodo relativamente largo, el contacto de los lectores

① Ver página web de Amazon México, https://www.amazon.com.mx/gp/bestsellers/books/9569899011/ref=zg_b_bs_9569899011_1, fecha de consulta: 19/04/2020.

② Ver página web de Amazon Brasil, https://www.amazon.com.br/gp/bestsellers/books/16311718011/ref=pd_zg_hrsr_books, fecha de consulta: 19/04/2020.

latinoamericanos con la literatura china rara vez era con obras directamente traducidas del chino. Por ejemplo, Jorge Luis Borges en la década de 1930 escribió un artículo presentando la novela *Sueño en el pabellón rojo* y *A la orilla del agua*. Sin embargo, Borges conoció estas dos obras clásicas a través de las traducciones al alemán del renombrado sinólogo Franz Kuhn[①]. Octavio Paz, quien obtuvo el Premio Nobel de Literatura en 1990, estaba obsesionado por la cultura de Oriente. Sus poemas sobre China tenían una profunda investigación detrás y, además, tradujo las obras de varios poetas como Wang Wei, Li Bai, Han Yu, Bai Juyi, Du Fu, Li Qingzhao, entre otros. Paz dijo con total sinceridad: "En 1957 hice algunas traducciones de breves textos de clásicos chinos. El formidable obstáculo de la lengua no me detuvo y, sin respeto por la filología, traduje del inglés y del francés. Me pareció que esos textos debían traducirse al español no solo por su belleza –construcciones a un tiempo geométricas y aéreas, fantasías templadas siempre por una sonrisa irónica– sino también porque cada uno de ellos destila, por decirlo así, sabiduría"[②].

En la primera etapa del acercamiento de la literatura china a los países hispanohablantes y lusoparlantes, la traducción indirecta indudablemente ha sido la vía más rápida. Tras la fundación de la República Popular China, con el gradual despliegue de los intercambios culturales entre China y los países de habla hispana y portuguesa, ha habido ciertos cambios respecto a las traducciones desde un tercer idioma. Marcela de Juan es la traductora de literatura china al español con mayor recorrido. En cierto sentido, desde su

---

① Jorge Luis Borges, "Tsao Hsue Kin: *El sueño del aposento rojo*", 19 de noviembre de 1937, en *Textos Cautivos*, Madrid: Alianza, 1998, p.343.

② Octavio Paz, *Versiones y diversiones*, Barcelona: Círculo de Lectores, S. A. y Galaxia Gutenberg, S. A., 2000, p.497.

nacimiento estaba casi destinada a tener un vínculo de por vida con China, España y América Latina. Marcela de Juan nació en 1905 en La Habana. Su padre fue el diplomático de la corte Qing, Huang Lühe, y su madre era belga de ascendencia española. Poco después de nacer Marcela de Juan, su padre fue destinado a España y la familia entera se mudó a Madrid. En 1913, su padre fue enviado de regreso a China y Marcela, junto con su familia, volvió a mudarse a Beijing hasta 1928. En ese periodo, Marcela no solo se familiarizó con la cultura china, sino que también forjó una buena amistad con los grandes intelectuales y escritores chinos como Hu Shi y Lin Yutang. Tras su regreso a España, Marcela comenzó activamente a promover la cultura china y a dedicarse a la traducción de obras de la literatura china. Las leyendas de la China clásica y los poemas que tradujo se publicaron en varios periódicos y revistas, entre ellos una de las revistas españolas más influyentes de la época, *Revista de Occidente*. Cabe destacar que entre los poemas chinos traducidos por Marcela De Juan no solo se encuentran el *Libro de canciones* y los poemas antiguos de las dinastías Tang, Song, Ming y Qing, sino también obras publicadas durante el "Movimiento por la Nueva Cultura" en las décadas de 1910 y 1920 y varios poemas de Mao Zedong.

Durante muchas décadas, había apenas unos pocos traductores que dominaban tanto el español como el chino y que se dedicaban a la traducción de la literatura china como Marcela de Juan. En América Latina, aquellos traductores que lo hacían desde otros idiomas apenas eran unos pocos. El escritor, diplomático y traductor chileno Luis Enrique Délano trabajó en el Instituto de Lenguas Extranjeras de Beijing a finales de la década de 1950. Él tradujo del inglés *La verdadera historia de AQ y otros cuentos* de Lu Xun, así como poemas de Li Bai y Mao Zedong, entre otros. El escritor y diplomático mexicano Sergio Pitol tradujo del inglés el *Diario de un loco* de Lu Xun, que fue publicado en España en 1971.

Es innegable que, en el proceso de la traducción de la literatura china y en la transición de la traducción indirecta a la traducción directa, los sinólogos españoles han desempeñado un papel clave. Se podría decir que los sinólogos españoles han sido un puente fundamental para que la literatura china llegue a América Latina, y han sido la fuerza inicial para la traducción y difusión de la literatura china en los países de habla hispana y portuguesa.

En la década de 1980, el despertar del mandarín y los estudios de China dieron lugar a un grupo de sinólogos españoles. Por ejemplo, gracias a sus traducciones de *La fortaleza asediada* de Qian Zhongshu, *La familia Kao* de Ba Jin, entre otras obras, Taciana Fisac recibió en 2012 el Premio "China Special Book Award"[1] y se convirtió en la primera sinóloga de un país hispanohablante en conseguir dicho galardón[2]. Alicia Relinque se ha dedicado por largo tiempo a la traducción e investigación académica de la literatura clásica china, y sus traducciones incluyen *El corazón de la literatura y el cincelado de dragones* de Liu Xie, *El Pabellón de las Peonías o historia del alma que regresó* de Tang Xianzu, *Jin Ping Mei* de Lanling Xiaoxiaosheng, así como *Tres dramas chinos* donde se recopilan *La injusticia contra Dou E, El huérfano del clan de los Zhao*, *Historia del ala oeste*, entre otros. En 2017, Alicia Relinque recibió

① Dicho premio fue establecido por la antigua Administración Estatal de Prensa, Publicaciones, Radio, Cine y Televisión de China en 2005. Tiene por objeto reconocer a escritores y traductores extranjeros por sus contribuciones en la edición y traducción de textos chinos y fomentar con ello los intercambios culturales.

② En 1992, Taciana Fisac estableció en la Universidad Autónoma de Madrid el Centro de Estudios de Asia Oriental, la primera institución académica en España dedicada al estudio de China y Japón.

el China Special Book Award.

Hasta la fecha, los sinólogos españoles aún representan una fuerza importante para la traducción e introducción de la literatura china, como lo muestra el caso de la traducción al español de las obras de Mo Yan, hecha por Blas Piñero Martínez directamente desde el chino. Las obras de Liu Cixin también han sido principalmente traducidas por el joven sinólogo español Javier Altayó Finestres.

Según la Base de Datos Mundial de Sinólogos, en marzo de 2017, de los 5.925 sinólogos en todo el mundo, solo 21 se encontraban en la región de América Latina[①]. Además, muchos de los sinólogos latinoamericanos se dedican al estudio de los problemas de China, por lo que aquellos enfocados en la traducción y el estudio de la literatura son muy escasos. Un traductor relativamente conocido es el peruano Guillermo Dañino, quien tradujo principalmente los poemas de Li Bai, Du Fu, Bai Juyi, entre otros. Por su parte, la catedrática Liljana Arsovska del Colegio de México ha traducido principalmente obras contemporáneas, como *La dura sopa de arroz* de Wang Meng; *Yo no soy una mujerzuela* y *La palabra que vale por diez mil*, ambas de Liu Zhenyun; *La flor suprema* de Jia Pingwa, entre otras. En 2014, Arsovska recibió el China Special Book Award. Sin embargo, algo positivo es que, con el desarrollo de los intercambios culturales y académicos entre China y América Latina, en años recientes ha habido una emergencia de jóvenes sinólogos en dicha región, por ejemplo el poeta y traductor argentino nacido en 1979 Miguel Ángel Petrecca, quien ha traducido cerca

① Universidad de Estudios Extranjeros de Beijing, Federación Internacional de Confucianismo, et al, World Sinologist Database, http://www.hanxuejia.net/, fecha de consulta: 11/06/2017.（北京外国语大学、国际儒学联合会等："世界汉学家数据库"。）

de una decena de obras, incluyendo: colecciones de ensayos y cuentos de Lu Xun; *Historias del río Hulan* y *Primavera en la pequeña ciudad*, ambas de Xiao Hong; *El invisible* de Ge Fei; *Una pizca de maldad* de A Yi; *La piedra de Katatjuta* de Yu Jian, *Murciélagos al atardecer* de Xi Chuan, entre otras.

La publicación de la literatura china en América Latina también ha aprovechado el impulso exterior durante un largo periodo. Desde la fundación de la República Popular China hasta antes de la Reforma y Apertura, Foreign Language Press of China y algunas editoriales chinas fueron las principales impulsoras en la publicación de obras de la literatura china traducidas a otros idiomas. Foreign Language Press, constituida en 1952, es subsidiaria de China Foreign Languages Publication and Distribution Administration y se dedica a la exportación de obras literarias a América Latina, principalmente cuentos populares, obras clásicas y poesía de China. Sin embargo, sus canales tienen limitaciones. Los libros publicados por las instituciones editoriales de China tienen una influencia muy limitada en América Latina. Por ello, las editoriales españolas son el principal canal de entrada a América Latina para la literatura china. Por una parte, las editoriales españolas tienen una cuota relativamente amplia dentro del mercado de libros en español a nivel mundial. Según estimaciones generales, España representa el 46%, México, Argentina, Colombia, Chile y Perú suponen conjuntamente el 45%, mientras que el resto de países (más de 10) ocupa el 9%[①]. Por otra parte, en comparación con las editoriales latinoamericanas, la publicación en España de libros relacionados con China

① Ver Fu Xiping, "Focos en el sector editorial de Argentina", en *Publishing Reference*, septiembre de 2015, p.17.（傅西平：《聚焦阿根廷出版业》，载《出版参考》，2015年9月。）

ha tenido una historia más larga, ha sido más variada y ha tenido canales más accesibles. Por ejemplo, la editorial Seix Barral, subsidiaria del Grupo Planeta, que es la editorial de libros en español más grande del mundo, ha publicado la mayoría de las obras de Lu Xun y Yu Hua. Asimismo, todas las obras de Mo Yan han sido publicadas por editoriales españolas, sobre todo por la editorial Kailas (ver Tabla 6-1).

De acuerdo con las estadísticas sobre las publicaciones de obras de la literatura contemporánea china en español, las editoriales españolas representan el 62% del total de obras publicadas, mientras que las latinoamericanas un 23% y las de China un 15%. Cabe destacar que en los últimos años, las obras publicadas por editoriales chinas han aumentado notablemente. En 2012, China Intercontinental Press se expandió activamente en el mercado latinoamericano y hasta la fecha ha traducido más de 30 obras de una veintena de autores contemporáneos como Mai Jia, Liu Zhenyun, Wang Meng, Wang Anyi, Lu Yao, Chi Zijian, Shi Tiesheng, entre otros. Siguiendo los pasos de Foreign Language Press, la editorial China Intercontinental Press se ha convertido en la editorial que más literatura china ha difundido en América Latina.

A medida que aumentan los intercambios culturales entre China y América Latina, la demanda por conocer a China también ha aumentado rápidamente en las sociedades latinoamericanas y un grupo de editoriales de dicha región ha comenzado a importar obras de la literatura china, como la argentina Adriana Hidalgo y la chilena LOM Ediciones, que en los últimos años se han especializado en traducir e introducir la literatura contemporánea china. Así, han presentado a autores como A Yi, Li Jingze, Lu Min, Sheng Keyiy Lu Nei a América Latina, enriqueciendo las obras de la literatura contemporánea china en el mundo hispanohablante.

6.3 Reflexiones sobre la difusión recíproca de las obras sino-latinoamericanas

6.3.1 Características en la difusión recíproca de obras literarias sino-latinoamericanas

A través de un análisis de la historia de la traducción y la difusión de las obras literarias de China y América Latina, se puede observar que existe un claro "déficit" en la difusión recíproca entre la literatura de ambas partes. Esta característica, además de la disparidad cuantitativa de las obras traducidas mencionada anteriormente, también se manifiesta en tres aspectos.

6.3.1.1 La "disparidad temporal" en el conocimiento mutuo entre China y América Latina

A comienzos de la fundación de la República Popular China, a los ojos del pueblo chino, tanto América Latina como China eran parte del tercer mundo. Por tanto, había un acercamiento natural hacia América Latina. En la década de 1960, los lectores chinos ya habían tenido contacto con varias obras literarias latinoamericanas y contaban con ciertos conocimientos sobre América Latina. Sin embargo, en aquella época, EE.UU. implementó una política de aislamiento hacia China, por lo que los países latinoamericanos mantuvieron una actitud dubitativa y de distanciamiento hacia China. Aparte del establecimiento de relaciones diplomáticas con Cuba en 1960, no fue sino hasta los años 70 cuando el resto de los países latinoamericanos fueron estableciendo relaciones con China. Por tanto, para la mayoría de los lectores latinoamericanos, no fue sino hasta las décadas de 1970 y 1980 que China entró lentamente en su campo de visión, y no fue sino hasta el siglo XXI que la imagen de China pasó gradualmente de ser un "imaginario" a convertirse en una imagen relativamente objetiva. Este tipo de "disparidad temporal" ha causado que haya una diferencia en la base y el nivel de los lectores de ambas partes a la hora de leer, comprender y aceptar recíprocamente sus obras literarias.

6.3.1.2 La "disparidad lingüística" en la comunicación entre China y América Latina

Desde la perspectiva lingüística, el chino, el español y el portugués pertenecen a las familias lingüísticas sino-tibetana e indoeuropea, respectivamente. Por ello, su grado de correlación y similitud es extremadamente bajo. El español y el portugués son idiomas relativamente fáciles de dominar, mientras que el mandarín es uno de los más difíciles[1]. En este sentido, la dificultad de los chinos a la hora de aprender español o portugués es muy inferior a la dificultad de un hispanohablante o lusoparlante al aprender chino. Respecto a la enseñanza de estos idiomas, también existe una gran diferencia entre la situación de la enseñanza del mandarín en América Latina y la de la enseñanza del español y el portugués en China. La enseñanza del español y del portugués como grado universitario en China comenzó en las décadas de 1950 y 1960, y para finales del siglo XX ya se había desarrollado a nivel de estudios de posgrado.

Por su parte, durante mucho tiempo la enseñanza y difusión del mandarín en América Latina dependió principalmente de los colegios de chinos de ultramar o los institutos Confucio. En los últimos años, muchas instituciones de alta educación han establecido cursos de chino, pero aún

① Ver: "¿Cuáles son los idiomas más fáciles y difíciles de aprender?", en *ABC*, 31 de marzo de 2014. http://www.abc.es/sociedad/20140331/abci-lenguas-dificultad-201403281938.html., fecha de consulta: 11/06/2017.

no a gran escala y la cualificación del profesorado es todavía escasa. Este tipo de "disparidad lingüística" ha causado que los expertos, los traductores y los estudiantes de español y portugués en China sean muchos más que los sinólogos, los traductores y los estudiantes de chino en América Latina. Se podría decir que mejorar la enseñanza y la difusión del chino en América Latina aún constituye un largo camino por recorrer.

6.3.1.3 La "disparidad de influencia" de la literatura de China y América Latina

La literatura latinoamericana en China dispone de una cantidad de lectores relativamente estable y que, además, no deja de crecer. García Márquez, Borges y Neruda son nombres familiares para los lectores chinos y *Cien años de soledad* aparece en la lista de las novelas extranjeras más populares en China. La literatura latinoamericana ha dejado una marca indeleble en la creación de la literatura contemporánea china. Mo Yan ha mencionado en varias ocasiones cómo *Cien años de soledad* fue una fuerte inspiración para él. Yan Lianke considera a la literatura latinoamericana como el catalizador de la literatura china de la nueva era y opina que "el peso de su influencia tal vez haya sobrepasado la influencia de cualquier otra escuela, corriente o grupo literario de cualquier periodo, el impacto que ha causado en la literatura china ha sido prácticamente igual al de un terremoto o una erupción volcánica"①.

Las estadísticas muestran que, desde la fundación de la República Popular China hasta la fecha, hay cerca de 20 libros sobre la historia de la literatura latinoamericana escritos y editados por académicos chinos y cerca

① Yan Lianke, "Mi realidad, mi *ismo*", Beijing: China Renmin University Press, 2011, p.265.（阎连科：《我的现实 我的主义》，中国人民大学出版社，2011年。）

de 50 libros monográficos. También se han publicado miles de tesis sobre la literatura latinoamericana en todo tipo de revistas académicas. Según las estadísticas que realizamos sobre los artículos registrados en CNKI, Borges, García Márquez y Vargas Llosa son los escritores latinoamericanos más mencionados. "Borges se encuentra en el primer puesto con un total de 1.630 resultados según la búsqueda por palabras clave y con 427 resultados a través de la búsqueda por título"[1].

Dado que están presentes una serie de condiciones limitativas a la traducción y la difusión de la literatura china en América Latina, su influencia en esta región aún sigue siendo muy limitada. Como se ha mencionado anteriormente, las obras de Liu Cixin han tenido un éxito de ventas en muchos países latinoamericanos, no obstante, los lectores interesados en la literatura más sobria de China aún siguen siendo escasos, y la aceptación de la mayoría de ellos hacia la literatura china se limita a los poemas de las dinastías Tang y Song, a las obras de la literatura clásica y a las obras del Premio Nobel de Literatura Mo Yan. En cuanto al estudio académico de la literatura china, los logros han sido más escasos. Sin embargo, en años recientes, los intercambios entre los escritores de China y América Latina son cada día más frecuentes. Por una parte, Mai Jia y A Yi, representantes de la nueva generación de la literatura china, albergan un gran entusiasmo por la literatura española y portuguesa, y al mismo tiempo que continúan leyendo las obras de autores clásicos, vienen desarrollado activamente un diálogo e intercambios con los escritores latinoamericanos contemporáneos.

Por otra parte, el interés de los escritores latinoamericanos hacia China es cada vez mayor. Por ejemplo, Samanta Schweblin, Valeria Luiselli y

---

① Lou Yu, "Borges en China (1949-2017)", en *Variaciones Borges*, núm.45, 2018, p.13.

Paulina Flores, escritoras latinoamericanas contemporáneas que han visitado China en años recientes, han mantenido una profunda comunicación con los lectores, los autores y el mundo editorial de China y han participado en algunos programas de cooperación. La "disparidad de influencia" de las literaturas china y latinoamericana tal vez se reduzca en un futuro cercano.

6.3.2 Algunas observaciones para mejorar la difusión recíproca de la literatura entre China y América Latina

Del análisis anterior se observa que existe un grave desequilibrio en la difusión recíproca de las obras literarias entre China y América Latina, y que aún existe un margen relativamente amplio para mejorar. Sin embargo, algo sorprendente es que ambas partes mantienen una fuerte voluntad y acción para mejorar la comprensión mutua, especialmente China, que siempre ha demostrado un espíritu de iniciativa, ha puesto en marcha una serie de propuestas y ha prestado el apoyo normativo correspondiente. No cabe duda de que esto ofrece una buena oportunidad para ampliar los intercambios recíprocos entre la literatura de China y América Latina. Para ello, se proponen las siguientes sugerencias.

6.3.2.1 Reforzar la coordinación normativa y crear una fuerza conjunta para la difusión en América Latina

El Gobierno chino ha introducido una serie de políticas e iniciativas para promover los intercambios culturales entre China y América Latina. Dentro de ellos, la publicación y la difusión en el extranjero también incluyen proyectos generales orientados al mundo y América Latina, y también varios proyectos como el proyecto de traducción mutua de los clásicos del pensamiento y cultura de China y América Latina, entre otros. Este contexto favorable ofrece una buena base para la publicación y difusión a América Latina.

Sin embargo, en la actualidad existen dos cuestiones de merecida consideración respecto a la publicación y difusión en América Latina. Por una parte, los programas genéricos principalmente se basan en libros en inglés, mientras que hay menos libros en español y portugués[①]. Por otra parte, pese a que hay programas específicos en curso, su eficacia y sus resultados no son tan optimistas. Con respecto a la publicación y difusión en América Latina, para obtener un buen resultado es necesario reforzar sólidamente tres aspectos de trabajo. El primero de ellos es perfeccionar y estandarizar el sistema de selección de las obras, esforzarse en "consultar a expertos, seleccionar minuciosamente las obras y seleccionar buenos traductores". Solo con una buena entrada se puede garantizar que haya una posibilidad de un buen resultado, puesto que, al fin y al cabo, prima más la calidad que la cantidad en la difusión literaria.

En segundo lugar, actualmente hay muchos programas o proyectos en China, y se espera establecer urgentemente un mecanismo de coordinación entre los distintos programas con el fin de mejorar la calidad de la difusión general a América Latina. Por ejemplo, se puede explorar o reflexionar sobre el programa de máster del "Plan de Nueva Sinología del Instituto Confucio", publicado por la Oficina del Consejo Internacional para la

① Desde el inicio, tomando como ejemplo el mayor efecto del "Plan de promoción del libro chino para el extranjero" y el "Proyecto de traducción y publicación de obras de la cultura china", hasta finales de 2016, ambos programas habían patrocinado solo un 4,3% y un 7% de libros en español, respectivamente. Los libros en portugués patrocinados son menos de 5. Ver Jiang Shan, Hu Jie, "Conectar China y el mundo: diez años de historia del 'Plan de promoción del libro chino para el extranjero'", en *Publishing Reference*, septiembre de 2017, pp.18-20.（参见姜珊、胡婕：《不忘初心，连通中国与世界："中国图书对外推广计划"项目十年进展情况介绍》，载《出版参考》，2017年9月。）

Lengua China (Hanban), para organizarlo e integrarlo con el programa de estudios de sinólogos y de jóvenes sinólogos dirigido por el Ministerio de Cultura de China y los proyectos de traducción mencionados anteriormente, con el fin de que se complementen y creen sinergias.

En tercer lugar, la parte fundamental en la publicación y difusión en América Latina trata de activar el interés y el impulso de la sociedad civil. Es necesario apoyar y alentar a las instituciones de educación avanzada, los *think tanks*, las editoriales y las instituciones de comunicación cultural de ambas partes a que aumenten sus intercambios y refuercen su cooperación, porque actualmente lo más requerido es una plataforma para la comunicación y el intercambio de información.

6.3.2.2 Ampliar los canales de difusión y promover una colaboración sólida en la publicación

En comparación con el intercambio con países angloparlantes, Francia, Alemania, Japón, entre otros, la comunicación entre el mundo editorial de China y América Latina es extremadamente escaso y prácticamente se encuentra en una fase de pocos intercambios. A nivel nacional solo existen algunas editoriales que mantienen programas con América Latina de manera individual. Aparte de la editorial China Intercontinental Press mencionada anteriormente, Foreign Language Teaching and Research Press ha aprovechado la ventaja de la plataforma de los idiomas extranjeros y las instituciones de enseñanza superior para principalmente establecer programas de colaboración con editoriales en centros de enseñanza superior de América Latina. Actualmente, dicha editorial ha iniciado su colaboración con la editorial de la Universidad de Buenos Aires y con la editorial de la Universidad Nacional Autónoma de México, y está promoviendo la publicación en español de algunas obras que reflejan la cultura y el pensamiento de China.

Sin embargo, China se encuentra en una fase inicial respecto a la publicación en América Latina y aún se requieren más esfuerzos para abrir el mercado editorial latinoamericano. En primer lugar, participar activamente en las ferias de libros internacionales en América Latina, especialmente las de mayor repercusión internacional como la Feria Internacional del Libro de Guadalajara, la Feria Internacional del Libro de Buenos Aires, entre otras, para obtener información y conseguir socios. También se debe dar mayor importancia a la cooperación con las editoriales locales en América Latina y se debe reforzar la cooperación con las editoriales españolas. Al fin y al cabo, España posee recursos editoriales y canales muy importantes en América Latina.

En segundo lugar, en la etapa actual, es conveniente que las instituciones editoriales de China tengan como misión el intercambio de información y una cooperación de beneficio mutuo, a fin de expandirse en el mercado latinoamericano conjuntamente. Al mismo tiempo, es conveniente que cada institución editorial realice un detallado análisis de los productos y del mercado e identifique las características y ventajas comparativas de cada uno, especialmente para evitar la homogeneidad de los productos.

Finalmente, ante la situación cambiante en la publicación y la difusión, es conveniente crear un modelo de cooperación "tridimensional" en el extranjero, conformado por el comercio de derechos de autor, la publicación tradicional y la publicación digital, la cooperación en ferias de libros, la apertura en el extranjero de librerías y estanterías especializadas de libros, la creación conjunta de editoriales, entre otros servicios de ese tipo. De este modo, no solo se podría diversificar el contenido de los productos, sino también diversificar los canales de publicación y difusión, con tal de mejorar el efecto combinado de la difusión de obras chinas en América Latina.

Cabe destacar que la editorial People's Literature Publishing House y la editorial Mil Gotas con sede en Buenos Aires han explorado activamente modelos de cooperación y promovido proyectos de traducción mutua de temas comunes de escritores chinos y latinoamericanos. *Tándem animales, chino-latinoamericano* fue uno de esos resultados, cuya versión en español fue publicada en Argentina en 2019, mientras que la versión en chino será publicada en Beijing. Dicha colección recoge a los jóvenes escritores más activos de China y América Latina, a través de la "traducción mutua de temas comunes" y de un formato de publicación interactiva, y tiene como objetivo construir una plataforma interactiva para escritores, traductores y publicadores chinos y latinoamericanos, así como fortalecer eficazmente el diálogo y la difusión de las literaturas china y latinoamericana. Esta colaboración entre la editorial People's Literature Publishing House y la editorial Mil Gotas es una exploración beneficiosa para mejorar la difusión recíproca entre las literaturas china y latinoamericana y tiene una gran importancia como modelo de referencia.

6.3.2.3 Mejorar el modelo de formación de talentos y promover oportunamente la educación encauzada

Las diferencias lingüísticas son una barrera para el intercambio cultural entre China y América Latina, y son también el principal problema que afronta la difusión de las obras literarias al exterior. Sin embargo, en este siglo XXI, la "disparidad lingüística" entre China y América Latina se ha reducido. Por una parte, la enseñanza del español y el portugués en China ha logrado grandes avances. Como se ha mencionado anteriormente, hasta marzo de 2020, las universidades en la parte continental de China que ofrecían un grado de especialidad en español habían aumentado de 12 en 1999 a 100 en la actualidad. Respecto al portugués, ha aumentado de 2 centros en 1999 a 41 en la actualidad. En 2018, el idioma español entró oficialmente en el currículo escolar de los institutos en China. Este avance ha promovido el desarrollo de la enseñanza del español en el país. Además, los institutos Cervantes también representan un importante centro de formación de talentos en español. Según el informe anual del Instituto Cervantes de 2019, en aquel año hubo un total de 55.816 estudiantes de español en China, de los cuales 8.874 eran estudiantes de enseñanza primaria y secundaria, 34.823 eran estudiantes universitarios, 3.253 eran estudiantes del Instituto Cervantes y 8.866 eran estudiantes de otras instituciones de formación[1]. En 2019, el total de estudiantes de español en China había aumentado un 79% respecto a 2018. En el *ranking* del total de estudiantes de español de cada país, China ha pasado de estar en la 31º posición en 2018 a la 22º en 2019[2].

Por otra parte, la enseñanza del chino mandarín en América Latina también ha mejorado. Como se ha mencionado anteriormente, hasta la fecha se han establecido 45 institutos Confucio y 18 aulas Confucio en América Latina. El número de estudiantes de mandarín registrados en los países de América Latina está aumentando año tras año.

Las cifras de estudiantes de español y de portugués en China y de estudiantes de mandarín en América Latina no dejan de aumentar, lo que proporciona una base sólida y una mayor posibilidad para ampliar

① Instituto Cervantes, "El español: una lengua viva", *Informe 2019*, p.14, https://www.cervantes.es/imagenes/File/espanol_lengua_viva_2019.pdf, fecha de consulta: 01/04/2020.

② Instituto Cervantes, "El español: una lengua viva", *Informe 2018*, p.11, https://www.cervantes.es/imagenes/File/espanol_lengua_viva_2018.pdf, fecha de consulta: 01/04/2020.

la difusión de la literatura china. Sin embargo, esto no es suficiente para convertir los talentos en promotores de la literatura china en América Latina. Para conseguir esto es necesario realizar un oportuno análisis en detalle del modelo de formación de talentos. Por ejemplo, la enseñanza a nivel nacional de español y portugués podría estar acorde con las características y preferencias de los estudiantes y en el instituto se podría realizar una educación encauzada a distintas asignaturas, a fin de formar conscientemente y de manera profesional a traductores y editores.

Por su parte, la enseñanza del chino en los institutos Confucio en América Latina podría aprovechar plenamente o combinar el "Plan de Nueva Sinología del Instituto Confucio" con otros programas de ese tipo para centrarse en formar talentos con un alto nivel de mandarín que conozcan en profundidad a China. Al mismo tiempo, especialmente en programas como los de estudios académicos para jóvenes sinólogos, se podría establecer un mecanismo de selección de talentos relativamente estandarizado, fortalecer la coordinación con los institutos Confucio, los *think tanks* y las diversas instituciones de educación superior, y en la medida de lo posible seleccionar a quienes quieran venir a China a estudiar, a realizar intercambios académicos o a hacer un posgrado, a fin de que estén verdaderamente cualificados y sean adecuados.

Algo de similar importancia es la necesidad y urgencia de establecer una plataforma de intercambio de información entre los académicos chinos y latinoamericanos, los traductores y las editoriales, para poder desarrollar la traducción colaborativa. Después de todo, en cuanto a la calidad y el efecto de la exportación de las obras literarias chinas, el mejor modelo de traducción es, sin duda, la cooperación entre traductores chinos y latinoamericanos o la traducción colaborativa.

6.3.2.4 Mejorar el contenido de la difusión y fortalecer su efecto

La exportación de la literatura china no es un proceso de promoción unidireccional, sino un camino de intercambio cultural con los lectores extranjeros y un diálogo mental. Solo cuando una obra entra en el fondo del corazón de los lectores extranjeros, estos pueden conocer, sentir y comprender a China a través de la lectura. Solo entonces se materializará verdaderamente el poder de la influencia. Se debe abogar por que los sinólogos o académicos de países de habla española o portuguesa elijan voluntariamente las obras para su traducción.

Por tanto, debe hacerse hincapié en hacer llegar auténticamente la literatura china a los lectores latinoamericanos. Esto requiere conectar a las instituciones relevantes a nivel nacional e internacional, fortalecer la investigación del mercado editorial, las preferencias de los lectores y el grado de aceptación en América Latina, y debe tenerse especialmente en cuenta la diversidad social y cultural de América Latina y una estrategia de mercado diferenciada y apropiada.

Por otra parte, desde la perspectiva de la continuidad, en la actualidad hay que mejorar especialmente la sensibilidad del mercado editorial, atreverse a conectarse con el mercado latinoamericano, y también aprender a "empaquetar" y diseñar el contenido. Por ejemplo, en años recientes, los libros para niños se han convertido en un punto fundamental del mercado editorial nacional y extranjero. En este contexto, se debe promover oportunamente algunas obras literarias destacadas para niños e introducirlas al mercado latinoamericano.

No cabe duda de que la traducción y la difusión de las obras literarias de China y América Latina desempeñan un papel activo en el intercambio cultural entre ambas partes y tienden un puente cultural que promueve el conocimiento mutuo entre ambas regiones. En comparación con las relaciones políticas y económicas entre las dos partes, el desarrollo de las relaciones culturales bilaterales ha estado relativamente atrasado. En la actualidad, el intercambio cultural ya se ha convertido en un nuevo pilar de la cooperación entre China y América Latina, y los factores beneficiosos para ambas aumentan cada día. En este contexto, más allá de continuar promoviendo la traducción al chino de la literatura latinoamericana, es urgente fortalecer la traducción y la difusión de la literatura china en América Latina. Solo así los desequilibrios en el intercambio literario entre China y América Latina podrán superarse y se logrará materializar un discurso y un aprendizaje mutuo para la literatura de ambas partes.

CAPÍTULO 7

Integración y desarrollo: Comunidad académica sino-latinoamericana

La investigación académica es considerada la forma más profunda y de mayor sentido de misión de los intercambios humanos y culturales y de diálogo entre civilizaciones. Ello se debe a que el proceso de investigación académica es también un proceso de producción del conocimiento. La investigación académica no solamente establece un intercambio profesional con otra civilización o sociedad haciendo uso de unos pensamientos y conocimientos profundos, sino que además, con su producción de conocimientos, proporciona una base y servicio cognitivos para el intercambio y la cooperación en otras disciplinas. De esta manera, la investigación entre regiones o países distintos tiene un enorme efecto de soporte y estímulo para avanzar en el conocimiento y la comprensión mutuos.

Las investigaciones latinoamericanas en China están estrechamente vinculadas con el desarrollo de las relaciones entre China y América Latina. Estas investigaciones, por un lado, nacen de la necesidad de servir al desarrollo de las relaciones sino-latinoamericanas y, por otro, garantizan el conocimiento y el saber para un desarrollo de alta calidad de las relaciones bilaterales. Desde que se fundara la República Popular China en 1949, las relaciones sino-latinoamericanas han pasado de su inexistencia a su aparición, de detenerse a recuperarse, hasta su explosivo desarrollo actual. A lo largo de más de 70 años, las investigaciones sobre América Latina en China ya han alcanzado un desarrollo duradero en términos de infraestructura tanto en su *software* como en su *hardware*, si bien una excesiva dirección política ha limitado la vivacidad de la investigación académica, lo que, por el contrario, también ha limitado el efecto de las investigaciones políticas; de manera que la producción de conocimientos latinoamericanos no puede satisfacer las necesidades de la sociedad china de comprender América Latina. Estas diferencias, por una parte, reflejan que la producción de conocimientos latinoamericanos presenta un déficit de cantidad y una calidad desigual y, por otra parte, presenta una excesiva maduración atribuida a la repetición. Ello hace que las perspectivas, métodos y contenidos de las investigaciones sobre América Latina en China se tengan que enfrentar al reto de la transición.

Simultáneamente, recibiendo del mismo modo el impulso del rápido desarrollo de las relaciones sino-latinoamericanas, las investigaciones sobre China en América Latina también se han ido desarrollando gradualmente. Desde 1949 hasta la actualidad, las investigaciones sobre China en América Latina han experimentado un cambio histórico desde las formas revolucionarias y de conciencia hacia las relaciones económicas e internacionales. Especialmente desde el siglo XXI, las investigaciones sobre China en América Latina han alcanzado un desarrollo relativamente rápido: las instituciones de investigación e investigadores relacionados con China se han incrementado de manera clara, los temas de investigación anteriormente concentrados se van diversificando día a día, los resultados de investigación se han multiplicado y las redes de investigaciones sobre China han tomado forma. Mirando al futuro, las investigaciones sobre China en América Latina lucen prometedoras, aunque los aspectos vinculados al desarrollo institucional, los recursos de investigación y la construcción de talentos van a afrontar retos importantes.

Aquí analizamos de manera paralela las fases del desarrollo, sus características y los retos que presentan los estudios latinoamericanos en China y los estudios chinos en América Latina. Con ello se intenta buscar una vía de desarrollo de integración que impulse las investigaciones en las dos partes, haciendo que todas ellas se conviertan realmente en intermediarias en la comunicación y proveedoras de contenidos que estimulen la comprensión mutua.

7.1 Los estudios latinoamericanos en China

Pese a que América Latina y el Caribe es la región más distante de China, los estudios latinoamericanos son un importante componente dentro del estudio de la región. Su inicio no ha sido tardío, pues ha sido una región estudiada incluso desde que China comenzó a desarrollarse. Desde la fundación de la República Popular China en 1949 hasta hoy, los estudios latinoamericanos en China han experimentado profundos cambios, pasando de un "desarrollo fragmentado" a un desarrollo veloz. Para conocer en profundidad e íntegramente el desarrollo institucional con relación a los estudios latinoamericanos en la China contemporánea, los autores de este libro hemos recibido el encargo de la Asociación China de Estudios Latinoamericanos para la dirección, organización, diseño e implementación de la Encuesta sobre el Desarrollo de las Instituciones de Estudios Latinoamericanos en China (1949-2019). Al mismo tiempo, a fin de identificar los logros actuales en los estudios latinoamericanos en China, también hemos organizado las estadísticas de todas las publicaciones académicas, una a una, de la única revista académica sobre América Latina, la revista *Estudios Latinoamericanos*, que se ha publicado desde 1979 hasta hoy. Esto ayuda al análisis especialmente de las características del desarrollo de los últimos cuarenta años de estudios latinoamericanos en China. El análisis del presente ensayo se basa en la investigación a través de encuestas y la organización de las estadísticas de ensayos de dicha revista académica.

7.1.1 La motivación y la metodología de la Encuesta sobre el Desarrollo de las Instituciones de Estudios Latinoamericanos en China (1949-2019)

Los años 1949, 1979 y 2019 no solo son importantes para China, sino que también han sido igual de importantes para el desarrollo de los estudios latinoamericanos en China.

En primer lugar, los estudios latinoamericanos en China empezaron a desarrollarse gradualmente tras la fundación de la Nueva China. Por ello, el año 1949 debería concebirse como un punto de partida más adecuado[1]. Analizando retrospectivamente estos 70 años, desde la constitución de la Nueva China, la idea de "volver a reactivar la voluntad y volver a empezar" resulta extremadamente conveniente e importante para los estudios latinoamericanos en China.

En segundo lugar, el concepto de "cambiar lo antiguo por una nueva cara" en los estudios latinoamericanos en el país ha seguido estrechamente los pasos de la reforma y apertura de China. Por tanto, 1979 debería ser considerado el comienzo de la transformación científica, académica y sistemática de los estudios latinoamericanos en China.

① Wang Xiaode, Lei Yongren, "Retrospectiva de los estudios latinoamericanos en China", en *Historical Research*, núm.5, 2000, p.150.（王晓德、雷泳仁：《中国拉丁美洲史研究回顾》，载《历史研究》，2000年第5期。）

"La enseñanza sobre América Latina y los estudios latinoamericanos en China comenzaron centrándose en las cuestiones históricas"[1], pero ha sido igual que las traducciones de la literatura, precursoras en los estudios latinoamericanos, que se caracterizaban principalmente por su tono antiimperialista, antifeudal y anticolonialista. "Los estudios sobre la historia de América Latina (...) los ensayos estaban demasiado ceñidos a su época, por lo que la investigación científica no era suficiente, muchos de los resultados académicos eran demasiado exagerados y sensacionalistas, y carecían de objetividad"[2]. Por tanto, muchos de ellos difícilmente se podrían considerar como parte de una investigación académica. Además, otro tema principal de la investigación académica era el estudio de los problemas reales de América Latina. "En términos generales se ha otorgado demasiada importancia a presentar la situación general de los países latinoamericanos y los conocimientos básicos sobre su situación política y económica (...) los trabajos de investigación interdisciplinar han sido poco sólidos, y se han dedicado principalmente al análisis de los acontecimientos actuales o comentarios sobre política. Se han empleado mucho tiempo y esfuerzos en recabar datos y en la traducción de documentos extranjeros, en la colección y el procesamiento de los datos"[3]. Posteriormente, debido a la Revolución Cultural, hubo una década de disolución de las instituciones

① Guo Jie, "Los estudios latinoamericanos en China bajo una perspectiva comparativa" en *The Journal of International Studies*, núm.5. 2016, pp.86-108.（郭洁：《比较视野下的中国拉美研究》，载《国际政治研究》，2016年第5期。）

② Wang Xiaode, Lei Yongren, "Retrospectiva de los estudios latinoamericanos en China", en *Historical Research*, núm.5, 2000, p. 153.

③ Yuan Dongzhen, et al., "70 años de estudios latinoamericanos en China", en *70 años de estudio de cuestiones internacionales*, Zhou Hong (ed.), 2020.（袁东振等：《中国拉丁美洲研究七十年》，载周宏主编：《国际问题研究七十年》，2020年。）

dedicadas a los estudios latinoamericanos y de envío de los investigadores y académicos a las zonas rurales. Así, los estudios latinoamericanos que acababan de brotar quedaron interrumpidos en esta etapa germinal. Por tanto, esencialmente en este periodo no hubo un auténtico estudio académico, sino que fundamentalmente se establecieron las condiciones para el estudio científico de los estudios latinoamericanos.

En 1978, la Convención Nacional Científica celebrada con éxito proclamó la llegada de una "primavera científica". La "primavera de los estudios latinoamericanos" también llegaría después. En octubre de 1979, la Asociación China de Estudios de Literatura Española, Portuguesa y Latinoamericana fue fundada en Nanjing. En noviembre de ese año, la primera publicación académica en China sobre temas latinoamericanos, *Colección de Estudios Latinoamericanos*, fue publicada oficialmente[1]. En diciembre se fundó la Asociación China de Estudios de Historia Latinoamericana en Wuhan. Cinco años después, en 1984, fue fundada una asociación civil sobre estudios latinoamericanos, llamada Asociación China de Estudios Latinoamericanos, que hoy en día es la más relevante a nivel nacional. Hasta hoy, bien sea por la creación de plataformas académicas, o bien por el desarrollo sistemático a través de grupos académicos, los estudios latinoamericanos han avanzado sustancialmente y empezado una

① *Colección de Estudios Latinoamericanos* es la única publicación académica dedicada a los estudios latinoamericanos y antecesor de la revista *Estudios Latinoamericanos*. Comenzó con publicaciones trimestrales y en 1982 pasó a publicaciones bimestrales. Ver: Chen Shunying, Zhou Junnan, "La fundación y el desarrollo de las publicaciones del Instituto de América Latina de CASS", en *Recuerdos históricos del desarrollo de la filosofía y las ciencias sociales en China*, Liu Guoping (ed.), Beijing: China Social Sciences Press, 2014, p.184.（陈舜英、周俊南：《拉美所所刊的创办与发展》，载《中国哲学社会科学发展历程回忆·国际卷》，刘国平主编，中国社会科学出版社，2014年。）

auténtica historia en China.

Por último, el ascenso de China ha hecho que esta potencia emergente se haya acercado cada vez más a América Latina y que los estudios latinoamericanos en China hayan pasado a una nueva etapa, concibiendo así un desarrollo "explosivo". Este tipo de desarrollo "explosivo" implica que la materia ha crecido rápidamente, pero que también ha experimentado un desarrollo desordenado. En esta ocasión, *Estudios Latinoamericanos* está a punto de cumplir cuarenta años, y ha tomado el pulso a los estudios latinoamericanos en China, su situación actual, sus características y sus tendencias, convirtiéndose en una publicación esencial para servir y dirigir el desarrollo sistemático y científico de las instituciones emergentes de los estudios latinoamericanos.

Debido a las razones mencionadas anteriormente, buscamos firmemente investigar en profundidad y de manera sistemática las actuales instituciones dedicadas a los estudios latinoamericanos en China y su desarrollo. En julio de 2019, dirigimos, organizamos y ejercimos de anfitrión de la Asociación China de Estudios Latinoamericanos para comenzar a realizar la Encuesta sobre el Desarrollo de las Instituciones de Estudios Latinoamericanos en China (1949-2019). Los estándares fueron fijados por las instituciones de estudios latinoamericanos. La presente investigación menciona las "instituciones dedicadas a los estudios latinoamericanos", refiriéndose a aquellas instituciones académicas de investigación o de educación superior que se dedican principalmente al estudio académico de la región latinoamericana o sus países, y que no incluye a los siguientes cuatro tipos de instituciones: 1) aquellas que se dedican a la investigación de los países BRICS, economías emergentes o regiones y zonas determinadas, y mencionan América Latina tangencialmente; 2) la Universidad de

Estudios Extranjeros de Beijing y el Centro de Estudios Mexicanos de la Universidad Nacional Autónoma de México, debido a que dicha institución es una representación de la Universidad Nacional Autónoma de México en China y no una institución académica *per se*; 3) las organizaciones civiles dedicadas al estudio de América Latina, como la Comunidad de Estudios Chinos y Latinoamericanos (CECLA), debido a que no financia la investigación, ni ostenta una oficina permanente; o debido a que no tienen una función académica y únicamente son instituciones que funcionan como una plataforma de *think tank* civil o son subsidiarias de otras instituciones, como el Centro de Estudios Latinoamericanos del Instituto Charhar; y 4) tampoco se incluyen aquellas instituciones creadas con anterioridad y que ya no existen, como el Centro de Investigación de América Latina de la Universidad de Fudan, fundado en 1964. No obstante, si se mantiene la herencia histórica, también han sido incluidas en las estadísticas, diferenciadas por épocas, las instituciones que aún existen y operan con un nombre distinto, sobre la base del cálculo de sus años de antigüedad desde la fecha de su fundación, como es el caso del Centro de Estudios de Historia de América Latina de la Universidad de Nankai, fundado en 1964. Si las instituciones fueron interrumpidas en sus labores y posteriormente las retomaron con un nuevo nombre, entonces su antigüedad ha sido calculada desde la fecha en que reasumieron sus trabajos; por ejemplo, el Centro de Estudios sobre Brasil de la Universidad de Hubei, fundado en 1978, y que en 2012 cambió su nombre por el de Centro de Investigación de Brasil. Así, según los estándares estipulados, la presente investigación ha determinado que hay 56 instituciones dedicadas a los estudios latinoamericanos en China. En total se destinaron 56 cuestionarios, de los cuales se recogieron 54, y dentro de los cuales solo 53 fueron válidos y uno fue invalidado.

Dichas estadísticas fueron recopiladas en julio de 2019①. Los cuestionarios de la investigación, en términos generales, han incluido tres grandes bloques: la "investigación sobre la situación general de las instituciones", que principalmente considera la fecha de fundación, la naturaleza de la institución, la facultad a la que pertenece, etc.; la "investigación sobre la situación del personal de investigación", que comprende, entre otros aspectos, datos sobre el número de investigadores, sus perfiles académicos, la estructura organizativa, los idiomas, las disciplinas académicas, la edad, los campos de investigación, etc.; y, por último, la "investigación sobre los logros conseguidos", que incluye el número de actividades académicas realizadas, la cantidad de méritos académicos alcanzados, las plataformas de promoción de los logros y actividades realizados, entre otros aspectos.

En el presente artículo, en base a la Encuesta sobre el Desarrollo de las Instituciones de Estudios Latinoamericanos en China (1949-2019) y a la información disponible de la revista *Estudios Latinoamericanos* durante 40 años, se analizarán las características del desarrollo de los estudios latinoamericanos en China.

7.1.2 Las características del desarrollo de los estudios latinoamericanos en China

Durante los últimos setenta años, el proceso de desarrollo de los estudios latinoamericanos en China ha experimentado una época de estancamiento, una de recuperación y un "*boom* explosivo" propio de los

① Después de esta encuesta se establecieron otras instituciones dedicadas a los estudios latinoamericanos: el Instituto de Intercambio Pueblo a Pueblo Chino-Latinoamericano en la Universidad Normal de Jiangsu, en la provincia de Jiangsu; el Centro de Estudios del Caribe en la Universidad de Liaocheng, en la provincia de Shandong, entre otras.

últimos años. La observación de la evolución y el análisis de los resultados de la encuesta nos permite descubrir las similitudes y peculiaridades de los estudios latinoamericanos en China en comparación con los países occidentales.

7.1.2.1 La orientación política es la característica general en el desarrollo de los estudios latinoamericanos en China

Tras el rápido desarrollo, especialmente de los últimos 20 años, los estudios latinoamericanos en China han batido récords en cada ámbito, constituyendo nuevas idiosincrasias en su desarrollo reciente. En realidad, la orientación política aún continúa siendo el rasgo general que define el desarrollo de los estudios latinoamericanos en China, presente en cada nivel del desarrollo de este campo académico. Su influencia sigue estando igual de presente.

En la década de 1960, el estudio de la historia de América Latina tomó la "revolución" como su temática principal y la "lucha de clases" como guía, lo que conllevó a una falta de calidad académica y objetividad[1]. En 1984, tras la aplicación de la política de Reforma y Apertura, Huan Xiang, director adjunto de la antigua Academia China de Ciencias Sociales, en sus palabras de felicitación durante la conferencia en la que se fundó la Asociación China de Estudios Latinoamericanos, destacó que "se deben investigar los resultados reales a partir de los problemas de América Latina, para extraer lecciones para las Cuatro Modernizaciones de China y para proveer datos de referencia para la política exterior y las estrategias sociales

① Wang Xiaode, Lei Yongren, "Retrospectiva de los estudios latinoamericanos en China", en *Historical Research*, núm.5, 2000, p.153.

y económicas decididas por el Gobierno central"①. Atendiendo a estas orientaciones, la única revista académica nacional dedicada a los estudios latinoamericanos, que a día de hoy cumple 40 años, *Estudios Latinoamericanos*, siempre se ha mantenido firme en elegir y publicar artículos según las necesidades reales para la creación de la China moderna②. En la nueva etapa, el Ministerio de Educación de China ha promovido el desarrollo de los estudios latinoamericanos en la enseñanza superior en las "Medidas provisionales para la formación y creación de centros de estudios nacionales comparativos y regionales", publicadas en 2015, cuyo preámbulo estipula que "el fundamento de los estudios nacionales comparativos y regionales tiene como principal objetivo proveer información de consulta para las políticas gubernamentales, y tiene como principal misión ofrecer información sobre la investigación de políticas"③.

Los estudios latinoamericanos, al ser parte del campo de los estudios regionales, han sido impulsados por dicha política. Al fin y al cabo, la investigación académica con fines consultivos para la política no es

① Xu Shicheng, "Fundación y desarrollo de la Asociación China de Estudios Latinoamericanos", en *Recuerdos históricos del desarrollo de la filosofía y las ciencias sociales en China*, Liu Guoping (ed.), Beijing: China Social Sciences Press, 2014, p.189.（徐世澄：《中国拉丁美洲学会的成立和发展》，载刘国平主编：《中国哲学社会科学发展历程回忆・国际卷》，中国社会科学出版社，2014年。）

② Chen Shunying, Zhou Junnan, "La fundación y el desarrollo de las publicaciones del Instituto de América Latina de CASS", en *Recuerdos históricos del desarrollo de la filosofía y las ciencias sociales en China*, Liu Guoping (ed.), Beijing: China Social Sciences Press, 2014, p.184.

③ Publicación oficial por el Ministerio de Educación de China de "Medidas provisionales para la formación y creación de centros de estudios nacionales comparativos y regionales", Supervisión de Asuntos Exteriores Educativos (Jiao Wai Jian)〔2015〕No. 4, 26 de enero de 2015, http://old.moe.gov.cn/publicfiles/business/htmlfiles/moe/s7068/201502/xxgk_183702.html , fecha de consulta: 20/07/2019（教育部关于印发《国别和区域研究基地培育和建设暂行办法》的通知，教外监〔2015〕4号，2015年1月26日。）

criticable. China no es el único país que posee este enfoque. En todo el mundo ocurre lo mismo. Sin embargo, en EE.UU., el país modelo por antonomasia de los estudios latinoamericanos, este tipo de orientación política se abandonó hace tiempo y, en mayor grado, el estudio académico allí ha pasado a constituir un bien público. Esta orientación se fundamenta en la investigación y es parecida a la creación de conocimientos sin utilidad. Sin embargo, precisamente se trata de "la utilidad de lo no útil" lo que ha promovido el enfoque científico en los estudios latinoamericanos allí, y lo que ha retroalimentado la investigación política y mejorado la calidad del estudio de políticas en EE.UU.

En contraste, en China, la exclusiva orientación política no solo ha limitado en gran medida el rigor académico de los estudios latinoamericanos, sino que también ha dificultado la mejor calidad en la investigación de políticas, haciendo difícil destacar la influencia de las políticas. Lo más preocupante es que cada vez parece haber una tendencia más clara: que el estudio de las relaciones sino-latinoamericanas, guiado por las políticas gubernamentales, está sustituyendo a la investigación académica de Latinoamérica. En su 28.ª reunión anual, la Asociación China de Estudios Latinoamericanos① presentó algunas estadísticas sobre los temas mencionados y se descubrió que en la mayoría de las reuniones los temas a tratar "no son el foco de atención principal", sino que este está en otra parte: cuando se conversa sobre América Latina, o bien "se utilizan los recursos como referencia", o bien la reunión se centra directamente en

① Entre 1984 y 1999, la Asociación China de Estudios Latinoamericanos organizaba una reunión anualmente. Posteriormente, cada dos años. Para más detalles puede referirse a http://ilas.cssn.cn/lmxh/nhxshybd/, fecha de consulta: 18/07/2019.

las relaciones sino-latinoamericanas como tema principal. Además, las estadísticas muestran que desde 1984 hasta 2019 hubo en total nueve reuniones anuales que tuvieron como tema principal las relaciones entre ambas partes, equivalente a la temática de casi un tercio de las reuniones. En el presente siglo, esta tendencia se ha hecho más patente. Desde 2005 hasta hoy, en las ocho reuniones anuales de estos 15 años, cinco citas trataron sobre las relaciones entre ambas partes, y en los últimos cinco años ha sido una temática reiterada (2015, 2017, 2019). Incluso en las conferencias académicas sobre América Latina dedicadas a la historia de esta región, la agenda en sus conferencias anuales ha ido cambiando a los movimientos de liberación democrática, la modernización, la globalización e incluso las relaciones entre China y América Latina [1].

Este tipo de tendencia en los estudios regionales "enfocándose en las relaciones sino-latinoamericanas" implica una serie de preocupaciones. En primer lugar, en los estudios latinoamericanos en China, muchos se centran en el estudio de esta gran región, pero hay poco análisis en profundidad dedicado a los países individualmente. En segundo lugar, en los estudios comparativos entre países hay demasiada investigación enfocada en las relaciones bilaterales entre China y la región, mientras que el estudio desde una perspectiva multidisciplinar de las diferencias entre los países a distintos niveles es escaso. En tercer lugar, con respecto a la metodología de la investigación, el número de académicos dedicados al análisis de documentos

① Han Qi, "Estudios latinoamericanos en universidades de China continental y perspectivas de cooperación con universidades de Taiwan", en *The Quarterly of Latin American Economy and Trade Revista Trimestral de Estudios de Economía Latinoamericanos*, núm. 29, junio 2017, p.10.（韩琦：《大陆高校的拉美研究及与台湾高校合作的前景》，载《拉丁美洲经贸季刊》，2017年第29期。）

y al "análisis de políticas a puerta cerrada" es excesivo, mientras que la investigación *in situ* y de referencia es muy escasa. En realidad, esto casi resulta ser una trampa difícil de evitar en los estudios latinoamericanos orientados por las políticas. Asimismo, este rasgo fundamental en el desarrollo de los estudios latinoamericanos también aparece en cada etapa y nivel del desarrollo de este campo académico.

7.1.2.2 El ritmo del desarrollo institucional dedicado a los estudios latinoamericanos sigue el compás de las importantes coyunturas políticas

En estos últimos veinte años, el desarrollo de los estudios latinoamericanos en China ha sido especialmente rápido. Según la investigación de la Asociación China de Estudios Latinoamericanos, que toma en cuenta el periodo entre la creación de la primera institución dedicada a los estudios latinoamericanos en 1961 y julio de 2019, actualmente existen hasta 56 instituciones dedicadas a los estudios latinoamericanos en China (ver Gráfico 7-1). De las instituciones fundadas antes del año 2000 que aún existen, solo quedan cuatro instituciones[1]. Más del 92% de las instituciones han sido creadas en este siglo; de las 52 instituciones creadas en este siglo, solo 8 fueron creadas en la primera década del siglo XXI. Las instituciones dedicadas a los estudios latinoamericanos fundadas después de 2011 (incluido ese año) son 44, y dentro de ellas, más de la mitad (33 instituciones) fueron concebidas en el lustro 2015-2019.

---

① Algunos de los primeros institutos dedicados a los estudios latinoamericanos han desaparecido gradualmente debido a la falta de una institución sucesora. Por ejemplo, el Departamento de Estudios Latinoamericanos de la Facultad de Historia de la Universidad de Fudan, que se estableció en 1964 (luego asignada al Departamento de Estudios Latinoamericanos del Instituto de Estudios Internacionales de la Universidad de Fudan), que dejó de existir en 2011.

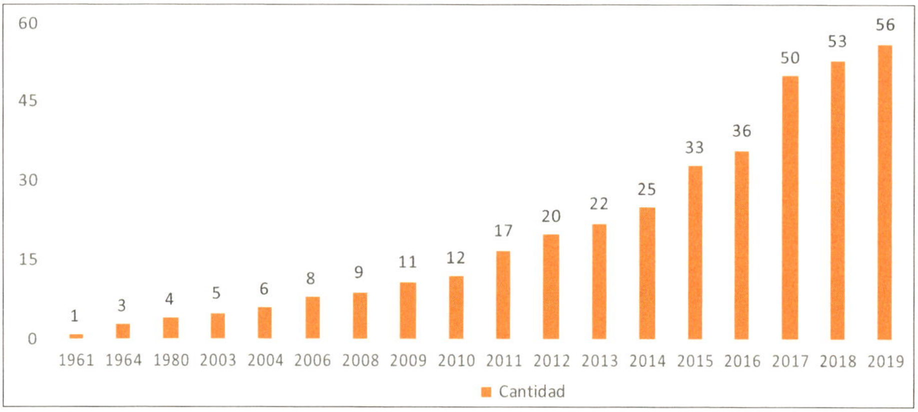

Gráfico 7-1 El rápido desarrollo de las instituciones dedicadas a los estudios latinoamericanos en China (1949-2019)

Fuente: *Encuesta sobre el Desarrollo de las Instituciones de Estudios Latinoamericanos en China (1949-2019)*[①], Asociación China de Estudios Latinoamericanos.

La gran mayoría de las nuevas instituciones dedicadas a los estudios latinoamericanos se han establecido en instituciones de enseñanza superior. Esto está estrechamente relacionado con el plan impulsado por el Ministerio de Educación sobre centros de estudios nacionales comparativos y regionales. En 2011, la vicepresidenta Liu Yandong en la Asamblea Nacional del Trabajo Educativo puso énfasis en "promover los centros de educación superior en condiciones para fortalecer el estudio de cuestiones relativas a las diferencias nacionales y de regiones"[②]. Posteriormente, el

① Hay que mencionar que las estadísticas se han procesado a partir de las 56 instituciones realmente reconocidas, mientras que el número de cuestionarios invalidados refleja la tendencia general del crecimiento de las instituciones de estudios latinoamericanos en China.

② Liu Yandong, "Proseguir la innovación de la revolución, reafirmar la implementación del trabajo, dedicar esfuerzos a crear un nuevo escenario de desarrollo científico en el sector educativo", discurso pronunciado en 2011 en la Asamblea Nacional del Trabajo Educativo, 24 de febrero de 2011, http://www.moe.gov.cn/jyb_xwfb/moe_176/201102/t20110224_115216.html, fecha de consulta: 15/07/2019.（刘延东：《坚持改革创新，狠抓工作落实 努力开创教育事业科学发展新局面——在2011年全国教育工作会议上的讲话》，2011年2月24日。）

Ministerio de Educación comenzó a elaborar el plan de estudios nacionales comparativos y de regiones y, en 2012, convocó la primera reunión de trabajo sobre centros de formación para el estudio comparativo entre naciones y regiones. En aquella reunión se anunció la constitución de los primeros 37 centros de formación sobre estudios comparativos nacionales y de regiones. Entre ellos se incluían dos centros dedicados a los estudios latinoamericanos①. En 2015 y 2017, el Ministerio de Educación sucesivamente inició las "Medidas provisionales para la formación y creación de centros de estudios nacionales comparativos y regionales"② y las "Pautas sobre la creación de centros de estudios comparativos nacionales y regionales (provisionales)" ③, que reforzando la creación de la investigación científica sobre estudios nacionales comparativos y regionales y la formación en asignaturas interdisciplinares emergentes, crearía una gran cantidad de talento humano "experto en estudios comparativos nacionales" y "experto en estudios regionales" para satisfacer la demanda nacional

① Se trata del Centro de Estudios de América Latina de la Universidad Suroeste de Ciencia y Tecnología y del Centro de Estudios sobre América Latina de la Universidad de Estudios Extranjeros de Tianjin.

② Publicación oficial por el Ministerio de Educación de China de las "Medidas provisionales para la formación y creación de centros de estudios nacionales comparativos y regionales", Supervisión de Asuntos Exteriores Educativos (Jiao Wai Jian)〔2015〕No. 4, 26 de enero de 2015, http://old.moe.gov.cn/publicfiles/business/htmlfiles/moe/s7068/201502/xxgk_183702.html, fecha de consulta: 20/07/2019.（教育部关于印发《国别和区域研究基地培育和建设暂行办法》的通知，教外监〔2015〕4号，2015年1月26日。）

③ "Notificación de buena realización de labores para los estudios nacionales comparativos y regionales en 2017", publicado por la Oficina del Ministerio de Educación de China, Correspondencia de la Oficina del Exterior de Educación (Jiao Wai Ting Han), No. 8, 2017, 23 de febrero de 2017, http://www.moe.gov.cn/srcsite/A20/s7068/201703/t20170314_299521.html, fecha de consulta: 28/11/2019.（《教育部办公厅关于做好2017年度国别和区域研究有关工作的通知》，教外厅函〔2017〕8号，2017年2月23日。）

de investigación de importantes políticas[1]. Con el impulso directo de estos factores, las instituciones dedicadas a los estudios latinoamericanos se desarrollaron extremadamente rápido. Desde 2011, la aceleración en la creación de instituciones dedicadas a los estudios latinoamericanos ha sido especialmente veloz (ver Gráfico 7-2), con una media anual de cinco instituciones fundadas por año; especialmente destacan 2015, donde se constituyeron ocho instituciones, y 2017, donde se crearon otras 14 instituciones. Sin contar con estos dos años excepcionales, en el resto prácticamente se mantuvo una media de tres instituciones creadas por año.

La proposición e implementación de la Iniciativa de la Franja y la Ruta se ha convertido en un acelerador para el desarrollo institucional de los estudios latinoamericanos. En 2013, el Gobierno chino propuso la Iniciativa de la Franja y la Ruta y, en 2015, publicó oficialmente la *Visión y acción*

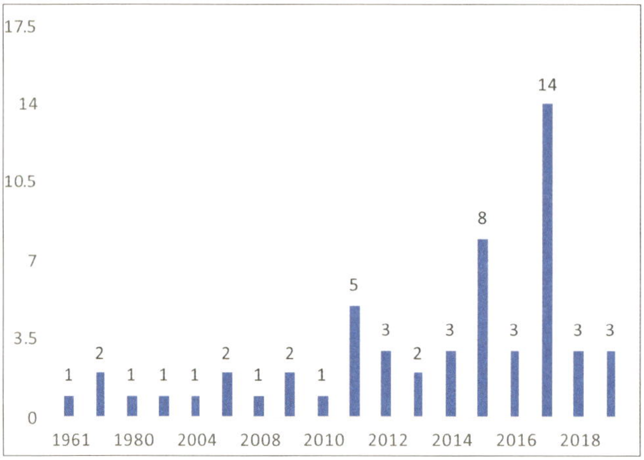

Gráfico 7-2 Incremento anual de las instituciones dedicadas a los estudios latinoamericanos en China

Fuente: *Encuesta sobre el Desarrollo de las Instituciones de Estudios Latinoamericanos en China (1949-2019)*, Asociación China de Estudios Latinoamericanos.

---

① "Notificación de buena realización de labores para los estudios nacionales comparativos y regionales en 2017", publicado por la Oficina del Ministerio de Educación de China, Correspondencia de la Oficina del Exterior de Educación (Jiao Wai Ting Han), No. 8, 2017, 23 de febrero de 2017, http://www.moe.gov.cn/srcsite/A20/s7068/201703/t20170314_299521.html , fecha de consulta: 28/11/2019.（《教育部办公厅关于做好2017年度国别和区域研究有关工作的通知》，教外厅函〔2017〕8号，2017年2月23日。）

para impulsar la construcción conjunta de la Franja Económica de la Ruta de la Seda y la Ruta de la Seda Marítima del Siglo XXI. América Latina no solo es una extensión natural de la Ruta de la Seda Marítima del Siglo XXI, sino que también es un importante e indispensable participante de la Franja y la Ruta[①]. Este tipo de declaración confirmó oficialmente la relación de América Latina con la Franja y la Ruta. Un año y medio después de esta declaración, 19 países latinoamericanos habían firmado el memorando de construcción conjunta de la Iniciativa de la Franja y la Ruta con China, lo que representa cerca del 60% de los países latinoamericanos[②]. Para el avance de la Iniciativa de la Franja y la Ruta es indispensable el conocimiento de los otros países que conjuntamente construirán el proyecto. Esto hizo más urgente la necesidad de incluir los estudios latinoamericanos en los estudios regionales, lo que generó una coyuntura sin precedentes para el desarrollo de los estudios de esta región.

La distribución geográfica de las instituciones dedicadas a los estudios latinoamericanos también refleja algunas características relacionadas con el desarrollo político y económico. En el Gráfico 7-3 se observa que actualmente estas instituciones ya están presentes en 18 ciudades de China[③]. De ellas, solo en Beijing hay hasta 22 instituciones; Shanghai se

---

① Guo Cunhai, et al., *La Franja y la Ruta y América Latina: Nuevas oportunidades y nuevos desafíos*, Beijing: Blossom Press, 2018, p. vi.（郭存海等：《“一带一路”和拉丁美洲：新机遇与新挑战》，朝华出版社，2018年。）

② Guo Cunhai, “La ‘comunicación pueblo a pueblo’ promueve la construcción conjunta entre China y Latinoamérica de ‘la Franja y la Ruta’ para saltar al nuevo mundo”, sitio web Guangming, 25 de abril de 2019, http://theory.gmw.cn/2019-04/25/content_32778646.htm, fecha de consulta: 26/06/2019.（郭存海：《“民心相通”推动中拉共建“一带一路”跃入新境界》，光明网。）

③ Las estadísticas no incluyen a Taiwan ni las regiones administrativas especiales de Hong Kong y Macao.

encuentra en segundo lugar con siete instituciones. Es decir, Beijing y Shanghai concentran más de la mitad de las instituciones a nivel nacional. Esta distribución geográfica está relacionada con las ventajas geográficas, políticas y económicas que cuentan ambas ciudades, así como con su estatus de metrópolis internacionales y su concentración de centros de enseñanza superior de calidad. Por detrás, pero no muy distantes de Beijing y Shanghai, se encuentran las provincias de Jiangsu, Guangdong y Hebei. Una razón para ello es que las relaciones económicas son más estrechas entre Jiangsu y Guangdong con América Latina y, por tanto, precisan de conocimientos relevantes y apoyo inteligente en sus políticas. En el caso de Hebei, se debe a que la relación con Beijing es muy estrecha debido a la zona de cooperación entre Beijing-Tianjin-Hebei. En realidad, en casi todas las zonas que mantienen una estrecha cooperación con América Latina

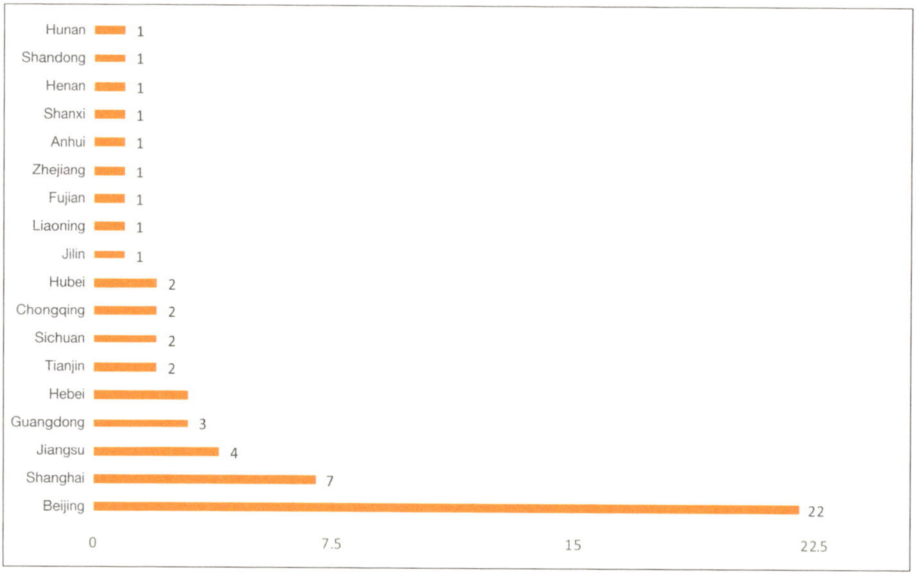

Gráfico 7-3 Cifras y distribución geográfica de las instituciones chinas dedicadas a los estudios latinoamericanos

Fuente: *Encuesta sobre el Desarrollo de las Instituciones de Estudios Latinoamericanos en China (1949-2019)*, Asociación China de Estudios Latinoamericanos.

existe una institución dedicada a los estudios latinoamericanos, con el fin de satisfacer las necesidades de desarrollo locales en su cooperación con América Latina.

7.1.2.3 La naturaleza "vacía de muchas y real de pocas" instituciones ha limitado el potencial de desarrollo de los estudios latinoamericanos

A pesar de que en los últimos 15 años las instituciones dedicadas a los estudios latinoamericanos han aumentado en un 833%, alcanzando la cifra de 56 instituciones, un análisis en detalle de tales instituciones permite descubrir que la naturaleza "vacía de muchas y real de pocas" es una característica general. Que el número de instituciones sea abundante no significa que la investigación académica sea fructífera. La naturaleza y el grado de las instituciones, en gran parte, vienen determinados por la asignación de recursos que reciben, lo cual influye en el potencial de desarrollo de los estudios latinoamericanos. Un estudio en profundidad de las 56 instituciones nacionales muestra que tan solo 17, es decir, un 30% del total, tienen presencia física (ver Gráfico 7-4). Esto indica que, al menos en cuanto a personal, recursos, materiales, entre otros elementos físicos, alcanzan una asignación de recursos con garantías, por lo que estas instituciones ofrecen una infraestructura y un entorno básicos relativamente mejor para el desarrollo de las labores de investigación. En comparación, las restantes 39 instituciones no tienen presencia física y constituyen el 70% del total. Estas segundas encaran dificultades a la hora de conseguir las garantías fundamentales para su infraestructura. Indudablemente, esto influye en la actividad y efectividad de tales instituciones.

Se podría decir que las universidades son la principal fuerza motriz de los estudios latinoamericanos en China. También son la fuente de mayor concentración en el aumento de las instituciones de estudios

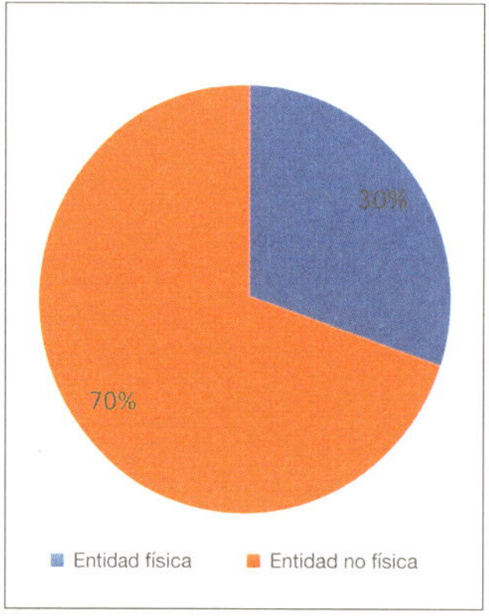

Gráfico 7-4 Comparación de cifras entre las instituciones según su naturaleza física o no física

Fuente: *Encuesta sobre el Desarrollo de las Instituciones de Estudios Latinoamericanos en China (1949-2019)*, Asociación China de Estudios Latinoamericanos.

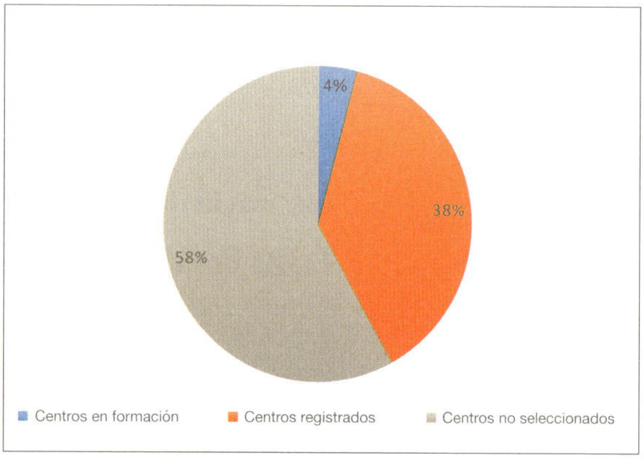

Gráfico 7-5 Número de centros reconocidos por el Ministerio de Educación de China como instituciones de estudios latinoamericanos

Fuente: *Encuesta sobre el Desarrollo de las Instituciones de Estudios Latinoamericanos en China (1949-2019)*, Asociación China de Estudios Latinoamericanos.

latinoamericanos. Dentro de las 56 instituciones dedicadas a estos estudios, hay 50 que pertenecen a universidades y centros de educación superior, es decir, casi el 90%. Por tanto, es necesario realizar un análisis especial sobre tales instituciones en las universidades y centros de educación superior. En primer lugar, teniendo en cuenta la selección de los centros de estudios nacionales comparativos y regionales del Ministerio de Educación (ver Gráfico 7-5), tan solo dos centros (un 4%) de las instituciones de enseñanza superior con estudios latinoamericanos fueron seleccionados entre los primeros centros de estudios nacionales comparativos y regionales para entrar en la lista del Ministerio de Educación en 2011. Los otros 19 centros (un 38%) entraron en bloque en 2017 a la lista de centros archivados; al mismo tiempo, 28 centros (casi un 60%) no fueron clasificados como centros de formación, ni como centros admitidos a trámite.

En segundo lugar, un 43% de los centros de estudios latinoamericanos creados pertenecen a plataformas de nivel escolar y académico. Estos son la mayoría (ver Gráfico 7-6). Estas instituciones de nivel académico incluyen a grandes rasgos dos tipos principales: o bien tienen presencia física y, por tanto, no dependen de otro departamento o facultad; o bien pertenecen al tipo de "cargo bajo, asignación alta", es decir, que pese a pertenecer a una plataforma de nivel académico, su desarrollo aún depende principalmente de una facultad de lenguas extranjeras o de relaciones internacionales. Aparte de estos, los centros de estudios latinoamericanos aún dependen de los siguientes tipos de facultades: lenguas extranjeras (21%), relaciones internacionales (13%), dirección y gestión e historia (ambas en torno

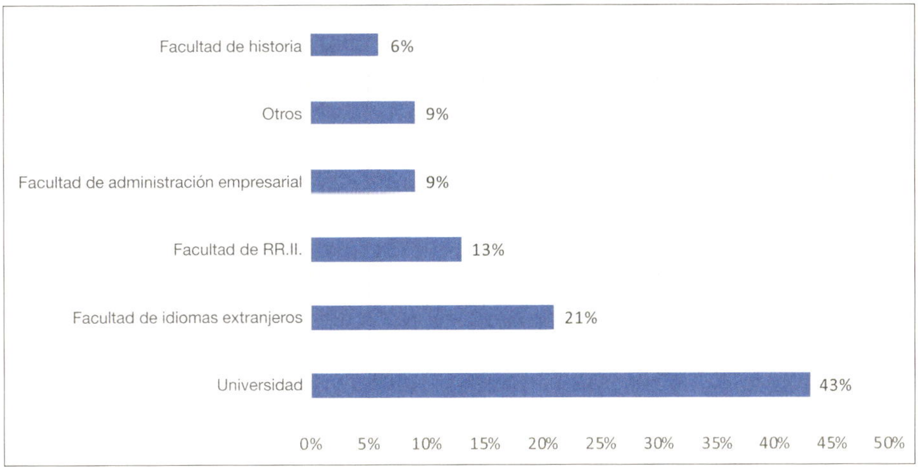

Gráfico 7-6 Distribución de las instituciones de estudios latinoamericanos en China según la dependencia por facultades[1]

Fuente: *Encuesta sobre el Desarrollo de las Instituciones de Estudios Latinoamericanos en China (1949-2019)*, Asociación China de Estudios Latinoamericanos.

① Las estadísticas solo incluyen aquí las 53 instituciones que contestaron válidamente los cuestionarios.

a un 9%), etc. También hay una minoría que depende de facultades de antropología, sociología, política, administración pública, entre otras. Este tipo de distribución ha influido relativamente en los campos de investigación y estudio.

La naturaleza de los centros de investigación y su selección o no en la lista de centros de formación o centros admitidos a trámite para la enseñanza de estudios nacionales comparativos y regionales del Ministerio de Educación influyen en el grado de importancia concedida por los centros de educación superior a las instituciones dedicadas a los estudios latinoamericanos, así como su asignación de recursos financieros. De los 53 cuestionarios válidamente respondidos, tan solo 25 instituciones (un 47%) tienen presupuestos anuales, y más de la mitad de ellas (28 instituciones) no tienen presupuesto anual[1]. La carencia de un presupuesto anual generalmente es indicativo de la dificultad de realizar un plan de investigación científica, cuya viabilidad se convierte en un problema. Un análisis más profundo de las 25 instituciones que tienen un presupuesto anual esclarece la situación de estas. Como se observa en el Gráfico 7-7, de las instituciones de estudios latinoamericanos que cuentan con un presupuesto anual, el 44% de ellas tienen un presupuesto de entre 100.000 y 300.000 yuanes. A pesar de ello, aún hay un 28% cuyo presupuesto se sitúa por debajo de los 100.000 yuanes. De las instituciones de estudios

① Tener un presupuesto indica una estabilización y sistematización del apoyo financiero. Generalmente, se establecen el presupuesto y las partidas de gastos en el año anterior. No tener un presupuesto indica que los gastos en la investigación no pueden tener un sistema de garantía, aunque tampoco es indicativo de que no reciban ningún apoyo financiero. La diferencia es que al carecer de presupuesto, los gastos de las actividades académicas o proyectos generalmente son solicitados con poca antelación, limitando la cantidad disponible.

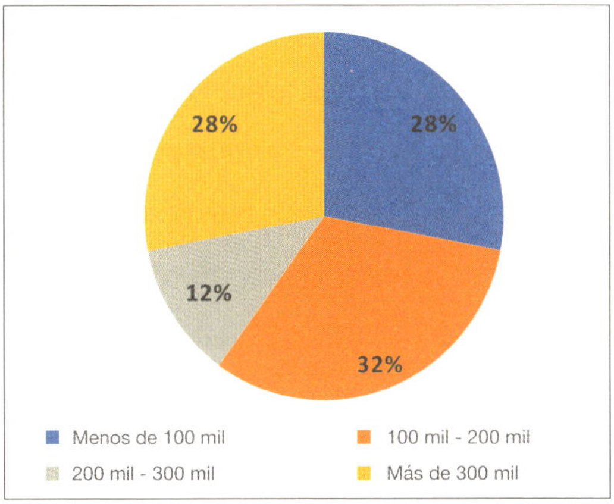

Gráfico 7-7 Proporción de las instituciones de estudios latinoamericanos con presupuesto anual (presupuesto anual en yuanes)
Fuente: *Encuesta sobre el Desarrollo de las Instituciones de Estudios Latinoamericanos en China (1949-2019)*, Asociación China de Estudios Latinoamericanos.

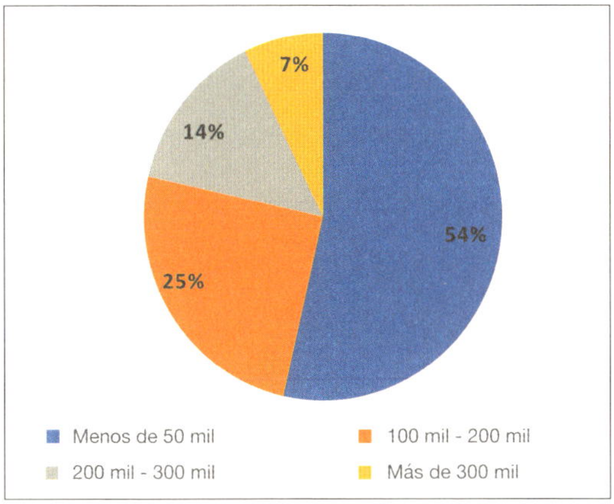

Gráfico 7-8 Proporción de las instituciones de estudios latinoamericanos sin presupuesto (gastos anuales en yuanes)
Fuente: *Encuesta sobre el Desarrollo de las Instituciones de Estudios Latinoamericanos en China (1949-2019)*, Asociación China de Estudios Latinoamericanos, 2019.

latinoamericanos que no cuentan con un presupuesto anual (ver Gráfico 7-8), casi el 80% tiene un gasto anual por debajo de los 200.000 yuanes y más de la mitad (54%) tiene un gasto anual que no llega a los 50.000 yuanes. Por tanto, podemos observar que la falta de presupuesto anual generalmente indica que hay insuficiencia de fondos o que la sostenibilidad de la institución está comprometida. Esto influye en el impulso y los frutos de los estudios latinoamericanos.

7.1.2.4 La formación de los investigadores en términos generales ha avanzado, aunque la situación general aún es mejorable

En comparación con el año 2000, ya sea en el nivel de formación académica, idiomas extranjeros, perfil académico, etc., la formación general de los actuales investigadores en América Latina ha avanzado notoriamente, aunque aún existe un margen de mejora con respecto a su situación general.

En primer lugar, hay un desequilibrio entre los investigadores a tiempo completo y parcial. En el contexto de la mejora de las relaciones entre China y América Latina y gracias al impulso de las políticas mencionadas anteriormente, se ha producido un "gran salto hacia delante" en las instituciones de estudios latinoamericanos. Sin embargo, los investigadores que sostienen estas instituciones no han avanzado de la misma manera. Al fin y al cabo, la formación del talento no se consigue de inmediato, sino que se requiere un proceso relativamente largo. Algunas instituciones, pese a no tener ninguna base de investigación académica o investigadores relevantes, han sido arrastradas por "la moda de los estudios latinoamericanos" o han aprovechado ocupar el espacio abierto anunciando su creación. Incluso, hay algunas que han entrado directamente a la lista de admitidas, lo que, en cierta medida, explica por qué tan solo en 2017 hubo un aumento de hasta 14 nuevas instituciones. Esto ha conducido el desarrollo de los estudios latinoamericanos en China a una "situación extraña": existen pocas instituciones que solo tienen el título sin personal, o solo tienen títulos y nombres de personal, mientras que algunas instituciones relativamente mejores han adoptado un personal "a tiempo completo y a tiempo parcial" para adecuarse a la embarazosa falta actual de investigadores. No obstante, algunas instituciones dependen completamente del personal a tiempo parcial, por lo que su principal problema resulta ser que algunos investigadores a tiempo parcial son en realidad "aficionados" que ni siquiera han producido contenido académico. La información y estadísticas válidas aportadas por 46 instituciones muestran que[①] (ver Gráfico 7-9) dentro del total de 552 investigadores que prestaron declaración, hay un 30% que son investigadores a tiempo completo, equivalente a 163 investigadores; así, hay 389 que lo son a tiempo parcial, un 70%. Un análisis aún más específico muestra que si se excluyesen a los 62 investigadores a tiempo completo de las 6 instituciones que no pertenecen a centros de educación superior o *think tanks*[②], cada institución de enseñanza superior dedicada a los estudios latinoamericanos tendría una media inferior a 3 investigadores a tiempo completo. De estas instituciones, hay 13 que ni siquiera tienen personal a tiempo completo.

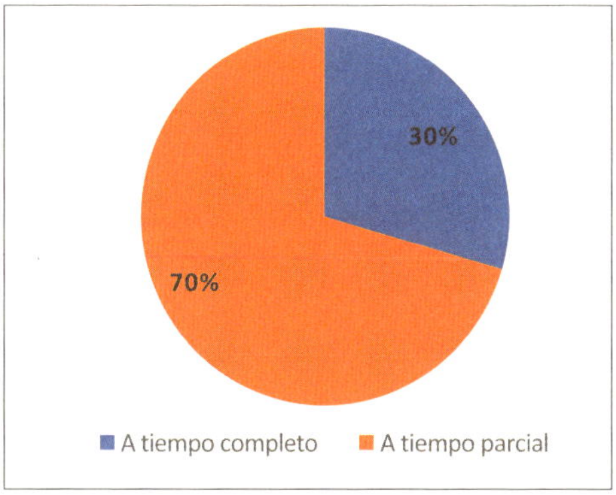

Gráfico 7-9 Proporción de investigadores a tiempo completo y tiempo parcial

Fuente: *Encuesta sobre el Desarrollo de las Instituciones de Estudios Latinoamericanos en China (1949-2019)*, Asociación China de Estudios Latinoamericanos.

① Las instituciones individuales que han sido encuestadas pueden haber entendido mal las diferencias fundamentales entre los trabajos a tiempo completo y a tiempo parcial, por lo que la brecha entre los datos informados y los hechos es grande porque es completamente incompatible con la cantidad de resultados informados de investigaciones científicas. Se excluyen las instituciones de investigación que tienen una gran cantidad de trabajos a tiempo completo y que son inconsistentes con los hechos, dejando solo 46 instituciones que son relativamente efectivas. Los Gráficos 7-12 y 7-14 consideran la cifra de 46 instituciones.

② Incluye el Instituto de América Latina de la Academia China de Ciencias Sociales, la Oficina de Investigación Histórica Latinoamericana del Instituto de Historia Mundial de la Academia China de Ciencias Sociales, el Instituto Latinoamericano y del Caribe de la Academia de Estudios Internacionales de China, el Instituto de América y Oceanía de la Academia de Comercio Internacional y Cooperación Económica del Ministerio de Comercio y el Centro de Estudios Americanos del Instituto de Estudios Internacionales de Shanghai.

En segundo lugar, la formación académica de los investigadores, sus cargos y su conocimiento de idiomas extranjeros han seguido en general una tendencia relativamente ascendente.

Un amplio currículo académico, altos cargos y un alto nivel en idiomas extranjeros son las condiciones fundamentales y los obstáculos básicos para desarrollar un círculo académico de estudios latinoamericanos de calidad. Desde todas las perspectivas, la tendencia actual es positiva en relación con el desempeño de los investigadores de América Latina en tales aspectos.

Con respecto al currículo académico, más de la mitad (un 54%) de los investigadores posee un doctorado, un 33% ha obtenido un máster y, pese a todo, aún hay un 13% de investigadores que solo poseen un título de grado (ver Gráfico 7-10). Esto indica que, aunque los estudiosos de Latinoamérica poseen en términos generales una formación académica relativamente buena, aún hay la necesidad urgente de mejorarla entre una proporción significativa de investigadores. No obstante, esta situación ya ha mejorado mucho con respecto al año 2000. Asimismo, es mejor la formación académica de los profesores de español cualificados. Según las estadísticas del catedrático Zheng Shujiu, presidente de la Asociación China de Estudios de Literatura Española, Portuguesa y Latinoamericana[1], en 2018, de los 799 profesores de español en China, solo un 32,1% de ellos poseía un doctorado o estaba cursando un doctorado, y cerca de un 70% solo tenía un título de máster.

① Zheng Shujiu (ed.): *Investigación sobre la enseñanza del español en los centros de educación superior nacionales*, Beijing: Foreign Language Teaching and Research Press, 2015, así como datos posteriormente actualizados por el profesor Zheng Shujiu tras la revisión del informe.（郑书九主编：《全国高等院校西班牙语教育研究》，外语教学与研究出版社，2015年，以及郑书九对该报告的后续更新数据。）

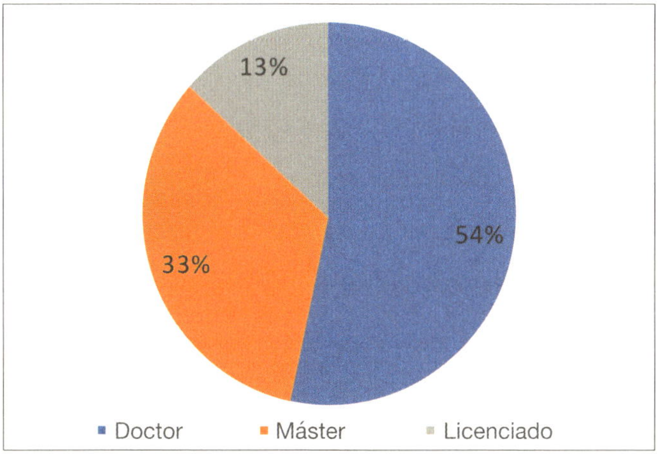

Gráfico 7-10 Formación académica de los investigadores
Fuente: *Encuesta sobre el Desarrollo de las Instituciones de Estudios Latinoamericanos en China (1949-2019)*, Asociación China de Estudios Latinoamericanos, 2019.

Los cargos profesionales de los investigadores sobre América Latina también presentan grandes similitudes (ver Gráfico 7-11). Aquellos que ostentan el cargo profesional de catedrático o investigador académico son un 28%, mientras que los que ocupan el cargo de profesor o investigador adjuntos son un 24%, por lo que ambos representan el 52% del total. Es decir, más de la mitad de los investigadores sobre América Latina ostentan un cargo en las instituciones de enseñanza superior. Esta proporción es mucho más alta que aquella relativa a los profesores cualificados de español. En 2018, los profesores cualificados de español que ostentaban el cargo de catedrático o profesor universitario adjunto representaban tan solo el 4% y 10%, respectivamente, un total por debajo del 15%①. No obstante, los investigadores de estudios latinoamericanos y los profesores cualificados de

① Ver Zheng Shujiu (ed.), *Estudio sobre la enseñanza del español en las instituciones de enseñanza superior de China*, Beijing: Foreign Language Teaching and Research Press, 2015, así como datos posteriormente actualizados por Zheng Shujiu.（郑书九主编：《全国高等院校西班牙语教育研究》，外语教学与研究出版社，2015年。）

español que ostentan un cargo de nivel intermedio tienen una proporción similar, un 43% y un 53%, respectivamente. Esto demuestra completamente que los cargos que ostentan los investigadores sobre América Latina, pese a estar mejor situados en comparación con los profesores cualificados de español, aún mantienen un gran margen de mejora.

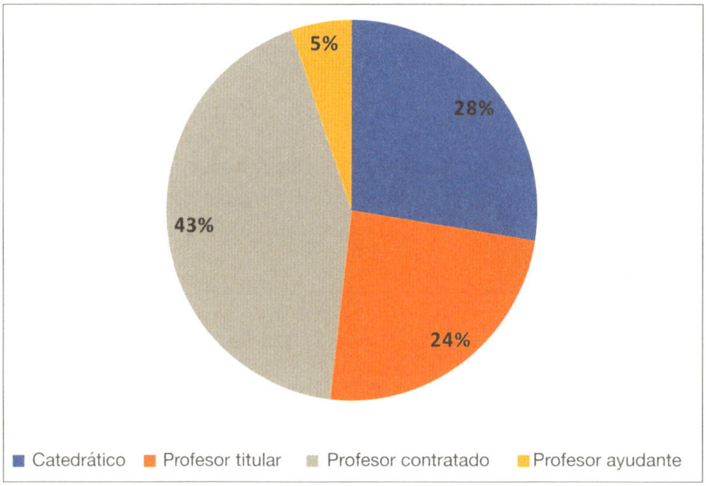

Gráfico 7-11 Estructura de los cargos del personal investigador
Fuente: *Encuesta sobre el Desarrollo de las Instituciones de Estudios Latinoamericanos en China (1949-2019)*, Asociación China de Estudios Latinoamericanos.

El conocimiento de idiomas extranjeros cubre las necesidades básicas del estudio académico sobre América Latina. El conocimiento de idiomas extranjeros es una destreza fundamental para dedicarse a los estudios regionales. Saber inglés y especialmente español y portugués es una habilidad indispensable para investigar en profundidad la región de América Latina. Con respecto a la actual situación del conocimiento de idiomas extranjeros, aún hay mucho margen de mejora, aunque ha habido grandes progresos. Inicialmente hubo avances suficientes que permitieron cumplir los requisitos para dedicarse a los estudios latinoamericanos. La investigación muestra que casi la mitad de los investigadores (un 47%) hablaba inglés, pero los que hablaban español y portugués representaban solo un 21% y 7%, respectivamente. Con respecto a los investigadores que dominan dos idiomas extranjeros (inglés y español, o inglés y portugués, o español y portugués), estos representan un 25% de los investigadores (ver Gráfico 7-12). No obstante, es necesario apuntar que un escenario más ideal sería aquel en donde los investigadores dominasen el inglés y, además, el idioma principal del tema de investigación, ya sea español o portugués. Estos deberían ser los requisitos básicos o quizás los más altos para aquellos que deseen dedicarse a los estudios latinoamericanos. Aún falta mucho para llegar a este objetivo.

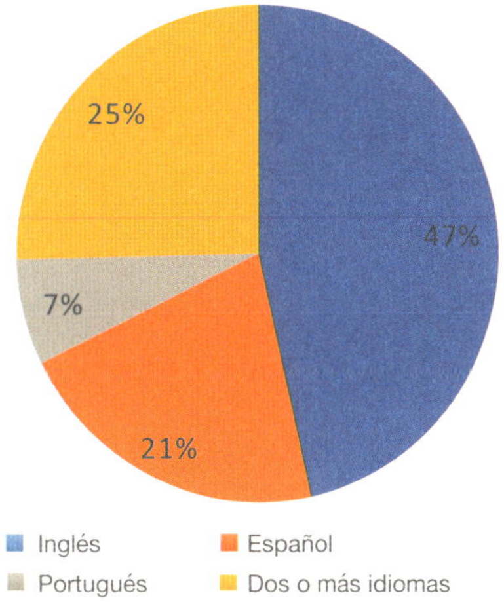

Gráfico 7-12 Conocimientos de idiomas extranjeros en los investigadores sobre América Latina
Fuente: *Encuesta sobre el Desarrollo de las Instituciones de Estudios Latinoamericanos en China (1949-2019)*, Asociación China de Estudios Latinoamericanos.

Las edades de los investigadores especializados en América Latina se han reducido y se ha cerrado bastante la brecha al respecto en el personal de talento (ver Gráfico 7-13). Con respecto a las edades, la juventud se ha convertido en la principal fuerza que impulsa los estudios latinoamericanos. La brecha entre los grupos de edades de los investigadores especializados en América Latina, que ocurría frecuentemente antes, ha sido aliviada. Los jóvenes investigadores de entre 30 y 49 años representan el 61%, de los cuales aquellos entre 30 y 39 años son la mayoría, un 34%, frente a un 27% de los del grupo de 40 a 49 años. Estos tramos de edad ofrecen mayores garantías para la continuidad de las investigaciones y estudios sobre la región.

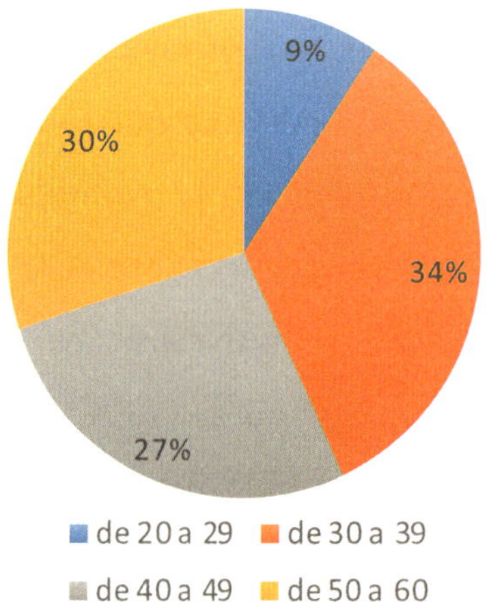

Gráfico 7-13 Edades de los investigadores especializados en Latinoamérica
Fuente: *Encuesta sobre el Desarrollo de las Instituciones de Estudios Latinoamericanos en China (1949-2019)*, Asociación China de Estudios Latinoamericanos.

El perfil académico de los investigadores sobre Latinoamérica está cambiando de las tradicionales asignaturas a un perfil cada día más diverso. Tradicionalmente, la mayoría de los investigadores sobre Latinoamérica habían estudiado alguna lengua extranjera, historia y política (internacional), entre otras asignaturas. Por tanto, ello limitaba la capacidad del estudio multidisciplinar e integral de América Latina. Objetivamente, también dificultaba la satisfacción de las necesidades reales de los estudios latinoamericanos. Especialmente en el presente siglo, los jóvenes continúan siendo la sangre fresca que impulsa las instituciones de estudios latinoamericanos y se van uniendo a diversos equipos. Asimismo, se está promoviendo el desarrollo del perfil académico de los investigadores sobre Latinoamérica hacia uno más diverso (ver Gráfico 7-14). En primer lugar, no ha habido cambios claros en las tradicionalmente asignaturas con ventaja:

la literatura y el derecho[①], que aún siguen siendo los principales perfiles académicos, con un 33,5% y un 26,4% de los perfiles de los investigadores. No obstante, la historia, que tradicionalmente tenía un perfil prevalente, ha decaído y ahora tan solo es el perfil de un 13%. En segundo lugar, la economía, la docencia y la administración (de empresas), etc., son perfiles emergentes, que han pasado a tener una posición importante y a ser el principal perfil suplementario. Por ejemplo, los investigadores con un perfil económico llegan al 18,7%, mientras que aquellos con un perfil en docencia o administración representan el 1,4% y el 4%, respectivamente. Estos cambios han enriquecido y actualizado en gran medida el perfil académico de los investigadores sobre América Latina y también han resultado ser beneficiosos para la estructura de contenidos de los estudios latinoamericanos.

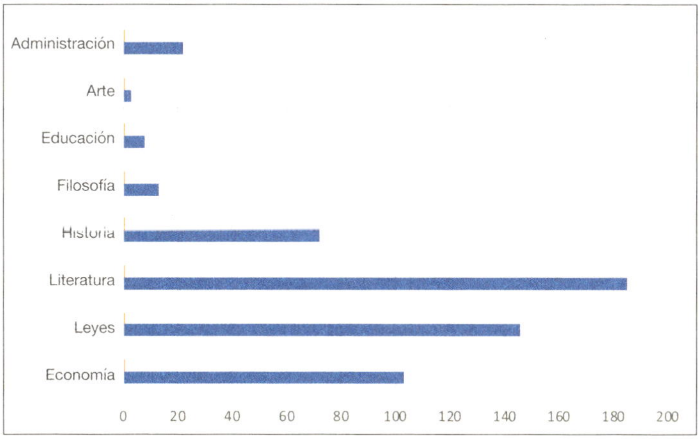

Gráfico 7-14 Perfil académico de los investigadores sobre América Latina en China
Fuente: *Encuesta sobre el Desarrollo de las Instituciones de Estudios Latinoamericanos en China (1949-2019)*, Asociación China de Estudios Latinoamericanos.

① El diseño del cuestionario del perfil académico se basa en la clasificación legal de las materias. El derecho aquí se refiere principalmente a la disciplina de ciencias políticas de primer nivel (0302), que incluye principalmente ocho disciplinas de segundo nivel: teoría política, sistemas políticos de China y del extranjero, socialismo científico y comunismo, historia del Partido Comunista, teoría marxista y educación ideológica y política, la política internacional, las relaciones internacionales y la diplomacia.

La experiencia en disciplinas académicas es cada día más diversa y, en cierta medida, está promoviendo que las materias de estudio e investigación sean más variadas. Según lo declarado por las instituciones encuestadas (ver Gráfico 7-15), a pesar de que la política, la economía y las relaciones internacionales continúan siendo los tres principales campos tradicionales de investigación, con un 13%, 14,9% y 15,8%, respectivamente, ha empezado a haber un mayor interés por los campos anteriormente menos investigados, como la sociología, la cultura, etc., con un 12,7% y un 15,4%, respectivamente. Esto indica que con relación a la investigación fuera de estas materias relativamente más prácticas, las instituciones de investigación han comenzado a entender la importancia de la creación de conocimiento y han dedicado mayores esfuerzos a investigar otras materias menos comunes o clásicas. A pesar de que los estudios de América Latina en China comenzaron con el estudio de su historia, actualmente no hay mucha vinculación entre el estudio de la historia latinoamericana y las necesidades reales. Por tanto, nunca ha sido un campo de estudio muy demandado, por lo que solo representa un 12,4%. Sin embargo, algo positivo es que el ámbito de los estudios latinoamericanos se está expandiendo constantemente, llegando a incluir materias como el derecho (0,9%), el arte (2,2%), la religión (2,2%) y la antropología (3,1%), materias que cada vez son de mayor interés para los jóvenes investigadores. Dado que los nuevos investigadores, las nuevas instituciones y las nuevas materias reflejan un estancamiento relativo en la producción académica, no se pueden cambiar de inmediato los frutos de la investigación, pero podemos imaginar que, en el futuro, los logros académicos de los estudios latinoamericanos serán más amplios y diversos.

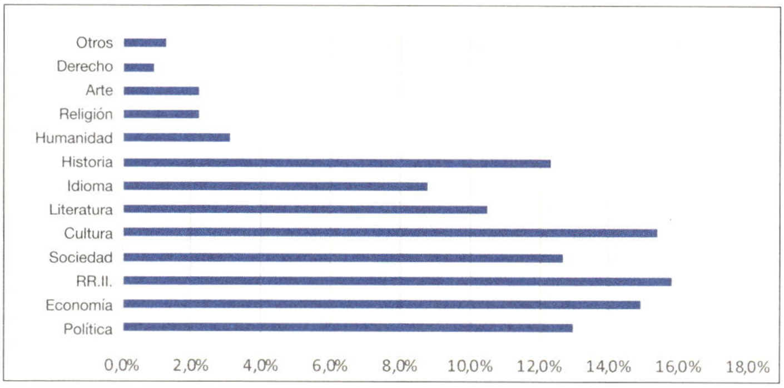

Gráfico 7-15 Distribución de las materias de investigación de interés de las instituciones de estudios latinoamericanos en China

Fuente: *Encuesta sobre el Desarrollo de las Instituciones de Estudios Latinoamericanos en China (1949-2019)*, Asociación China de Estudios Latinoamericanos.

7.1.2.5 La actividad de las instituciones no es tan alta, la promoción y concienciación de los resultados son mejorables

Pese a que en los últimos años las instituciones de estudios latinoamericanos en China se han desarrollado continuamente, su actividad académica no ha sido muy elevada y la promoción y concienciación de los resultados o sus actividades son generalmente bajas. La investigación muestra que casi un 60% de las instituciones organiza en promedio una conferencia académica al año, mientras que tan solo un 30% organiza dos reuniones académicas al año (ver Gráfico 7-16). La organización de conferencias académicas y la exploración de cuestiones académicas son algunas de las actividades funcionales más importantes de tales instituciones. La insuficiente actividad académica claramente no beneficia la creación ni el desarrollo del entorno académico de estas instituciones. No obstante, esto quizás se deba a la falta de presupuestos anuales o a la relativa restricción de gastos de estas instituciones, mencionadas anteriormente, o incluso a la falta de personal institucional, lo que dificulta la organización de conferencias académicas de determinada envergadura.

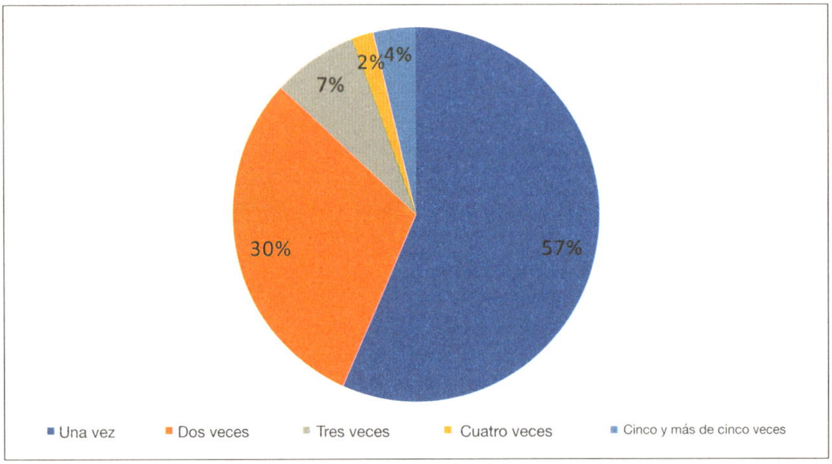

Gráfico 7-16 Número de conferencias académicas al año organizadas por las instituciones entrevistadas

Fuente: *Encuesta sobre el Desarrollo de las Instituciones de Estudios Latinoamericanos en China (1949-2019)*, Asociación China de Estudios Latinoamericanos

En comparación con las conferencias académicas, las ponencias y charlas académicas son mucho más convenientes y rápidas, los costes son menores y, por tanto, son mucho más fáciles de realizar. Como muestra el Gráfico 7-17, un 44% de las instituciones de estudios latinoamericanos organiza en promedio unas 4 a 6 ponencias académicas al año, e incluso un 22% de las instituciones organiza más ponencias y charlas: un 12% organiza 10 o más ponencias al año, y un 10% organiza entre 7 y 9 charlas y ponencias al año. El incremento relativo en el número de ponencias académicas es altamente beneficioso para la difusión de los conocimientos sobre América Latina, pero, al mismo tiempo, demuestra que muchas instituciones dependen excesivamente de la organización de este tipo de eventos académicos para reforzar su presencia.

Pese a que la actividad académica no es muy alta, algo tranquilizador es que los logros académicos de las instituciones no son menores. Entre las 53 instituciones entrevistadas, y teniendo en cuenta que muchas de ellas son

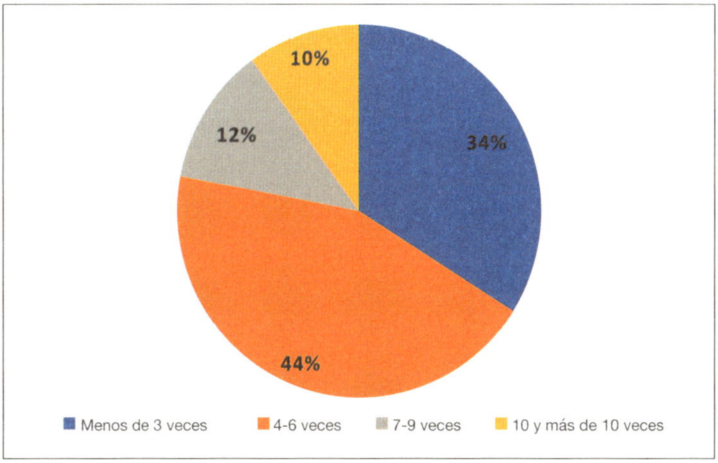

Gráfico 7-17 Número promedio de ponencias y charlas académicas organizadas cada año por las instituciones entrevistadas

Fuente: *Encuesta sobre el Desarrollo de las Instituciones de Estudios Latinoamericanos en China (1949-2019)*, Asociación China de Estudios Latinoamericanos.

de reciente creación, no solo ha habido buenos resultados con respecto al desempeño académico, sino que los logros académicos también han sido relativamente variados (ver Gráfico 7-18). Según las estadísticas, las 53 instituciones han declarado haber producido conjuntamente un total de 504 artículos académicos en todas las disciplinas, una media de 9,5 por cada institución. De ellos, 302 se han escrito en chino, un 59,9%, mientras que 120 han sido escritos en idiomas extranjeros, un 23,8%; asimismo, se han escrito hasta 30 libros especializados, un 6%; hasta 25 libros traducidos, un 5%; y se han editado 27 libros, un 5,4%. Lo que hace levantar sospechas es que hay hasta 120 artículos escritos en idiomas extranjeros, una cifra que no parece muy fiable. En términos más concretos, se ha descubierto que algunas instituciones de estudios latinoamericanos constituidas recientemente han contratado directamente a académicos latinoamericanos o investigadores académicos especialistas, o bien les han invitado a ser investigadores visitantes por 3 a 12 meses, y los logros académicos de estos

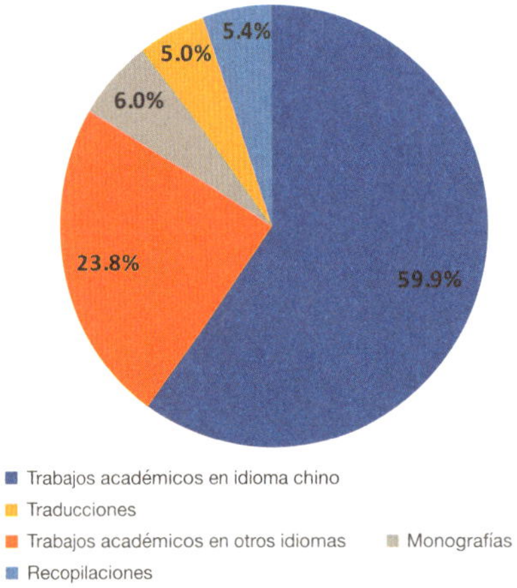

Gráfico 7-18 Cantidad de obras y publicaciones académicas por año de las instituciones de estudios latinoamericanos

Fuente: *Encuesta sobre el Desarrollo de las Instituciones de Estudios Latinoamericanos en China (1949-2019)*, Asociación China de Estudios Latinoamericanos.

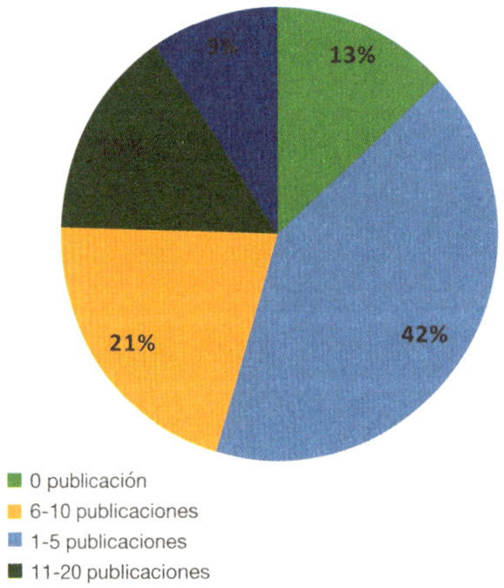

Gráfico 7-19 Cantidad de publicaciones académicas al año de las instituciones de estudios latinoamericanos

Fuente: *Encuesta sobre el Desarrollo de las Instituciones de Estudios Latinoamericanos en China (1949-2019)*, Asociación China de Estudios Latinoamericanos.

han sido incluidos en la publicación anual de sus resultados académicos. El que haya un número de obras especiales y libros editados relativamente alto también puede levantar sospechas entre la gente. Según se entiende, sus principales fundamentos son las razones mencionadas anteriormente, aunque también incluye el hecho de que la publicación de muchas de estas obras y ensayos se concentra en el año 2018, y que algunas instituciones de estudios latinoamericanos han sido relativamente laxas con la revisión de tales obras, no han sido tan rigurosas como lo son con los investigadores centrados en temas nacionales, así que las obras editadas se han vuelto un formato principal.

Un análisis en detalle de la cantidad media de publicaciones académicas anuales realizadas por las instituciones muestra que su distribución es muy desequilibrada (ver Gráfico 7-19). Las estadísticas señalan que en 2018 hubo 13 instituciones que publicaron 10 o más obras académicas en total, un 24% del total de instituciones entrevistadas;

y hubo 11 instituciones que en un año publicaron 5 o menos obras académicas, un 21%. Incluso hubo siete instituciones que no publicaron nada, aunque es comprensible debido a que estas instituciones se crearon apenas en los últimos dos años.

A diferencia del cultivo de "méritos internos", la mayoría de las instituciones de estudios latinoamericanos han sido negligentes a la hora de cultivar los "méritos externos"; es decir, la formación de una marca institucional de sus obras y creaciones académicas, así como la promoción de sus actividades y logros académicos al exterior. La investigación ha esclarecido que hay 42 instituciones, casi el 80% de las entrevistadas, que no poseen una publicación periódica (ver Gráfico 7-20). No obstante, en comparación con anteriores épocas, actualmente ya hay 11 instituciones que poseen una revista o publicaciones periódicas, lo cual representa un gran avance. La investigación también ha revelado que cerca de dos tercios de las instituciones no tienen una página web oficial. En esta era de la información, las páginas web son, sin duda, las tarjetas de presentación a nivel internacional de las instituciones. A diferencia de las páginas web, las plataformas de redes sociales son más populares. En realidad, son mucho más convenientes según todo punto de vista. En teoría, emplear la red social más popular a nivel nacional actualmente –las cuentas públicas de WeChat– debería convertirse en el canal principal para difundir los eventos y las publicaciones académicas. Sin embargo, tan solo 19 instituciones han abierto una cuenta pública de WeChat, un 35,8%, y más de dos tercios de las instituciones entrevistadas no poseen una cuenta pública en esta plataforma. Solo hay 13 instituciones que tienen una cuenta pública de WeChat y también una página web oficial, un 24%; mientras que, por el contrario, casi la mitad de ellas (un 47,2%) no tiene ni lo uno ni lo otro: ni cuenta pública de WeChat, ni página web oficial.

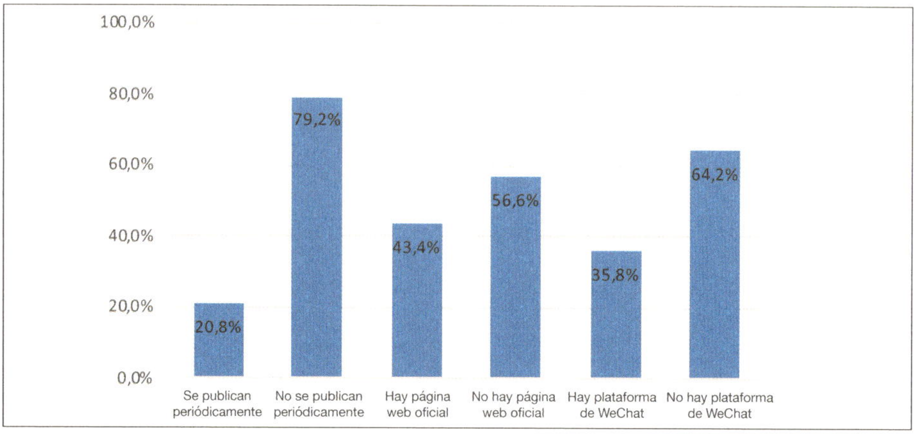

Gráfico 7-20 Creación de marca y promoción de las publicaciones y logros de las instituciones de estudios latinoamericanos

Fuente: *Encuesta sobre el Desarrollo de las Instituciones de Estudios Latinoamericanos en China (1949-2019)*, Asociación China de Estudios Latinoamericanos.

7.1.2.6 Gran desequilibrio en el desarrollo de las disciplinas académicas y en la distribución de los estudios nacionales comparativos

Si bien las instituciones entrevistadas han declarado dedicarse a varios ámbitos de investigación, como política, economía, literatura, cultura e historia, todos ellos con relativo interés, e incluso algunas de ellas han abordado también los temas de religión y arte, aún existe una gran diferencia entre las intenciones de la investigación y los resultados finales en la práctica. Se ha tomado como muestra la revista *Estudios Latinoamericanos* a fin de realizar un análisis en profundidad de la distribución de la temática de todos los ensayos académicos publicados desde 1979 hasta hoy[1]. Como muestra el Gráfico 7-21, según la clasificación legal de materias en China, en *Estudios Latinoamericanos,* en torno a un 80% de los ensayos académicos

① Desde noviembre de 1979 hasta julio de 2019, la revista *Estudios Latinoamericanos*, ha publicado un total de 3.658 artículos. Excluyendo las reseñas de conferencias, los comunicados de prensa o varias actualizaciones de noticias, un total de 597, los ensayos académicos suman 3.061.

son sobre economía y política (incluyendo las relaciones internacionales), de ellos la mayoría son sobre economía, un total de 1.339 artículos, un 43,2%; los ensayos sobre política (incluyendo las relaciones internacionales) totalizan 1.123 artículos, un 36,5%; y hay 335 ensayos sobre historia, un 10,9%. Aparte de estas materias, y pese a tener una determinada representación, aún hay muy pocos ensayos dedicados a los ámbitos de la cultura, la literatura, el arte, la filosofía, la religión, entre otros. Existe una gran incoherencia entre los objetivos de estos tipos de investigación y los logros reales de tales investigaciones. Esto probablemente se debe a dos razones principales. La primera, que la mayoría de las instituciones dedicadas a los estudios latinoamericanos apenas tienen cinco años, o se han creado especialmente en estos tres últimos años. Así, existe cierta obstrucción entre los objetivos propuestos para su investigación y los logros reales. La segunda razón está relacionada con la posición que ostenta *Estudios Latinoamericanos*. Si bien en la primera mitad de sus publicaciones se escribieron ensayos y contenidos sobre cultura, religión, filosofía o incluso literatura latinoamericana, en las publicaciones posteriores ha pasado de ser una revista principalmente dedicada a las humanidades, la sociedad y cultura, a convertirse en una revista sobre las ciencias sociales. Muchas de las nuevas instituciones de estudios latinoamericanos, e incluso algunas de las que se establecieron hace tiempo, bajo la pauta de conformar un "nuevo modelo de *think tank*", están a favor de que su investigación académica atienda de manera directa las cuestiones reales o los temas políticos, económicos o diplomáticos requeridos por las políticas (nacionales).

Con respecto a las regiones y países que se investigan, también existe un claro desequilibrio (ver Gráfico 7-22). En términos generales, a partir de los datos de *Estudios Latinoamericanos*, todos los ensayos y artículos académicos

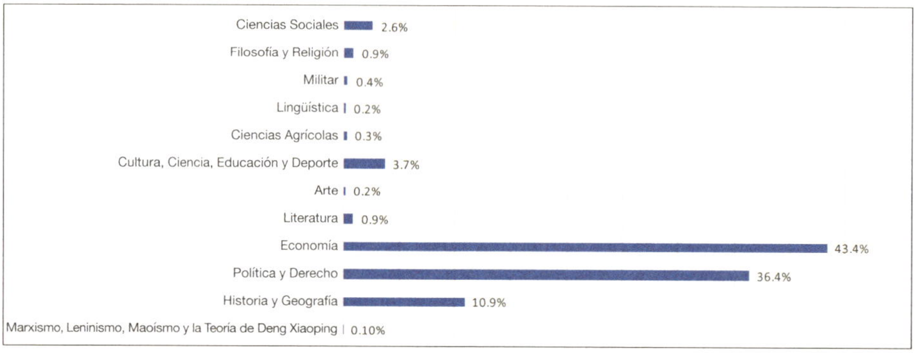

Gráfico 7-21 Publicaciones de ensayos académicos en *Estudios Latinoamericanos* según su temática

Fuente: Estadísticas basadas en la revista de *Estudios Latinoamericanos* (1979-2019) recogidas por los autores en el sitio web de CNKI: www.cnki.net.

publicados tratan sobre todos los países de América Latina y el Caribe[1], sean países grandes o pequeños, y mantengan o no relaciones diplomáticas con China. En primer lugar, las cuestiones regionales son el principal foco de interés. Del total de los artículos académicos publicados por la revista, más de un 55% (1.697 artículos) versan sobre cuestiones regionales. En segundo lugar, el estudio comparativo entre países principalmente se concentra en tres grandes potencias regionales: Brasil, México y Argentina, que ocupan el 11,1% (341 artículos), 9,4% (290 artículos) y 5,1% (158 artículos) del total de artículos, respectivamente. Por último, algunos países de tamaño intermedio han sido objeto de mayor interés; por ejemplo, Cuba, Chile, Venezuela y Perú. Los artículos sobre estos países representan en torno al 2,0% y 4,6% del total de artículos académicos. Lamentablemente, en los últimos años, algunos países que han estrechado más sus relaciones con China o cuyo estudio representa un mayor valor académico, no han sido lo suficientemente investigados; por ejemplo, países como Colombia, Ecuador, Panamá, entre otros.

① El número de artículos sobre países individuales es demasiado pequeño y no es estadísticamente significativo, por lo que no se muestra en el gráfico.

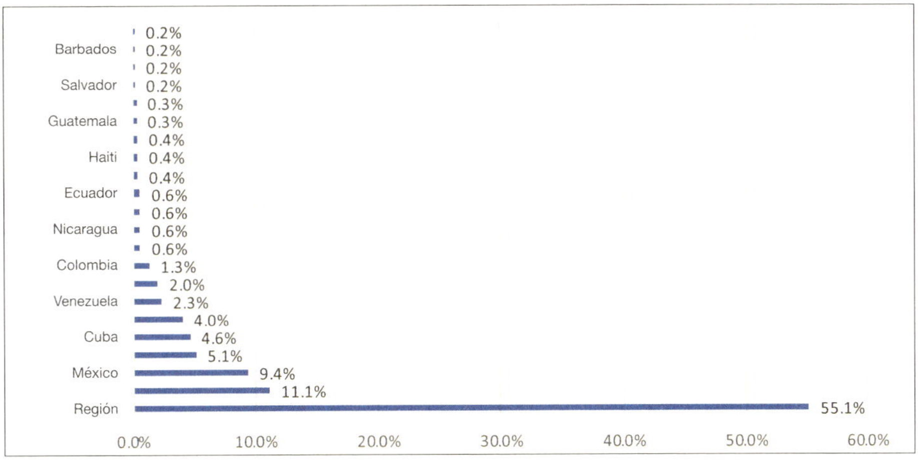

Gráfico 7-22 Artículos académicos publicados por *Estudios Latinoamericanos*: estudios comparativos y regiones
Fuente: Estadísticas basadas en la revista de *Estudios Latinoamericanos* (1979-2019) recogidas por los autores en el sitio web de CNKI: www.cnki.net.

7.1.3 Los retos estructurales de los estudios latinoamericanos en China

La *Encuesta sobre el Desarrollo de las Instituciones de Estudios Latinoamericanos en China (1949-2019)* muestra que, bajo el doble impulso de la política gubernamental y el rápido desarrollo de las relaciones entre China y América Latina, los estudios latinoamericanos, especialmente en estos últimos cuarenta años, han conseguido un gran progreso con respecto a la infraestructura tanto en su *software* como en su *hardware*. A pesar de todo, estos avances no pueden satisfacer las necesidades de la sociedad china con respecto a los estudios latinoamericanos, ya sean las necesidades de las políticas actuales de China hacia América Latina, de las operaciones de empresas chinas en América Latina, o del público en general para mejorar su conocimiento de la región. Estas diferencias reflejan cómo, por una parte, la creación de conocimientos sobre América Latina es insuficiente y que, por otra parte, debido a la reiterada creación de contenido académico existe un exceso relativo de información. Por tanto, un desarrollo en profundidad de los estudios latinoamericanos en China presenta un serio reto de transformación en su estructura.

7.1.3.1 Transformar el ámbito de investigación

Desde hace mucho tiempo, los estudios latinoamericanos en China han seguido dos objetivos principales: uno, la toma de decisión de políticas con respecto a América Latina y, dos, "servir de referencia". Es decir, aunque lo segundo sirve en parte para crear conocimiento, también posee un fuerte cariz de pragmatismo. Aún más importante, este tipo de pensamiento lineal "proveniente de China y para China" en esencia corre el riesgo de caer en el "etnocentrismo/egocentrismo", incluso que "algunos puntos de vista y conclusiones sean más bien instintos o anhelos de nuestros académicos, en vez de conocimientos obtenidos a través de un estudio en profundidad"[①], y que la investigación académica limite su perspectiva en la práctica. También existe una (negativa) tendencia a "problematizar a América Latina" y de "latinoamericanizar los problemas".

Actualmente, la situación de los estudios latinoamericanos en China ha cambiado drásticamente, por lo que el ámbito de la investigación también debe cambiar rápidamente. En primer lugar, con el avance de la globalización, la importancia de América Latina en el orden mundial se ha incrementado significativamente. Por consiguiente, también ha despertado un mayor interés en cada vez más investigadores e instituciones académicas. Este tipo de atención no solo se concentra en la región latinoamericana

① Tang Shiping, Zhang Jie, Cao Xiaoyang, "Los estudios regionales en China: logros, brechas y expectativas", en *World Economics and Politics*, núm.11, 2005, p.12.（唐世平、张洁、曹筱阳：《中国的地区研究：成就、差距和期待》，载《世界经济与政治》，2005年第11期。）

en sí, sino que también se centra cada vez más en las partes beneficiadas de América Latina. En segundo lugar, con la reemergencia de China y la continua profundización de sus relaciones como socio estratégico de América Latina, China se ha convertido en una parte interesada cada vez más significativa dentro de la región latinoamericana. Por tanto, esto ha despertado el interés de las instituciones que estudian a China y América Latina. Es decir, en esta nueva era, el estudio de los asuntos de China y América Latina ha encontrado una intersección en los estudios de las relaciones entre ambas partes. A nivel internacional, algunas instituciones dedicadas a la investigación de los asuntos de China, incluso algunas publicaciones académicas internacionales de renombre sobre los asuntos internacionales, han publicado alguna edición especial sobre "China y América Latina". No hace falta mencionar que las publicaciones académicas de algunas instituciones con interés en América Latina han tomado a "China y América Latina" para publicar ensayos con esta temática principal[1].

---

① Por ejemplo, la revista estadounidense *The China Quarterly*, que en marzo de 2012 publicó *De la Muralla China a la Nueva China continental: China y Latinoamérica en el siglo XXI*; la revista alemana *Journal of Current Chinese Affairs*, cuyo primer volumen de 2012 fue *La reacción de Latinoamérica sobre el ascenso de China*; la revista danesa *Journal of China and International Relations*, que en 2016 publicó la edición especial *Las relaciones internacionales entre China y Latinoamérica en la era revolucionaria del orden mundial*; la revista singapurense *Issues & Studies*, cuya primera edición especial en 2017 fue *Análisis político y económico de las relaciones entre China y Latinoamérica* y el *Journal of Chinese Overseas*, cuya segunda edición especial de 2017 fue *Los inmigrantes chinos en la región de Latinoamérica y el Caribe: historia y situación actual*; la revista estadounidense *Journal of Latin American Geography*, cuya segunda edición especial en 2018 fue *La nueva geografía de las relaciones entre China y Latinoamérica* y la revista *Americas Quarterly*, cuya segunda edición especial en 2019 fue *Relaciones entre China y Latinoamérica 2.0*; la revista mexicana *Journal Competition and Regulation in Network Industries*, cuya edición de otoño en 2019 fue *El otro extremo de la Ruta de la Seda: las inversiones en infraestructura de China en Latinoamérica*; la revista de Macao *Macau Journal of Brazilian Studies*, cuya edición especial de 2019 fue *La gestión económica de China en Brasil y Latinoamérica: entre cambios de políticas y paradigmas emergentes*, etc.

Este tipo de nuevos cambios exigen a los estudios latinoamericanos en China que "salgan de China" y refuercen e incluyan los intercambios y las conversaciones con investigadores de los países de la región. Si los estudios latinoamericanos en China "salen de China" en términos geográficos y de pensamiento, solo así podrán ofrecer mejor información para la toma de decisiones políticas. Asimismo, pueden crear conocimientos para el público y satisfacer las urgentes necesidades de la sociedad en esta nueva etapa de China con respecto a los estudios latinoamericanos.

Por supuesto, este concepto de "salir de China" no es abandonar ni la perspectiva ni la postura de China, sino usar una perspectiva global más amplia para supervisar los estudios latinoamericanos Se trata de una perspectiva desde el mundo hasta América Latina y, finalmente, hasta China. Bajo este nuevo marco de investigación, primero es la perspectiva del mundo entero sobre América Latina, luego es la de América Latina y finalmente es la de China. Basado en esto, los estudios latinoamericanos en China tienen que asimilar tanto el contenido de China como el proveniente de fuera, especialmente el de Occidente (entre China y Estados Unidos, entre China y Europa, etc.) y con la nueva perspectiva académica de China y América Latina, hay que poner atención en asimilar las lecciones de la investigación y experiencia de otros países sobre América Latina. Asimismo, hay que apoyar la tradición académica de China y la mentalidad independiente e innovadora, y establecer facultades académicas de estudios latinoamericanos con características chinas.

7.1.3.2 Transformación de la metodología de investigación

Debido a las limitaciones geográficas y de recursos financieros, los estudios latinoamericanos en China no han podido realizar durante mucho tiempo una "metodología *in situ*" [1], por lo que los métodos de investigación principalmente han dependido del análisis de documentos, aunque es cierto que los documentos informativos siempre han sido un recurso escaso. En esta nueva era, tras el rápido avance de la globalización y la digitalización, los documentos ya no plantean un problema, sino que el problema es que los métodos de investigación tradicionales ya no pueden adaptarse a los nuevos retos. Debe haber una transformación en el método de investigación: de uno observador a uno participativo.

La esencia de los estudios latinoamericanos es la investigación regional, por lo que son los idiomas y la adaptación los conceptos clave. A pesar de que la presente investigación apunte a que una parte significativa de los investigadores ya dominan los dos principales idiomas oficiales de América Latina –el español y el portugués–, aún casi la mitad de los investigadores solo domina el inglés. En realidad, solo con conocimientos de inglés no es posible adaptarse a los retos de esta nueva era, incluso no se les puede considerar investigadores latinoamericanos cualificados. Esto es aún más patente en la región de Latinoamérica, donde el conocimiento del idioma local y la realización del trabajo *in situ* son condiciones básicas. Por tanto, es muy importante enfatizar la importancia del dominio del español o el portugués. Se debería considerar el idioma como una habilidad primordial y alentar a más investigadores de la región a ir y estar presentes allí a través de una observación de seguimiento y una forma de investigación

① Yang Hao, "Habilidades para la investigación de la región del sudeste asiático: una teoría sobre la emancipación metodológica que deberían tener los nuevos estudiantes académicos en relaciones internacionales", en *Foro de investigación de Asia Pacífico*, núm.54, 2011, p.131. （杨昊：《东南亚区域研究的技艺：新生代国际关系学者应有的方法解放论》，载《亚太研究论坛》，第54期，2011年。）

participativa en primera persona, a fin de obtener experiencias y recursos primarios. Sobre esta base, se debe hacer que la investigación de campo, junto con el tradicional análisis de documentos, se combinen y ayuden a reforzar el análisis teórico, con el fin de garantizar al mayor grado posible la calidad científica y la objetividad de la investigación. Tomando esta vía de investigación no solo se beneficiaría a los investigadores para que estos conozcan más apropiadamente la región, sino que su materialización también aportaría a la sociedad un estudio más real, objetivo y diverso de América Latina.

Sin embargo, el trabajo *in situ* frecuentemente requiere grandes cantidades de recursos y tiempo, por lo que es muy difícil de generalizar en la práctica. EE.UU. representa el modelo de los estudios latinoamericanos, y pese a que hasta la fecha se ha basado en la metodología *in situ*, también ha implementado algunas medidas auxiliares extremadamente importantes. Los estudios latinoamericanos en EE.UU. son un producto realizado por los estadounidenses y latinoamericanos conjuntamente, y no para los latinoamericanos. A partir de esta experiencia, creemos que la investigación *in situ* es una buena forma de suplementar o de asimilar orgánicamente el estudio de China por los latinoamericanos con el estudio latinoamericano por los chinos, y establecer un nuevo modelo académico de relaciones mutuamente beneficiosas de cooperación. Actualmente, con el doble impulso del surgimiento de China y el estrechamiento de las relaciones sino-latinoamericanas, el estudio de China en América Latina también ha comenzado a convertirse en una nueva tendencia cada vez más popular. Sin embargo, al igual que los estudios latinoamericanos por parte de China, los estudios chinos por parte de América Latina también se enfrentan a similares problemas en la investigación local o *in situ*. De cara a los retos comunes y al alto nivel de complementariedad, el estudio recíproco entre ambas partes, mediante el intercambio, la compartición de información y la colaboración, podrá alcanzar un desarrollo y avance mutuos: en primer lugar, se podrá promover el desarrollo de los estudios chinos en Latinoamérica y, en segundo lugar, se podrán potencialmente crear y formar a los socios académicos de China que investigan la región latinoamericana.

7.1.3.3 Transformación de los contenidos de la investigación

Dado que la orientación política es la característica general del desarrollo de los estudios latinoamericanos en China, es comprensible que, pese a que este campo iniciase sus andaduras con la historia latinoamericana, este ámbito no se haya constituido como el principal dentro de la investigación sobre América Latina. Incluso no es nada raro que los graduados de másteres y doctorados con una orientación histórica, una vez que han obtenido un puesto de trabajo en las instituciones, empiecen a concentrarse en la investigación de problemas actuales y reales. En realidad, la investigación sobre el desarrollo de todas las instituciones nacionales dedicadas a los estudios latinoamericanos ha mostrado lo que ya nos imaginábamos: los estudios de la región se concentran significativamente en la política, la economía y las relaciones internacionales, los tres campos tradicionales de investigación. Estos tres ámbitos han sido concebidos frecuentemente como el "uso pragmático" en el estrechamiento de las relaciones entre China y América Latina.

Comparado con China, EE.UU., modelo por antonomasia de los estudios latinoamericanos, ofrece un estudio mucho más variado, incluso cada vez más enfocado en el "uso de lo inútil". Tomando como ejemplo la publicación oficial de la Asociación Americana de Estudios Latinoamericanos (LASA, por sus siglas en inglés), *Latin American Research*

Review, de los 45 artículos académicos publicados en 2017, un 58% de ellos se centró en las humanidades (antropología, historia, literatura y cultura) y un 42% se enfocó en las ciencias sociales (economía, política, asuntos internacionales y sociología). De ellos, las investigaciones literaria y cultural se han convertido en los últimos años en los campos más destacables de investigación[1]. Y la revista china *Estudios Latinoamericanos* pese a que se denomina una revista académica multidisciplinar, al principio publicaba ensayos académicos sobre literatura, aunque recientemente se ha centrado más en asuntos reales de economía, política y relaciones internacionales. Por supuesto, quizás sea mejor actualizar los objetivos de la revista y principalmente (dedicarse a) publicar sobre importantes cuestiones reales y teóricas de la región latinoamericana y las relaciones entre China y América Latina, los asuntos puntuales importantes e innovar en temas de vanguardia y avanzar en resultados científicos.

Precisamente, con el impulso acelerador de la orientación política, los estudios latinoamericanos reflejan desequilibrios significativos con respecto al contenido de investigación. A grandes rasgos podría resumirse en "diez muchos y diez pocos": mucho estudio regional, poco estudio comparativo entre países; mucho estudio macro, poco estudio micro; mucho estudio sobre las potencias (de la región), poco estudio sobre los pequeños países (de la región); mucha investigación aplicada, poca investigación básica; mucho estudio sobre temas candentes, poco estudio sobre temas menos populares; mucha investigación reiterada, poca investigación innovadora; mucho estudio real, poco estudio de la historia; mucho estudio "útil", poco

① Aníbal Pérez-Liñán, "Report from the Editor (2018)" en *Latin American Research Review* 53(3), pp. 425-428. DOI: https://doi.org/10.25222/larr.635.

estudio "inútil"; mucha investigación fragmentada, poca investigación sistemática; y mucho estudio de una disciplina, poco estudio multidisciplinar. En realidad, el fundamento de estos "muchos" y "pocos" refleja el fuerte pragmatismo que delinea y obstruye la investigación académica de América Latina, la excesiva importancia dada a la investigación aplicada y la omisión de la investigación básica académica. Sin embargo, hay que alertar de que se ha confirmado que no hay suficiente solidez académica en el apoyo de conocimientos básicos, por lo que no se pueden ofrecer recomendaciones de alto valor para las políticas. En otras palabras, "dar importancia al significado de la academia y ofrecer buenas recomendaciones para las políticas gubernamentales no deberían en sí ser contradictorios, sino que se debería fomentar el avance de ambas de manera recíproca"①.

En esta nueva etapa, tras la expansión del equipo dedicado a los estudios latinoamericanos y, en especial, con la mayor diversidad en la formación de los nuevos estudiantes investigadores, el contenido de los estudios latinoamericanos inevitablemente deberá tender hacia una mayor diversidad en el futuro. Sin embargo, esta mayor diversidad en el contenido, por un lado, dependerá de la autonomía de las instituciones y los investigadores; y, por otra parte, dependerá de la orientación positiva de las publicaciones académicas (como *Latin American Research Review* y las asociaciones académicas (como la Asociación China de Estudios Latinoamericanos).

7.1.3.4 Los estudios latinoamericanos en China en esta nueva etapa

Tras setenta años, especialmente en estos últimos cuarenta años de desarrollo, los estudios latinoamericanos en China han establecido un

① Tang Shiping, Zhang Jie, Cao Xiaoyang, "Los estudios regionales en China: logros, brechas y expectativas", en *World Economics and Politics*, núm.11, 2005, p.14.

nuevo escenario y han avanzado hasta un nuevo momento histórico: ante una nueva etapa, hay que ser útil a esta nueva etapa. "La entrada de China en esta nueva era, donde cada día se aproxima más a ser un actor central, señaliza el actual estado del desarrollo de China, su tendencia y su visión de desarrollo, que comparte la misma dirección con el resto del mundo. Entrelazándose mutuamente y llena de emoción recíproca, China está cambiando profundamente al mundo y el mundo está influyendo profundamente en China"[1]. En este nuevo inicio histórico, la demanda por los estudios latinoamericanos en China va a ser mayor, va a tener requisitos más altos, fuertes y va a apuntar al futuro. De cara a este nuevo momento histórico, las instituciones de estudios latinoamericanos en China y sus académicos deberán urgentemente transformar su concepción y forma de pensamiento por una perspectiva del mundo, una metodología de investigación más científica, unos sujetos de investigación más diversos y un fortalecimiento significativo de la investigación básica. Es decir, tener un plan de formación académica "robusto", en el que también se deberá emplear la investigación "capilar" para las políticas.

Sin embargo, debemos tener claro que estos cambios estructurales tan urgentes no son en lo absoluto labor de un día. Pese al desarrollo fragmentado e intermitente de los primeros 50 años tras la fundación de la República Popular China y el desarrollo a increíble velocidad de los 20 años posteriores, los estudios latinoamericanos en la actualidad aún se encuentran en una fase inicial, y por un tiempo significativo seguirán en esta fase; es decir, aún requerirá tiempo contar con un servicio de alta precisión

① Tong Xin, "Sobre la nueva era", en *Qiushi*, http://www.qstheory.cn/dukan/qs/2019-01/01/c_1123923778.htm , fecha de consulta: 26/11/2019.（同心：《论新时代》，载《求是》。）

para las políticas estratégicas del Estado en América Latina. La creación de conocimientos conlleva un camino largo y lleno de obstáculos. Y para pasar de esta fase inicial es probable que hagan falta por lo menos dos o tres generaciones, más un trabajo activo y una transformación proactiva. Tomando hoy como ejemplo, y encarando los retos, la Asociación China de Estudios Latinoamericanos aún debe transformarse y convertirse en el líder de esta gran transformación. Debe constituir, además, la asociación integral de investigadores sobre Latinoamérica más grande a nivel nacional. De cara a un desarrollo institucional "explosivo", la Asociación China de Estudios Latinoamericanos tal vez esté confundida: está contenta por el "desarrollo floreciente", pero preocupada por este "crecimiento salvaje". De cara a una Asociación China de Estudios Latinoamericanos en esta nueva era, probablemente en un futuro no solo será necesario cambiar o ampliar su objetivo de una función de cuerpo "colectivo" a una "servicial" y "de liderazgo", sino que deberá también esforzarse por asistir a cada vez más nuevas instituciones emergentes a sobrepasar "los tres pasos históricos", ayudándoles a convertir su fuerza en números en una fuerza propia de un auténtico ejército. Este sería el primer paso, además de un paso importante, para dejar atrás la fase inicial actual y situarse en este nuevo inicio histórico para avanzar hacia el futuro.

7.2 Los estudios chinos en América Latina

En comparación con los países desarrollados de Europa y Estados Unidos, "los estudios chinos" o "las investigaciones sobre China" han sido bastante tardíos en América Latina y el Caribe. Recientemente, las relaciones entre China y América Latina se han ido estrechando y "las investigaciones sobre China" han recibido cada vez mayor atención.

En su discurso dado en la conferencia acerca del trabajo de la filosofía y las ciencias sociales, el presidente Xi Jinping indicó de forma clara que es necesario apoyar e incentivar la construcción de centros de investigación académica sobre China en el extranjero, apoyar a las asociaciones extranjeras y fundaciones a que investiguen las cuestiones de China, fortalecer los intercambios de conocimientos entre el interior y exterior de China, e impulsar las investigaciones sobre China en el extranjero[①].

Considerando que en China el conocimiento actual sobre los estudios chinos realizados en América Latina es prácticamente inexistente, en este capítulo nos proponemos primeramente cubrir las líneas de desarrollo de los estudios chinos en América Latina. Sobre esta base analizamos las características de dicho desarrollo y los retos que afronta y, asimismo, hacemos un planteamiento preliminar acerca de cómo avanzar en el fortalecimiento y apoyo de los estudios chinos en América Latina.

7.2.1 Etapas del desarrollo de los estudios chinos en América Latina

Los estudios chinos en Occidente se dividen a grandes rasgos en tres etapas: estudios chinos vinculados a los viajes, estudios chinos ligados a los misioneros y estudios chinos especializados. Entre todos ellos, *Los viajes de Marco Polo* constituye la pieza fundacional de los estudios chinos relativos a

① Xi Jinping, "Discurso dado en la conferencia acerca del trabajo de la filosofía y las ciencias sociales", en *People's Daily*, 19 de mayo de 2016.（习近平：《在哲学社会科学工作座谈会上的讲话》，载《人民日报》。）

los viajes[1].

La verdadera fuente de los estudios chinos realizados en América Latina también procede de las memorias de viajes[2], siendo *Viaje de Nueva Granada a China y de China a Francia*[3], publicada por el colombiano Nicolás Tanco Armero en 1861, la primera obra relacionada con los estudios chinos; y que va seguida de la obra *A China e os chins: Recordações de viagem*, publicada por el brasileño Henrique Carlos Ribeiro Lisboa en 1888. Estos dos estudios chinos de viajes escritos por latinoamericanos han tenido una profunda influencia, aunque pocos los conozcan en la actualidad.

Viaje de Nueva Granada a China y de China a Francia es la primera obra producida en Colombia, e incluso en toda América Latina, de estudios chinos relativos a memorias de viajes en la que de manera sistemática se realizan registros sobre China. El conocimiento del autor sobre China refleja profundamente la dualidad de las élites intelectuales latinoamericanas como identidad criolla.

① Zhang Xiping, "El valor histórico de Los Viajes de Marco Polo, la obra fundacional de los estudios chinos de viajes realizados en Occidente", en *Tribune of Social Sciences*, núm.8, 2017, pp.115-122.（张西平：《西方游记汉学的奠基之作——〈马可波罗游记〉的历史价值》，载《社会科学论坛》，2017年第8期。）

② Zhang Kai considera que José de Acosta, Juan de Palafox-Mendoza, junto con Stonehenge son los primeros sinólogos de Latinoamérica, aunque ello carece de base científica. La Latinoamérica de aquel periodo pertenecía a las colonias españolas. Con la excepción de Palafox-Mendoza (nacido en el actual México), todos los demás habían nacido en España, por lo que es más adecuado considerarlos sinólogos españoles. En realidad, en la obra titulada *Sinología en España (1552-2016)* (China Social Science Press, 2017, p.564) publicada por Zhang Kai se incluyen en su registro a estos tres sinólogos. Ver Zhang Kai, "Investigaciones de los primeros sinólogos latinoamericanos", en *Sinología Internacional*, 2014, núm.1, pp.138-158.（张铠：《拉丁美洲早期汉学家研究（16—18世纪）》，载《国际汉学》，2014年第1期。）

③ Tanco Armero, *Viaje de Nueva Granada a China y de China a Francia*, traducción de Zheng Kejun, Beijing: Beijing LibraryPress, 2006, p.293.（唐可·阿尔梅洛：《穿过鸦片的硝烟》，郑柯军译，北京图书馆出版社，2006年。）

A China e os chins: Recordações de viagem es la primera obra de viajes sobre China escrita en Brasil por un diplomático, donde el autor expone ante los brasileños los aspectos respetables de China y los chinos, y considera que Brasil puede aprender de China y establecer con ella relaciones prácticas como socio comercial y político[1].

Se puede afirmar que estas dos primeras obras de estudios chinos en América Latina, al analizar a China, se posicionan en el tercer polo de los intercambios culturales entre Oriente y Occidente, reflejando especialmente la complejidad del conocimiento sobre China de las primeras élites intelectuales latinoamericanas.

A partir de ese momento, y durante un largo periodo, las obras que presentaban a China a la región latinoamericana fueron escasas, hasta que después de 1949 aparecieron un conjunto de obras de viajes acerca de la Nueva China, lo que abrió una nueva etapa en la investigación sobre China en la América Latina actual. A continuación, presentamos de manera sencilla las tres etapas del desarrollo de las investigaciones sobre China en América Latina.

7.2.1.1 Primeras voces de los estudios chinos en América Latina (décadas de 1950 y 1960)

Los intercambios culturales promovidos tras la fundación de la República Popular China dieron lugar a trabajos de viajes que servían de presentación del nuevo país, cuyo resultado accidental fue que ayudaron a la promoción de los estudios chinos en América Latina. Entre 1949 y 1960 fueron invitadas más de 1500 personalidades latinoamericanas influyentes a

① Henrique Carlos Ribeiro Lisboa, *A China e os chins: Recordações de viagem*, Rio de Janeiro: Fundação Alexandre de Gusmão, 2016, p.5.

visitar China, entre las cuales había escritores, periodistas, pintores, artistas, etc. Solamente entre 1959 y 1960 hubo más de 40 periodistas que visitaron China procedentes de 9 países (Argentina, Bolivia, Brasil, Chile, Cuba, Ecuador, México, Perú y Uruguay)[1]. Después de regresar a sus países de origen, este grupo de personas invitadas finalizaron y publicaron libros que giraban en torno a sus conocimientos y contactos con China, lo que proporcionó a las siguientes generaciones un conjunto de obras vinculadas a acontecimientos ocurridos en China, convirtiéndose así en una forma de expresión de los estudios chinos realizados en América Latina.

Diario de un viaje a la China nueva, publicado en 1950 por el entonces secretario general del Partido Popular de México, Vicente Lombardo Toledano, fue la primera obra de este tipo producida en América Latina. Más tarde, hubo también algunas obras relacionadas con China realizadas por periodistas y escritores. Por ejemplo, el poeta argentino Raúl González Tuñón publicó en 1954 los cuadernos de su visita a China *Todos los hombres del mundo son hermanos*; el escritor argentino Norberto Frontini y María Rosa Oliver hicieron lo propio en 1955 con la obra conjunta *Lo que sabemos hablamos: testimonio sobre la China de hoy*; y el escritor argentino Bernardo Kordon desde 1958 comenzó a publicar de manera continuada cinco monografías incluidas en *El teatro chino tradicional*, además de fundar la Casa de la Amistad Chino Argentina, comprometiéndose a impulsar el intercambio entre intelectuales de ambos países. Asimismo, el magistrado brasileño Osny Duarte Pereira publicó primero en 1956 y después en 1957 dos obras relacionadas con la Nueva China: *Nós e a china* y

① William E. Ratliff, "Chinese Communist Cultural Diplomacy toward Latin America, 1949-1960", en *The Hispanic American Historical Review*, Vol.49, núm.1, 1969, pp.53-79.

A China de Hoje[1].

Después de 1960, los intercambios culturales entre China y América Latina comenzaron a enfriarse. A pesar de ello, la herencia de estos intercambios nunca desapareció.

La existencia e influencia de China en la cultura latinoamericana comenzó a extenderse en el ámbito académico, a lo que siguió la fundación de dos instituciones de investigación relacionadas con China.

En 1964 se estableció el Centro de Estudios de Asia y África del Colegio de México y en 1967 se constituyó la Escuela de Estudios Orientales de la Universidad del Salvador en Argentina. El Centro de Estudios de Asia y África se centró sobre todo en las cuestiones relativas al idioma chino, así como en la cultura, la historia y la política de China, mientras que la Escuela de Estudios Orientales de la Universidad del Salvador se enfocó fundamentalmente en el estudio de la cultura y filosofía de China, especialmente en el budismo. El establecimiento sucesivo de estas instituciones de estudios relacionados con China abrió una nueva vía en la investigación especializada en China dentro de la región latinoamericana.

7.2.1.2 Etapa de avance de los estudios chinos en América Latina (décadas de 1970 a 1990)

Antes de la década de 1970, a excepción de Cuba, ningún país latinoamericano tenía relaciones diplomáticas formales con China, lo que objetivamente era un importante obstáculo para los estudios chinos.

---

① Ver Felipe Camargo Gaiotto, "Brasil y las múltiples *Chinas* bajo la perspectiva brasileña: cómo el mundo académico brasileño comprende China", en *Estudios Latinoamericanos,* núm.4, 2019, p.45.（傅一晨：《巴西及其视域中的"多个中国"：巴西学术界如何理解中国》，载《拉丁美洲研究》，2019年第4期。）

En diciembre de 1970, Chile se adelantó en el establecimiento de relaciones diplomáticas con China, y de ahí se inició una ola de aperturas de relaciones diplomáticas entre China y América Latina. A finales de 1990, 33 países latinoamericanos ya habían establecido relaciones diplomáticas con China, una normalización de las relaciones sino-latinoamericanas que benefició el avance de los estudios chinos.

Durante esta etapa, la composición de los primeros estudios chinos estaría vinculada a especialistas latinoamericanos solidarios con China y a diplomáticos latinoamericanos, y después fueron continuados fundamentalmente por académicos especializados: entre los primeros estuvieron el peruano Guillermo Dañino, el colombiano Enrique Posada y el mexicano Eugenio Anguiano Roch.

Guillermo Dañino es un famoso sinólogo peruano, quien desde 1979 hasta 1991 fue invitado, en solidaridad con China, a impartir clases en universidades chinas. Después estableció su residencia en Beijing, desde donde realizó investigaciones sobre la cultura china hasta 2002. En ese momento regresó al Centro de Estudios Orientales de la Pontificia Universidad Católica del Perú, fundado en 1987, donde continuó realizando estudios sobre la cultura china. Las traducciones e investigaciones de Dañino acerca de la literatura china han tenido una importante influencia en los investigadores latinoamericanos de estudios chinos. Hasta la fecha, Dañino ha traducido y/o ha sido el autor (único) de 26 libros sobre China[①].

① Guo Cunhai (ed.), *Historia Oral: voces y testigos del intercambio cultural entre China y América Latina*, Beijing: Blossom Press, 2019, p.135.（郭存海主编：《我们的记忆：中拉人文交流口述史》，朝华出版社，2019年。）

El también sinólogo colombiano Enrique Posada es académico, periodista y diplomático. Desde su primera visita a China a mediados de la década de 1960, pasó cerca de 20 años trabajando y estudiando en China, y se ha dedicado al intercambio entre especialistas, diplomáticos y sinólogos solidarios con China. Después de que regresara a su país, organizó el Instituto Confucio de la Universidad de Bogotá Jorge Tadeo Lozano y el Observatorio Virtual de Asia Pacífico, comprometiéndose al fomento de los estudios chinos y el intercambio académico entre China y Colombia.

Eugenio Anguiano Roch fue el primer embajador de México en China, entre 1972 y 1976, misión que volvió a desempeñar entre 1982 y 1987. Puede considerársele un modelo de transición por pasar de su función de embajador a la de académico especializado en los estudios chinos. Después de su misión diplomática y regresar a México, continuó activamente en la plataforma de estudios chinos en México y América Latina, ha desempeñado entre 1994 y 2008 el cargo de director e investigador en el Centro de Estudios de Asia y África del Colegio de México, y ha publicado 10 obras relacionadas con China.

Es en este periodo, especialmente entre finales de la década de 1980 y principios de la de 1990, que la primera generación de académicos especializados en los estudios chinos comienza a madurar.

Uno de sus representantes es Eduardo Daniel Oviedo, quien fue el primer argentino en obtener una beca del Gobierno de China y que después formó parte de la primera generación de académicos que desarrollaron los estudios chinos en Argentina. Entre 1989 y 1993, Oviedo comenzó estudiando chino en el Instituto de Idiomas de Beijing, para luego especializarse en política internacional en la Universidad de Beijing. Tiene una base académica sólida, destaca por su capacidad en idioma chino y es considerado un punto de referencia y un modelo dentro de la primera generación de académicos especializados en estudios chinos.

Entre mediados y finales de la década de 1990, con el desarrollo de las empresas chinas en América Latina, los académicos latinoamericanos comenzaron a prestar atención a la investigación de las relaciones económicas y comerciales entre China y América Latina.

7.2.1.3 El despegue de los estudios chinos en América Latina (comienzos del siglo XXI)

Desde la entrada en el siglo XXI, la posición de China en el panorama mundial fue haciéndose más significativa. Al mismo tiempo, las relaciones sino-latinoamericanas se fueron desarrollando con rapidez, lo que trajo consigo que China se convirtiera en el primer o segundo socio comercial de muchos países latinoamericanos en 2014.

En América Latina, el círculo intelectual se ha incorporado con entusiasmo a esta tendencia y son cada vez más los académicos que investigan China y las relaciones sino-latinoamericanas. Este incremento se puede dividir, *grosso modo*, en dos fases con características diferenciadas entre sí.

En la primera década del siglo XXI, el incremento se debió más a una "expansión" en el campo de la investigación de las instituciones y personal previamente existentes que a un "nuevo comienzo". Por ejemplo, en el Centro de Estudios Orientales de la Pontificia Universidad Católica del Perú, fundado en 1987 y cuyos primeros pasos fueron en los estudios japoneses, Carlos Alberto Aquino Rodríguez pasó de ocuparse de la economía japonesa en 1994 a expandir sus temas de investigación hacia la economía china y las relaciones sino-latinoamericanas a comienzos del siglo XXI[①].

① Ver Carlos Aquino Rodríguez, "Acerca de los estudios sobre China en el Perú", en *Pensamiento Crítico,* vol.18, núm.2, 2014, pp.7-18.

Mientras en Argentina, el profesor Carlos Moneta del Centro de Estudios sobre Asia del Pacífico e India de la Universidad Nacional de Tres de Febrero, quien antes del año 2000 se había ocupado de la investigación en la integración político-económica de América Latina, comenzó a fijarse en las relaciones sino-latinoamericanas, sobre todo las relaciones económicas y comerciales.

Es a partir de este punto cuando los académicos comienzan a involucrarse en los estudios chinos, aunque, a pesar de que presentaban habilidades profesionales competentes, por lo general no conocían el idioma chino y tenían poco contacto con China. La mayoría de sus instituciones de investigación llevan los nombres de "Asia Oriental", "Asia", "Asia Pacífico" u "Oriental".

Esta característica cambia ya en la segunda década del siglo XXI. En estos últimos diez años, los investigadores latinoamericanos que se ocupan de los estudios chinos son relativamente jóvenes, la mayoría de ellos han recibido una formación especializada, han estudiado el idioma en China o han obtenido el grado de máster o doctor en China.

El manejo del idioma chino ya no suponía el problema principal, diferenciándose de la anterior generación de estudiantes, quienes tenían una importante carencia en este aspecto (y que solamente podían realizar estudios chinos a partir de referencias escritas en otros idiomas). Además, la mayoría de las nuevas instituciones y proyectos de investigación comenzaron a llevar directamente el nombre de "China", mientras que los temas de investigación eran ya más concretos y estaban mejor orientados.

En líneas generales, desde el inicio de este siglo, los estudios chinos en América Latina han ido despegando.

7.2.2 Características del desarrollo de los estudios chinos en América Latina

En estos últimos veinte años, los estudios chinos se han ido desarrollando velozmente en América Latina. Esto se observa especialmente en el rápido incremento de las instituciones de investigación relacionadas con China y de sus investigadores, en el incremento de la capacidad de investigación de la nueva generación y también en el establecimiento inicial de una red de estudios chinos.

Sobre la base de nuestras conversaciones y estadísticas preliminares, a continuación, realizamos un análisis de las características del desarrollo de los estudios chinos en América Latina.

7.2.2.1 Instituciones virtuales de investigación

El inicio del siglo XXI trajo que cada vez más instituciones de investigación en América Latina y su personal comenzaran a tomar a China como referencia en sus investigaciones. Asimismo, han llegado como agua de mayo algunas de las nuevas instituciones y organizaciones dedicadas a los estudios chinos.

Con base en nuestras estadísticas preliminares (ver Gráfico 7-23), hasta finales de 2019, en América Latina había 66 instituciones de investigación relacionadas con China, de las cuales 56 pertenecían a instituciones de enseñanza superior y 10 a centros de estudio sociales.

En cuanto a la distribución por países, sus características son bastante claras.

En primer lugar, las instituciones de investigación relacionadas con China se concentran generalmente en países con una estrecha relación con China, entre las cuales hay tanto países de gran tamaño como países pequeños o medianos, lo que refleja la profunda influencia de las relaciones entre países en la investigación académica.

En segundo lugar, en los países latinoamericanos de gran extensión y los países medianos con una relación cercana con China, el incremento de las instituciones de investigación relacionadas con China ha sido bastante significativo. Las estadísticas revelan que Argentina y Brasil son los dos países latinoamericanos en donde hay un mayor número de instituciones de investigación relacionadas con China (17 en cada uno). En Chile, México y Colombia, el número de instituciones se ha incrementado de manera bastante rápida, hasta alcanzar las 8, 7 y 6 instituciones, respectivamente, entre las cuales destacan las instituciones de investigación en México, dado que estas no solamente presentan una larga historia y tradición en los estudios chinos, sino que también resaltan por la cantidad de resultados y aspectos como la construcción de plataformas académicas en red.

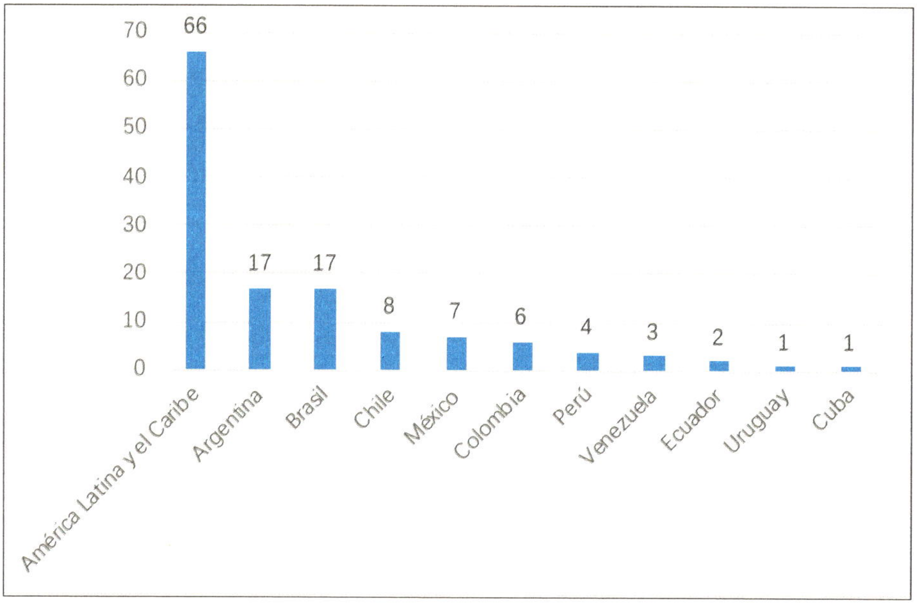

Gráfico 7-23 Distribución por países latinoamericanos de los centros de investigación relacionados con China

Sin embargo, hay que señalar que existe una realidad oculta detrás de estos números. Nos referimos a los centros virtuales de investigación. Ello se manifiesta especialmente en tres aspectos. En primer lugar, más de la mitad de estos centros son centros de investigación "relacionados con China". De estos 66 centros de investigación① incluidos en las estadísticas preliminares, 36 tienen por nombre "Asia Pacífico", "Asia", "Asia Oriental" u "Oriente", mientras que China no aparece de ninguna forma en el nombre de estas instituciones. En segundo lugar, en relación con las cualidades de estos centros de investigación, con excepción del Centro de Estudios de Asia y África del Colegio de México y el Centro de Estudios China-Veracruz de la Universidad Veracruzana, ninguno de los demás son entidades de investigación. En tercer lugar, entre 30 centros u organizaciones de investigación llevan el nombre de "China", cuyas cualidades también son complejas y diversas. De todos ellos, hay 17 centros de investigación (más del 55%), seis grupos de interés académico, tres programas de investigación, así como dos especialidades de máster. Las características anteriores muestran totalmente como, a pesar de que los estudios chinos han alcanzado un notable incremento, ello se muestra principalmente en la "cantidad" y no necesariamente en la "calidad" de los mismos.

---

① CEPAL, que obviamente no se hace llamar ni "Asia" ni "Asia Oriental", en los últimos años, sin embargo, ha sido el *think tank* latinoamericano más importante e influyente que ha realizado estudios sobre China, con más de 200.000 entradas en su sitio web oficial. Desde 1994, esta institución ha publicado 171 libros, informes anuales y artículos académicos sobre temas chinos en inglés, español y portugués, los que cubren una amplia gama de temas, como la economía de China y las relaciones entre China y Latinoamérica. Véase el sitio web oficial de la Comisión Económica de las Naciones Unidas para América Latina: https://www.cepal.org/es/publications/list?search_fulltext=china.

7.2.2.2 El aumento en la capacidad de investigación de las nuevas generaciones

Especialmente en la última década, el gran fenómeno que ha caracterizado el veloz proceso de desarrollo de los estudios chinos en América Latina ha sido el aumento en la capacidad de investigación de las nuevas generaciones.

En primer lugar, desde comienzos del siglo XXI, la conexión entre China y América Latina se ha vuelto cada vez más estrecha, al haberse convertido China en un factor importante con influencia en el desarrollo económico y social de muchos países latinoamericanos.

En segundo lugar, en el contexto de un rápido desarrollo en América Latina, los institutos Confucio y el idioma chino han abierto una vía para la capacitación de una nueva generación en los estudios chinos. Como ya se ha señalado, desde que hace más de 10 años se fundara el primer Instituto Confucio en México, América Latina cuenta ya con 25 países que han establecido un total de 45 institutos Confucio.

En tercer lugar, el "Nuevo Programa de Estudios Chinos" de Hanban (la Oficina del Consejo Internacional de la Lengua China) y otras oportunidades para realizar estudios en China han atraído a un gran número de estudiantes latinoamericanos que buscan realizar maestrías y doctorados en China. Este grupo de estudiantes extranjeros, especialmente los de doctorado, una vez que regresan a sus países de origen eligen incorporarse a trabajos de investigación académica relacionada con China en universidades y centros de investigación científica. De ahí que los estudios chinos se vean fortalecidos continuamente.

Según nuestras entrevistas y resultados estadísticos preliminares, a diferencia de la primera década del siglo XXI, entre las instituciones de investigación relacionadas con China fundadas en los últimos 10 años, hay más de la mitad que llevan el nombre de China y, además, la mayoría han sido creadas o dirigidas por personal que ha recibido educación en China. En los últimos años, ellos se han constituido como la principal fuerza impulsora de los estudios chinos en América Latina.

Las características generales de este grupo son: una edad comprendida en torno a los 30 y 40 años, cuentan con excelentes habilidades profesionales y una buena capacidad en el idioma chino, y tienen una buena disposición hacia China y un espíritu pionero innovador que les permite adaptarse a los nuevos cambios y tiempos. Se les da muy bien la comunicación con el exterior y la difusión en Internet[1]: saben crear una página principal en Facebook, configurar una cuenta en Twitter, publicar la información de su organización de manera oportuna, y siguen a otras instituciones y académicos con quienes retuitean contenidos relacionados con China.

Algunas nuevas instituciones, incluso, también han creado sus sitios web oficiales especializados, lo que no se había visto antes en la historia de los estudios chinos en América Latina. Además, toman la iniciativa al hablar, interactúan estrechamente con los medios de comunicación, conceden entrevistas y escriben artículos; organizan todo tipo de actividades académicas presenciales y/o en Internet; combinan de manera integral las investigaciones y la difusión relacionadas con China; promocionan de manera activa la creación de redes académicas e impulsan los estudios

① Brasil es prácticamente una excepción. La mayor parte de las instituciones y organizaciones de investigación relacionadas con China no han creado una página en Facebook o una cuenta en Twitter: de 15 instituciones solamente tres (el 20%) tienen presencia en alguna red social.

chinos. La nueva generación se ha convertido así en la fuerza más viva en los estudios chinos de América Latina, y se la puede considerar la esperanza y el futuro de los estudios chinos.

7.2.2.3 Los temas de investigación están relativamente concentrados y son cada vez más diversos

El carácter efímero es una característica definitoria de los estudios chinos en América Latina en cuanto a su contenido, lo que también representa una clara diferencia con respecto a los estudios chinos occidentales más centrados en la historia, la cultura y la filosofía.

Antes de la década de 1980, los temas de entonces sobre China eran la política y la revolución, lo que también se manifestó en la atención que los intelectuales latinoamericanos prestaron a China, por no mencionar las abundantes obras de viajes y aquellas del pensamiento de Mao Zedong que reflejaban el contexto de la época en China durante la época prevaleciente de la diplomacia cultural durante las décadas de 1950 y 1960[①], e incluso de los pioneros en las instituciones de investigación relacionadas con China, por ejemplo el Centro de Estudios de Asia y África del Colegio de México, que, además de los ámbitos de la literatura, la cultura y la filosofía, también se centraba en aspectos vinculados a la revolución y a las formas de conciencia.

Una vez en la década de 1980, tanto el Centro de Estudios de Asia y África del Colegio de México como la Escuela de Estudios Orientales de la Universidad del Salvador continuaron atendiendo la cultura tradicional y la

① Raquel Isamara León de la Rosa, "Estudios chinos en Iberoamérica, acerca del establecimiento de una visión global", en *Journal de la Universidad Normal de Jiangsu (Edición de Filosofía y Ciencias Sociales)*, núm.2, 2016, p.29.（拉克尔·伊萨马拉·莱昂·德拉罗莎：《伊比利亚美洲的汉学：试论一种整体观的建立》，载《江苏师范大学学报（哲学社会科学版）》，2016年第2期。）

filosofía de China, que, sin embargo, ya no ocupaban un carácter central. Así, algunos académicos latinoamericanos investigadores en historia pasaron a centrar su atención en Asia y lo hicieron con una fuerte preocupación por la realidad. En la Escuela de Historia de la Universidad Central de Venezuela, donde se había acumulado una importante investigación en el ámbito de la historia de Asia, China es una de las principales áreas de investigación. En la década de 1980, los temas tratados en este instituto se enfocaban en las relaciones sino-soviéticas, en la historia del Partido Comunista de China, en el marxismo chino, como también en los campesinos y la revolución[①].

Desde la década de 1990, y especialmente a partir de comienzos del siglo XXI, la gran mayoría de las investigaciones (con independencia de si son antiguas o nuevas instituciones de investigación relacionadas con China) se fueron centrando en la economía china, las relaciones entre China y América Latina y también entre China y países individuales de la región. Incluso en algunas instituciones sobre estudios chinos creadas, sus nombres reflejaban directamente este tipo de temáticas, por ejemplo: el Centro de Estudios China-México creado ya tempranamente en la Universidad Nacional Autónoma de México, el Centro de Estudios China-Veracruz en la Universidad Veracruzana, el Centro de Estudios de Argentina-China en la Universidad de Buenos Aires, el Grupo de Estudios Brasil-China en la Universidad Estatal de Campiñas, el Centro de Estudios Brasil-China en la Fundación Getulio Vargas, así como el *think tank* social influyente la Red Multidisciplinaria de China y América Latina, en Chile.

Se puede afirmar que los estudios chinos en América Latina, de

① Ver Neruska Rojas, Jesús Camejo, "Apuntes sobre los estudios de China en Venezuela", en *Humania del Sur*, núm.25, 2018. pp.103-120.

manera general, tienen un fuerte sentido aplicado y realista, en respuesta a las principales preocupaciones de la sociedad sino-latinoamericana. Los contenidos de estos estudios son una síntesis y reflejo de las relaciones sino-latinoamericanas y proporcionan también una opinión y orientación al desarrollo continuado de estas relaciones.

Sin embargo, como trasfondo de los estudios chinos actuales que se centran en las relaciones entre China y América Latina, también está latente una tendencia cada vez mayor hacia la diversificación.

Con el acercamiento de los intercambios humanos y culturales entre China y América Latina y el fortalecimiento continuado de la asociación cooperativa estrecha e integral entre ambas, el contenido de los estudios chinos en América Latina se ha vuelto cada vez más profundo y extenso. Cada vez más se están expandiendo desde algunas áreas concentradas en la política, la economía y las relaciones internacionales hacia numerosas áreas de la historia, la sociedad, la cultura, la ciencia y tecnología, el pensamiento, el medio ambiente y la antropología.

Esto va a ayudar a reflejar y exponer de un modo más integral la historia y el presente de China, y a construir el futuro de la relación entre China y América Latina.

7.2.2.4 Diversificación en la forma de presentar los resultados de investigación

El veloz desarrollo de los estudios de investigación en América Latina no solo se refleja en la magnitud de sus organizaciones y personal, sino también en el incremento continuo de los resultados de investigación. La vía básica de presentación de los resultados de investigación lo constituyen las revistas académicas. Tan pronto como en la década de 1950, los intelectuales latinoamericanos crearon la que se considera la primera revista de investigación acerca de China, llamada *Cultura China*.

Esta revista fue creada por el poeta argentino Raúl González Tuñón, el pintor Juan Carlos Castagnino y los escritores María Rosa Oliver y Norberto Frontini. El ideal de la revista era mediante la misma comunicar "China y Argentina, Oriente y Occidente: todos los caminos llevan a la amistad. Elegimos el camino de la cultura, ya que esta es una gran avenida de transmisión del pensamiento. Los pueblos de ambos países pueden conocerse mejor mediante la misma"[①]. Desgraciadamente, esta revista solamente se publicó en dos volúmenes (1954 y 1955) y después detuvo su actividad. Aun así, dicha revista ha tenido una influencia profunda en la historia de la relación cultural entre China y Argentina, e incluso entre la de China y América Latina. En la actualidad, la revista más influyente dentro de la región latinoamericana es *Dangdai*, la cual persigue el mismo fin y ha rendido homenaje a la pionera predecesora.

Con el fin de facilitar el acceso a los resultados de los estudios chinos realizados en América Latina, aquí tomamos como referencia temporal las revistas y otras publicaciones continuas, mientras que en el caso importante de los libros prevemos dedicar otra investigación.

Sobre la base de nuestras estadísticas preliminares, hasta la fecha existen 10 tipos de publicaciones continuas de estudios relacionados con China realizadas por instituciones de investigación vinculadas con dicho país (ver Tabla 7-1).

Estas publicaciones continuas presentan de manera general las siguientes características.

---

① Federico von Baumbach, "*Revista Cultura China*, un antecedente de *Dangdai*", en *Revista Dangdai*, núm.21, 2018, p37, http://dangdai.com.ar/joomla/index.php?option=com_content&view=article&id=8862:revista-cultura-china-un-antecedente-de-dangdai&catid=2:cultura&Itemid=9.

En primer lugar, entre los medios de publicación existen tanto las formas editoriales tradicionales en papel como también las formas de edición electrónica mejor adaptadas a los tiempos actuales. Las ediciones publicadas en los últimos años suelen ser más frecuentes en formato electrónico, lo que en cuyo caso se explica por el ahorro de costes, aunque es aún más importante la consideración del carácter inmediato de la comunicación de los resultados académicos. Sin embargo, cuatro de las ediciones tradicionales en papel cuentan hoy también con sus propias ediciones digitales, las cuales presentan un mayor rigor académico y una comunicación más adecuada.

En segundo lugar, con la excepción del título *Estudios de Asia y África*, todas las demás ediciones se han desarrollado a partir de este siglo, especialmente en los últimos 10 años. Ello pone de manifiesto el incremento de los resultados y las plataformas donde efectuar su presentación, relativos a los estudios chinos en América Latina.

En tercer lugar, la frecuencia de publicación suele ser semestral, cuatrimestral o en cada estación del año, mientras que las publicaciones bimestrales mayoritariamente se centran en trabajos individuales o artículos académicos. El Centro de Estudios de Asia y África del Colegio de México fue la primera institución de investigación relacionada con China, y su publicación *Estudios de Asia y África* es la que se ha publicado durante más tiempo y la que cuenta con un mayor número de volúmenes: 53 años consecutivos y 171 volúmenes[1].

---

① La revista *Estudios Orientales* se fundó en 1966 y en 1975 cambió de nombre a *Estudios de Asia y África*. En 1966 y 1974 se publicó semestralmente, y en el resto de años de manera cuatrimestral en promedio. Desde 1979 hasta 1987 fue una revista trimestral, y en 1988 recuperó su frecuencia de publicación cuatrimestral hasta la actualidad. https://estudiosdeasiayafrica.colmex.mx/index.php/eaa.

Por último, también debemos señalar que estas ediciones otorgan una suma importancia a la difusión al exterior y a la comunicación de resultados, y todas han creado el sitio web de publicación de la edición, su página principal en Facebook o también una cuenta en Twitter. Además, este tipo de vía de comunicación se publica simultáneamente al exterior, lo que beneficia enormemente la comunicación, difusión y transmisión de los resultados de los estudios chinos.

Tabla 7-1 Estadísticas de las ediciones continuas, creadas por las instituciones de investigación relacionadas con China en América Latina

Revista	Año de lanzamiento	Frecuencia de publicación	Números publicados	Versión	Entidad editora
Revista Asia América Latina	2015	Semestral	6	Digital	Grupo de Estudios de Asia y América Latina de la Facultad de Ciencias Sociales de la Universidad de Buenos Aires
Dangdai	2011	Cuatrimestral	27	Impreso	Casa de la Cultura China de la Universidad de Congreso (Argentina)
Estudios de Asia y África	1966	Trimestral	171	Impreso	Centro de Estudios de Asia y África del Colegio de México
Cuadernos de Trabajo del Cechimex	2010	Bimestral	49	Digital	Centro de Estudios China-México de la Universidad Nacional Autónoma de México (UNAM)
Revista Orientando	2011	Semestral	19	Impreso	Centro de Estudios China-Veracruz de la Universidad Veracruzana (México)
Humania del Sur: Revista de Estudios Latinoamericanos, Africanos y Asiáticos	2006	Semestral	27	Impreso	Facultad de Humanidades y Educación de la Universidad de Los Andes (Venezuela)
Cuadernos de China	2019	Semestral	2	Digital	Asociación Venezolana de Estudios sobre China de la Universidad de Los Andes (Venezuela)

Revista	Año de lanzamiento	Frecuencia de publicación	Números publicados	Versión	Entidad editora
Boletín "China en la Prensa Latinoamericana"	2011	Trimestral	33	Digital	Centro de Estudios Latinoamericanos sobre China de la Universidad Andrés Bello (Chile)
Working Paper Series de REDCAEM	2017	Bimestral	14	Digital	Red China y América Latina: Enfoques Multidisciplinarios (REDCAEM)
Informe CELAC-China	2019	Semestral	4	Digital	Consejo de Relaciones Internacionales de América Latina (RIAL)

Fuente: Elaboración propia basada en entrevistas e investigaciones.

7.2.2.5 La red de estudios chinos que empieza a tomar forma

Durante mucho tiempo, los estudios chinos en América Latina han sido etiquetados bajo el marco de la investigación sobre "Asia", "Asia Oriental" o "Asia Pacífico", mientras que los académicos de los estudios chinos a menudo se han encontrado "luchando por su cuenta" y, en el mejor de los casos, formando pequeños grupos de interés en sus universidades o países. Esta circunstancia no cambió ni siquiera en la primera década de este siglo. Desde la perspectiva de toda la región latinoamericana, los académicos de estudios chinos mantienen un estado de fragmentación y dispersión, esperando a que "se construya y consolide una red de producción cultural que vaya más allá de campos académicos cerrados (...) para mejorar la estructura organizativa existente e impulsar los estudios chinos hacia un nivel más alto"①.

① Ignacio Villagrán, "Estudios chinos en Argentina: cambio institucional y estado de investigación", en *Estudios Latinoamericanos*, núm.4, 2019, p.39.（毕嘉宏：《阿根廷的中国研究：机构变迁与研究现状》，载《拉丁美洲研究》，2019年第4期。）

En América Latina, la primera ola en la construcción de las redes de estudios chinos se dio con el establecimiento en 1976 de la Asociación Latinoamericana de Estudios de Asia y África. La secretaría de esta asociación se encuentra en el Centro de Estudios de Asia y África del Colegio de México, que tiene como objetivos promover el intercambio, colaboración y transmisión de información entre instituciones y académicos de estudios asiáticos y africanos en América Latina, promover el desarrollo de los estudios asiáticos y africanos en la región, y mejorar la comprensión y conocimiento de Asia y África en América Latina①.

Hasta la fecha, además de la sede central de México, dicha asociación también ha abierto siete divisiones en Argentina, Brasil, Chile, Colombia, Cuba, Perú y Venezuela, y se han celebrado 15 conferencias internacionales de la Asociación Latinoamericana de Estudios de Asia y África. La Asociación Latinoamericana de Estudios de Asia y África es la red de académicos en temas de China más antigua e institucionalizada dentro de la región latinoamericana, y su existencia resulta muy favorable para concentrar las fuerzas vinculadas a los estudios chinos en esta región.

En la segunda década del siglo XXI, el establecimiento de un aún mayor número de instituciones relacionadas con los estudios chinos ha proporcionado un apoyo más potente a la formación de la red de estudios chinos en América Latina. Durante estos 10 años se han establecido varias plataformas relacionadas con China o los estudios chinos: la Red Académica de América Latina y el Caribe sobre China (México, 2012), el Observatorio Virtual Asia Pacífico (OVAP, Colombia, 2013), la Red Brasileña de Estudios de China (RBCHINA, Brasil, 2017), la Asociación Venezolana de Estudios

① Ver https://aladaainternacional.com/2018/10/sobre-aladaa/.

sobre China (AVECH, Venezuela, 2018) y la Red de Estudios de Asia-Latinoamérica (REDSTALL, Colombia, 2019).

A continuación, presentaremos las tres redes académicas nacionales dedicadas a los temas de China.

La Red Académica de América Latina y el Caribe sobre China fue fundada en 2012 por Enrique Dussel Peters, coordinador del Centro de Estudios China-México de la Universidad Nacional Autónoma de México, con el fin de proporcionar una plataforma de intercambio y difusión a los académicos que se dedican a los estudios relacionados con China en los países latinoamericanos. El marco organizativo de esta plataforma está compuesto principalmente por académicos mexicanos.

La plataforma, que es principalmente una plataforma de conferencias, celebra seminarios bienales sobre el tema fijo *China y América Latina y el Caribe: Oportunidades y Desafíos en el siglo XXI*, aunque es bastante débil en términos de creación de mecanismos. Aun así, esta plataforma ha tenido un gran impacto dentro de la región latinoamericana: desde 2012 hasta la actualidad ya ha celebrado cuatro seminarios internacionales, dedicados a la economía, comercio, inversiones, relaciones internacionales, recursos humanos y medio ambiente, como también a temas amplios como los idiomas, la historia y la cultura[1]. Bajo el marco de la Red Académica de América Latina y el Caribe sobre China ya se han publicado 22 colecciones de artículos, formando una marca institucionalizada en los estudios chinos.

Fundada en 2017, la Red Brasileña de Estudios Chinos es una red académica más amplia, cuya misión es unir y conectar a los académicos brasileños, periodistas, empresarios, diplomáticos que realizan trabajos

---

① https://www.redalc-china.org/v21/es-es/.

relacionados con China en todo el mundo, a fin de promover la comprensión de China. En 2018 y 2019, la red celebró la primera y segunda Reunión de la Red Brasileña de Estudios de China en la Pontificia Universidad Católica de Minas Gerais y la Universidad Estatal de Campiñas, respectivamente, para explorar las relaciones entre China y Brasil en diversos campos. Desde 2017, la Universidad Estatal de Campiñas ha realizado por tres años consecutivos el "Seminário Pesquisar a China Contemporânea" (Seminario de Investigación sobre la China Contemporánea).

En 2018, Venezuela estableció también un grupo similar de estudios chinos: la Asociación Venezolana de Estudios sobre China. En comparación con la envergadura de las redes de Brasil y México, la Asociación Venezolana de Estudios sobre China se ha centrado más en el desarrollo a pequeña escala y ha fundado la revista electrónica *Cuadernos de China*. En cada volumen, según distintos niveles (de análisis), se publica un artículo académico importante. Los académicos proceden principalmente de Venezuela, aunque también reciben aportaciones de académicos de otros países latinoamericanos.

Muchas redes académicas están respaldadas por conferencias de carácter académico, como por ejemplo las mencionadas de la Red Académica de América Latina y el Caribe sobre China y la Red Brasileña de Estudios Chinos. Sin embargo, en los últimos años, toda una serie de conferencias internacionales sobre estudios chinos también han jugado un papel importante en la promoción de la formación de redes académicas para estudios chinos en América Latina; por ejemplo, el primer y segundo Congreso Latinoamericano de Estudios Chinos celebrados en la Universidad Nacional de La Plata en Argentina en 2011 y 2019, respectivamente; la referida universidad también participó en la organización del primer Simposio Latinoamericano del Foro

Mundial de Estudios Chinos en 2018; la Universidad de Costa Rica realizó el Simposio Internacional sobre Estudios de China en 2012 y publicó el libro *Estudios chinos desde una perspectiva latinoamericana*①, y en 2019 celebró el primer Foro Internacional Latinoamericano de Estudios Chinos con el título de "Encuentro con China".

7.2.3 Oportunidades y retos para los estudios chinos en América Latina

7.2.3.1 Futuros escenarios de los estudios chinos en América Latina

A partir de la acumulación y el desarrollo logrados especialmente en los últimos 20 años, los estudios chinos en América Latina ya han despegado, presentando un enorme potencial latente de desarrollo.

En el próximo periodo, con el continuo avance de la asociación cooperativa integral entre China y América Latina, los estudios chinos en América Latina van a ganar un mayor impulso y espacio para el desarrollo.

En primer lugar, la relación sino-latinoamericana impulsada económicamente está logrando dar forma a una comunidad de futuro compartido, por lo que las dos partes son cada vez más interdependientes. Ambas necesitan urgentemente promover el acoplamiento de estrategias de desarrollo a través del diálogo de civilizaciones y el aprendizaje mutuo, a fin de promover el desarrollo sostenible de las relaciones mutuamente beneficiosas para China y América Latina. Esta nueva situación no solamente proporciona temas de investigación al ámbito académico de

① Susan Chen Mok, Jorge Bartels Villanueva, Ricardo Martínez Esquivel (eds.), *Estudios sobre China desde Latinoamérica: Geopolítica, religión e inmigración*, Sección de Impresión del SIEDIN, 2013, p.288.

China y América Latina, sino que también ofrece oportunidades para el intercambio académico entre ambas partes.

En segundo lugar, los intercambios humanos y culturales ya se han convertido en el nuevo pilar de las relaciones entre China y América Latina. Con este impulso, en el futuro se va a ampliar tanto el número como las disciplinas de estudios de los estudiantes latinoamericanos en China, lo que beneficiará la preparación de talentos para los estudios chinos en América Latina y la profundización del desarrollo de los estudios chinos en la región latinoamericana. Al mismo tiempo, el número de estudiantes chinos que cursan maestrías y doctorados en América Latina ha ido aumentando continuamente en los últimos años y seguramente se incrementará aún más. La presencia de estos estudiantes chinos ayudará a compensar la falta de académicos chinos en las instituciones latinoamericanas de investigación relacionadas con China, así como a estimular y ayudar el desarrollo de los estudios chinos en América Latina.

Finalmente, en los últimos años, los estudios latinoamericanos en China han proporcionado nuevas oportunidades a académicos latinoamericanos de trabajar y estudiar en China, lo que en sí mismo también es beneficioso para el desarrollo de las instituciones de investigación y personal dedicados a los estudios chinos en América Latina.

Con todo, la potente existencia de factores chinos en la sociedad latinoamericana, así como los importantes intercambios y el gran desarrollo de los círculos académicos chinos y latinoamericanos, impulsarán a más académicos latinoamericanos a prestar atención a las cuestiones chinas. De hecho, a medida que la asociación integral entre China y América Latina se vaya profundizando, las principales cuestiones teóricas y prácticas de interés mutuo se ampliarán de áreas puramente tradicionales como la política, la diplomacia y la economía a muchos otros campos como el medio ambiente, el trabajo, la sociedad, la cultura, la historia, la ciencia y la tecnología. Ello está destinado a atraer a académicos latinoamericanos de diferentes orígenes profesionales para unirse al debate, ayudando así a fortalecer los talentos dedicados a los estudios chinos en América Latina.

7.2.3.2 Retos a los que se enfrentan los estudios chinos en América Latina

Aunque la primavera de los estudios chinos en América Latina ya haya llegado y sus perspectivas sean prometedoras, todavía hay un largo camino por recorrer antes de que realmente puedan desarrollarse. Los estudios chinos en América Latina todavía se enfrentan a muchas restricciones, especialmente en aspectos tales como el desarrollo institucional, los recursos dedicados a la investigación y la construcción de talentos.

En primer lugar, en comparación con estudios de otras regiones, los estudios chinos se han destacado recientemente. Sin embargo, en general todavía están en una zona límite. Hasta la fecha, y con la excepción del Centro de Estudios de Asia y África del Colegio de México, las instituciones relacionadas con China o con los estudios chinos en América Latina prácticamente no cuentan con otras entidades de investigación. En la mayoría de los casos, en las instituciones de investigación relacionadas con China, los estudios chinos están representados como mucho por una o dos personas. En esencia, muchos centros de estudios chinos no presentan gran diferencia con pequeños equipos de investigación, pareciéndose más bien a un grupo de interés dedicado a la investigación.

En segundo lugar, la falta de recursos de apoyo a la investigación limita en gran medida la expansión de los estudios chinos y la construcción de un poder discursivo sobre China. Por lo que sabemos de nuestras entrevistas, muchas instituciones dedicadas a los estudios chinos carecen de recursos de investigación y documentación publicados en China, especialmente revistas en papel y bases de datos electrónicas orientadas a los estudios chinos en chino, inglés, español o portugués. Si a ello añadimos las limitaciones de la capacidad lingüística en chino, se ve que muchos académicos latinoamericanos de los estudios chinos no tienen más opción que leer las referencias de los académicos europeos y estadounidenses relativas a los estudios chinos. La existencia de este medio occidental frente a la carencia de acceso a las fuentes primarias orientales ha influido en gran medida sobre la cognición y juicios de los académicos latinoamericanos hacia China. Aunque algunas instituciones dedicadas a los estudios chinos se asocian con los institutos Confucio, los libros de apoyo proporcionados por estos, sin embargo, no pueden satisfacer las necesidades con respecto a las referencias de estas instituciones y de los académicos latinoamericanos, ni desde el punto de vista de la cantidad como tampoco de la calidad de dichas referencias.

Finalmente, es necesario fortalecer y mejorar la construcción de talentos especialistas en estudios chinos. En la actualidad, hay dos tipos de académicos que se dedican a los estudios chinos en la región latinoamericana. Un tipo son los académicos dedicados a los estudios de China bajo el marco de estudios de "Asia Pacífico" o "Asia": su disciplina no está especializada en los estudios chinos, y China es tan solo uno de los objetos de investigación. Este tipo de académicos básicamente no entienden chino, tienen una comprensión limitada de China e, incluso, nunca han estado en China. Un posible objetivo de los equipos de investigación dedicados a los estudios chinos es ampliar su comprensión y contacto con China, e incrementar su capacidad en la investigación sobre China. El otro tipo son los académicos especializados en los estudios y enseñanza chinos pertenecientes a universidades o instituciones de investigación. Estos académicos generalmente saben más sobre China, viajan a China con relativa frecuencia y tienen investigaciones relativamente especializadas en ámbitos concretos. Ellos son la fuerza principal de los estudios chinos y se suelen enfrentar al reto de mejorar aún más su capacidad lingüística y promover aún más la profundización de su investigación.

En definitiva, ambos tipos de académicos necesitan más oportunidades y espacio para mejorar los intercambios y contactos con sus homólogos chinos. Es necesario mencionar que en América Latina ninguno de estos dos tipos de académicos se especializa en la investigación académica, sino que normalmente tienen que compatibilizar la enseñanza con la investigación. Si bien ello ha ejercido una presión sobre sus investigaciones sobre China, también ofrece, no obstante, una excelente oportunidad para la herencia académica. Actualmente, además de las maestrías y doctorados en estudios chinos del Centro de Estudios de Asia y África del Colegio de México, la Universidad Nacional de La Plata y la Universidad Nacional de Lanús en Argentina también ofrecen programas de maestría en estudios chinos. Por supuesto, muchas universidades en Brasil, México, Argentina, Perú y otros países también ofrecen cursos de estudios asiáticos que incluyen a China para estudiantes de grados universitarios.

7.3 Construir una comunidad académica sino-latinoamericana y promover un desarrollo en la integración

A través del análisis paralelo del desarrollo de los estudios latinoamericanos en China y de los estudios chinos en América Latina, se ha de saber que:

Los estudios latinoamericanos en China y los estudios chinos en América Latina, aunque comenzaron en distintos momentos y el grado de desarrollo es también diferente, presentan muchos puntos en común y similitudes. Por ejemplo, ambos comparten una fuerza impulsora fundamental: las necesidades objetivas y subjetivas generadas por el desarrollo cada vez más estrecho y veloz de la relación sino-latinoamericana.

En este sentido, ambos se centran en las relaciones políticas, económicas e internacionales, lo que refleja que los estudios latinoamericanos en China y los estudios chinos en América Latina presentan ambos un fuerte pragmatismo y dirección política, destinados a servir al rápido desarrollo de las relaciones entre China y América Latina.

Por otra parte, tanto los estudios latinoamericanos en China como los estudios chinos en América Latina han entrado en un periodo de transición, de manera que han pasado de centrarse en un campo de las ciencias sociales puras a un ámbito más amplio de las humanidades y ciencias sociales, a fin de alcanzar una comprensión más completa de ambas partes y lograr simultáneamente los dos objetivos de la investigación regional y nacional, es decir: servir tanto a la investigación de políticas como a la producción de conocimiento para el público.

En realidad, los estudios latinoamericanos en China y los estudios chinos en América Latina no solo presentan características similares en su desarrollo, sino que también se enfrentan a retos similares en su desarrollo; por ejemplo: el que haya algunas instituciones de investigación con un carácter más virtual que real, la expansión en la escala del personal de investigación y la mejora de sus capacidades, y especialmente las dificultades en la "localización" de los métodos de investigación. Todo ello está obstaculizando un desarrollo más avanzado de los estudios latinoamericanos en China y los estudios chinos en América Latina.

Construir un nuevo tipo de relación de cooperación y asistencia mutua para promover la integración de los estudios chinos en América Latina y los estudios latinoamericanos en China puede ser una forma viable de hacer frente a estos desafíos comunes. La encuesta del primer periodo muestra que los estudios latinoamericanos en China han logrado un desarrollo "explosivo" en las últimas dos décadas[1], pero uno de los principales cuellos de botella es el problema de la "localización"[2].

Al integrarse los estudios chinos en América Latina con los estudios latinoamericanos en China, no solo se puede ayudar a resolver el problema de la "localización" que enfrentan ambas partes, sino que también se puede optimizar la asignación de recursos de enseñanza e investigación a través del intercambio y de su realización, de ahí que los estudios chinos en América Latina y los estudios latinoamericanos en China puedan complementarse entre sí y desarrollarse juntos. Por supuesto, existe también una buena noticia destacable: la consolidación de la red de estudios chinos en Latinoamérica, la optimización de la misma, así como la formación de la comunidad académica sino-latinoamericana.

① Guo Cunhai, "70 años de estudios latinoamericanos en China: desarrollo institucional y desafíos de su transición", en *Estudios Latinoamericanos*, núm.4, 2019, pp.1-24.（郭存海：《中国拉美研究70年：机构发展与转型挑战》，载《拉丁美洲研究》，2019年第4期。）

② Guo Cunhai, "70 años de estudios latinoamericanos en China: desarrollo institucional y desafíos de su transición", en *Estudios Latinoamericanos*, núm.4, 2019, pp.1-24.

CAPÍTULO 8

El mecanismo de los intercambios culturales: La fuerza impulsora de la cooperación colectiva entre China y América Latina

La cooperación colectiva entre China y América Latina supone todo un hito y es resultado del desarrollo de las relaciones entre ambas partes en la segunda década del siglo XXI. Entre los factores que determinan que los intercambios culturales y el poder blando se puedan constituir en una fuente impulsora de la cooperación colectiva entre China y América Latina en esta nueva era aparecen: la transformación histórica de las relaciones entre China y América Latina, los profundos cambios en la circunstancia internacional, el valor especial de los intercambios culturales, así como los factores relativos al nuevo desarrollo de la cooperación e integración regional latinoamericana. De ahí que la cooperación colectiva se pueda transformar en una plataforma adecuada para la constitución tanto de tales intercambios culturales como de dicho poder blando.

8.1 Situación general de la cooperación colectiva entre China y América Latina

La cooperación colectiva entre China y América Latina se inicia formalmente en julio de 2014, habiéndose celebrado hasta el momento dos conferencias de rango ministerial en enero de 2015 y enero de 2018. De este modo, varias formas de cooperación funcional se están promoviendo como parte de todo tipo de foros entre China y América Latina, así como de la cooperación colectiva entre ambas partes. La plataforma de cooperación intergubernamental impulsada por los ministerios de Relaciones Exteriores de los países de la Comunidad de Estados Latinoamericanos y Caribeños (CELAC) y China incluye como principales mecanismos del Foro China-CELAC: las conferencias ministeriales, el diálogo entre ministros de Relaciones Exteriores de China y la CELAC, y las reuniones entre coordinadores nacionales (reuniones oficiales de alto nivel). Entre los foros sectoriales y reuniones de especialistas ligados al Foro China-CELAC encontramos: el foro ministerial de agricultura, el foro de jóvenes políticos, el foro de amistad entre los pueblos, el foro de *think tanks*, la alta cumbre empresarial, el foro de innovación científico-tecnológica, el foro de cooperación en infraestructuras, el foro de partidos políticos, el foro de cooperación entre gobiernos locales, así como el diálogo y la mesa redonda de políticas de medio ambiente y desarrollo.

Desde 2014, las investigaciones relacionadas con la cooperación colectiva entre China y América Latina se concentran en dos aspectos: 1) el proceso, las causas y las consecuencias de la cooperación colectiva, sobre todo analizando su evolución, motivaciones de fondo, oportunidades y retos; 2) contenidos y dinámicas, encontrados durante la realización de investigaciones en cooperación colectiva, incluyendo áreas de cooperación, planes, principios, especialmente sus vías y mecanismos.

Dentro de las preguntas encontradas en el primer aspecto mencionado (proceso, causas y consecuencias) destacan los siguientes puntos:

1. La disposición estratégica de la diplomacia china que, en consecuencia, involucra los nuevos conceptos e iniciativas en política exterior planteados por los líderes chinos. Por ejemplo, se hace alusión a la "comunidad de futuro compartido de la humanidad" y a "la Franja y la Ruta", cubriendo una serie de cuestiones detectadas que han de resolverse en la práctica

de la diplomacia. En este sentido, destacamos la "doble cobertura" en la disposición de la estrategia exterior, por la que nos referimos a la cobertura total de los diálogos integrales de los países en desarrollo y a la cobertura plena de todos los países latinoamericanos, incluyendo aquellos que todavía no han establecido relaciones diplomáticas con China.

2. La elección de la política exterior por los países latinoamericanos. Por ejemplo, de aquellos patrones en la diplomacia centrados en Europa y Estados Unidos, se ha hecho un giro a la región de Asia-Pacífico, especialmente al "tren rápido de desarrollo de China".

3. Los resultados escalonados en la evolución de las relaciones sino-latinoamericanas; es decir, la necesidad y posibilidad de profundizar en la construcción de una plataforma aún mayor de cooperación erigida sobre las relaciones entre ambos actores y las múltiples partes que intervienen en las mismas.

4. Las necesidades de desarrollo interno de China y América Latina; especialmente, aquellas necesidades donde se puede encontrar en la otra parte una interfaz estratégica, mientras cada parte atraviesa su propia transición de estructura económica y de modelo económico, facilitando así la formación de patrones necesarios de interacción. Simultáneamente, la integración a nivel regional de América Latina ha proporcionado una premisa básica para la cooperación colectiva entre China y América Latina, que también recibiría el impulso progresivo de la nueva plataforma (antes mencionada).

5. Los cambios en los patrones globales, incluyendo los intercambios interregionales y las nuevas tendencias en la cooperación Sur-Sur. Asimismo, la tendencia hacia la progresiva globalización que ha producido, y que va a continuar produciendo, un impacto importante en la cooperación

colectiva entre China y América Latina.

Con relación al segundo aspecto (contenidos y dinámicas), las investigaciones realizadas subrayan que la cooperación colectiva debe orientarse hacia la línea prioritaria de las relaciones económicas y comerciales. Sobre la base de las características en la evolución de estas relaciones entre China y América Latina, distinguimos dos fuerzas y tendencias: primero, el planteamiento del "doble impulso" representado por el comercio y las inversiones; segundo, los programas de cooperación clarificados en documentos de cooperación entre China y América Latina.

Las investigaciones, en muchos casos, también han destacado la cualidad totalizante del rango de actuación de la cooperación colectiva. La cooperación bilateral incluye la comunicación en cada una de las áreas de la política, las relaciones exteriores y el ámbito sociocultural. Sin embargo, el punto que recibe la mayor atención en el tema de la cooperación colectiva entre China y América Latina concierne al establecimiento de vías y mecanismos incluidos en la misma; en su mayor parte, afectan los siguientes aspectos: la línea prioritaria de las relaciones económicas y comerciales; la diplomacia pública; la interacción bilateral-colectiva; efectos que ya tienen mecanismos en la plataforma; el liderazgo de China; las múltiples opciones de apoyo mutuo vinculadas a la estrategia de China.

Con respecto al establecimiento de estos mecanismos, un buen número de investigaciones han constatado los documentos derivados del Foro China-CELAC e indicado sus características flexibles, pragmáticas, abiertas e inclusivas que, simultáneamente, han destacado la preparación sistemática de los "mecanismos blandos".

Debemos entender correctamente la relación entre la cooperación integral y la cooperación colectiva, así como el contenido "substantivo" y la preparación procedimental de la cooperación colectiva.

Habitualmente, encontramos la cooperación total entre China y América Latina situada dentro de la "construcción en cinco áreas", lo que incluye: la confianza política mutua, los intercambios económico-comerciales, los intercambios culturales, la coordinación internacional y la interacción bilateral-colectiva, siendo el estímulo a la interacción entre la cooperación colectiva y la cooperación bilateral solo una parte de la cooperación integral. Según lo que normalmente se entiende por "cooperación integral", y dentro de su marco conceptual, los intercambios económico-comerciales se llevan a cabo de forma pragmática y cooperativa en función de sus propias cualidades y demandas, aplicándose sobre las naciones, ministerios, empresas y proyectos. Por esto, la tarea principal de la cooperación colectiva se debe entender como proporcionar visiones de manera responsable, crear un ambiente adecuado y buscar consensos y una coordinación general.

En cuanto a la pregunta de si es mejor la preparación del contenido "substantivo" de la cooperación colectiva o la preparación "procedimental", pues la cooperación colectiva es un nivel de la relación dentro de la cooperación bilateral, cuyo significado fundamental es que cada país latinoamericano actúa como un ente que establece el diálogo y la cooperación con la parte china, lo cual sirve para reflejar los deseos de todos los países latinoamericanos. Es, en este sentido, a lo que nos referimos como preparación "procedimental".

La programación de la agenda de la cooperación colectiva entre China y América Latina avanza de acuerdo con la práctica política. Tomando como ejemplo la cooperación económico-comercial, habitualmente se citan "tres fuerzas" en dicha cooperación: comercio, inversión y finanzas; y ligados al desarrollo impulsado por el propio comercio.

También se cita la expresión numérica "1+3+6", donde "1" se refiere al Plan Quinquenal de Cooperación Chino-Latinoamericano y el Caribe; "3" equivale a los anteriormente nombrados comercio, inversión y finanzas; mientras que "6" alude a las seis áreas de energía y recursos, construcción de infraestructura, agricultura, manufactura, innovación científica y tecnológica, y tecnologías de la información.

Además, se emplea la expresión "3×3", donde el primer "3" se refiere a las interacciones empresariales, interacciones sociales e interacciones gubernamentales; el segundo "3" equivale a los fondos, el crédito y la financiación de seguros; mientras que el tercer "3" va ligado a la circulación de mercancías, la electricidad y los canales de información. Todos estos factores incluidos en los "3×3" han dado forma a la situación y demandas en las relaciones bilaterales económicas entre China y América Latina de la segunda década del siglo XXI. Todo ello ha sido una mejora cualitativa con respecto al pasado, aunque en las próximas etapas debe mejorar aún más y ser totalmente actualizado.

En relación con la cooperación funcional, aquí nos referimos a las operaciones reales dentro de cada área de cooperación, sin diferenciar entre áreas principales y secundarias. Por ejemplo, la seguridad política, los asuntos internacionales o los intercambios culturales pueden ser considerados en determinado momento dentro de aquellas cuestiones especialmente prioritarias para la cooperación colectiva.

A principios del siglo XXI, la consideración principal fue que la cooperación económico-comercial, tomada como la base de la cooperación total entre China y América Latina, era definida a largo plazo como la línea prioritaria en la cooperación. Sin embargo, en el nivel de cooperación colectiva, una vez que los objetivos generales y las voluntades en la relación económico-comercial hayan sido ya debatidos y se haya alcanzado un consenso, las operaciones concretas deberán implementarse dentro del nivel bilateral o multilateral a pequeñas dimensiones. No obstante, además de las relaciones económico-comerciales, en la cooperación entre otras áreas existe aún más posibilidades de que se diseñen planes y se efectúen operaciones reales a nivel colectivo.

8.2 Intercambios transregionales y cooperación colectiva entre China y América Latina

8.2.1 Tipología y función del interregionalismo

Los intercambios transregionales normalmente se refieren a los intercambios e interacciones de personas, productos e información entre las distintas regiones del mundo. En nuestro caso empleamos un concepto amplio de región, que se puede referir a continentes, a una región dentro de un continente, a un grupo de países pertenecientes a una cultura, y a algunas regiones que también pueden ser categorizadas como subregión. Por ejemplo, América Latina es definida como región, dentro de la cual, Centroamérica, los Andes y el Cono Sur son subregiones. Los intercambios transregionales, en consecuencia, son aquí considerados como las relaciones establecidas entre este tipo de regiones o subregiones, siendo dichos intercambios un fenómeno histórico que, sin embargo, adquiere un nuevo sentido y delimitación conceptual a partir de mediados del siglo XX.

Conforme se desarrollaba el establecimiento de regiones tras la Segunda Guerra Mundial –tales como la cooperación e integración entre países dentro de regiones o subregiones (especialmente con los organismos y sistemas regionales)–, las relaciones e interacciones interregionales pasaron a tener un nuevo nivel y elemento en la investigación de las relaciones internacionales. Estos incluyen la comunicación entre distintas regiones y organismos, y también los foros de cooperación interregional formados entre países de distintas regiones o entre grupos de países entre distintas regiones.

De esta forma, el regionalismo ha dado paso al interregionalismo. Las investigaciones de especialistas extranjeros (ubicados fuera de China) comenzaron su análisis de las relaciones exteriores de la Comunidad Europea en la década de 1970, y es a finales de la década de 1990 cuando se conforma un nuevo objeto de investigación en las relaciones exteriores.

Aquí repasamos brevemente las tipologías y los debates teóricos de las investigaciones sobre los interregionalismos actuales. Esperamos que ello sirva para encontrar algunas líneas de análisis para el conocimiento de la cooperación colectiva entre China y América Latina.

En cuanto a la delimitación tipológica del interregionalismo, el primer tipo de método de clasificación divide las relaciones interregionales de carácter institucional en cinco formas: organismos regionales o grupos regionales; relaciones entre organismos regionales pertenecientes a regiones distintas; relaciones entre organismos regionales y grupos regionales (ambos pertenecientes a regiones distintas); relaciones entre grupos regionales pertenecientes a regiones distintas; y relaciones entre organismos regionales y grupos de Estados o países procedentes de dos o más regiones[1].

---

① Ver Heiner Hänggi, "Interregionalism as a multifaceted phenomenon", en *Interregionalism and International Relations,* Heiner Hänggi, Ralf Roloff, Jürgen Rüland (eds.), London and New York: Routledge, 2006, pp.31-62. En adelante, las citas que vamos a utilizar de este libro serán de esta misma edición y las indicamos solo con la información del autor y del número de la página.

El segundo método de clasificación divide el interregionalismo en: birregionalismo o interregionalismo bilateral, es decir, definido como el diálogo entre grupos de países pertenecientes a distintas regiones; transregionalismo, aquel en el que sus miembros participan con identidad independiente en dispositivos de carácter difuso[①].

En las anteriores dos metodologías de clasificación, se han incluido contenidos relativos a las relaciones en el desarrollo entre un país, por un lado, y un organismo regional o grupo de países, por el otro. Las investigaciones realizadas sobre interregionalismo en el cambio al siglo XXI han reflejado los principales discursos del momento en las investigaciones de las relaciones internacionales.

Según los discursos ligados a las principales teorías de las relaciones internacionales, se pueden sintetizar varias funciones vinculadas con las relaciones interregionales o transregionales, donde dichas funciones también son la motivación para que cada país pueda participar en estos vínculos interregionales o transregionales, por ejemplo: funciones de equilibrio o seguimiento; funciones de construcción/fortalecimiento institucional; funciones de racionalización en la toma de decisiones en foros globales multilaterales; funciones de programación de la agenda; funciones de construcción de identidades colectivas; y funciones de promoción del desarrollo[②].

① Jürgen Rüland, "Inter- and Transregionalism: Remarks on the State of the Art of a New Research Agenda", *National Europe Center Paper* n. 35, documento preparado para el Workshop on *Asia-Pacific Studies in Australia and Europe: A Research Agenda for the Future,* Australian National University, 5-6 de julio, 2002; Heiner Hänggi, Ralf Roloff, Jürgen Rüland (eds.), 2006, pp.295-313.

② Heiner Hänggi, Ralf Roloff, Jürgen Rüland (eds.), pp.10-12 y 300-310.

8.2.2 El concepto de la comunicación transregional y la cooperación colectiva entre China y América Latina

La cuestión que vamos a tratar aquí es la cooperación colectiva entre China y América Latina, donde cubriremos las investigaciones relativas al interregionalismo y transregionalismo, con el fin de emplear una perspectiva teórica para su análisis. Nuestra fórmula empleada de "transregionalismo", en principio, va a cubrir todos los discursos relacionados con los fenómenos "interregionales" o "transregionales".

El concepto "transregional" está relacionado con el concepto "transnacional" en un sentido de nivel de análisis donde lo "transregional" incluye actores (por ejemplo, el Estado) situados por debajo del nivel regional. Consideramos como método adecuado emplear la "comunicación transregional" para abarcar los significados tanto del proceso de interacción interregional como de su sentido a nivel transregional.

8.2.3 Institucionalismo y análisis cultural

En el proceso de evolución progresiva de las agendas de interregionalismo y transregionalismo, las investigaciones en la materia han mantenido un equilibrio aproximado entre el institucionalismo y el análisis cultural[①].

La cuestión de institucionalización se relaciona con las investigaciones académicas sobre el "nuevo" o "viejo" regionalismo; por tanto, guarda relación con las características de la institucionalización "profunda", la homogeneidad de sus miembros, la inclinación hacia políticas comerciales proteccionistas, la integración positiva y el supernacionalismo selectivo.

Un nuevo regionalismo se define como un tipo de "regionalismo

---

① Heiner Hänggi, Ralf Roloff y Jürgen Rüland (eds.), pp.9-10.

abierto" dirigido a responder a las demandas de mecanismos de cooperación en un contexto de interdependencia compleja entre relaciones internacionales de respuesta y la integración cada vez mayor en la economía mundial. Las características de estas demandas, en consecuencia, se manifiestan en estructuras flexibles e informales, en un nivel de institucionalización simple y blando, en un intergubernamentalismo y en un principio de no interferencia, donde sus miembros tienden a la heterogeneidad y sus tendencias políticas son el libre comercio y la reducción de las interferencias del Estado.

Los países en desarrollo, actuando como miembros principales de los nuevos organismos regionales, están especialmente interesados en trasladar las características de estos sistemas a las relaciones interregionales. En consecuencia, tienden a impulsar foros consultivos, evitando así las decisiones vinculantes y los costes de gobernanza excesivos. A través de 20 años de práctica y evolución, los problemas de la institucionalización en los intercambios transregionales han adquirido unos casos empíricos y perspectivas de observación totalmente nuevos, especialmente desde la crisis de 2008 y con la enorme incertidumbre a la que se enfrenta el sistema de gobernanza global en la actualidad. Cómo gestionar las relaciones transregionales entre las nuevas economías emergentes y un mundo desarrollado que está reajustando su horizonte en Europa y EE.UU. es, sin duda alguna, una cuestión que vale la pena explorar desde un punto de vista tanto teórico como político.

Al mismo tiempo, el mundo académico debería atender al análisis cultural de los intercambios transregionales. La preparación institucional de los organismos regionales y de las relaciones interregionales no solamente se corresponden con los requerimientos de la globalización y la regionalización, sino que también vienen determinados por algunas características culturales de los países miembros.

La investigación empírica muestra que distintas regiones del mundo pueden cultivar una cultura de cooperación específica, mientras la predisposición cultural y las normas de comportamiento de una región determinada definen el suelo de dicha cultura para/con la cooperación. En la comunicación transregional, determinadas culturas cooperativas regionales pueden también dar lugar al reconocimiento de una identidad colectiva. Por ejemplo, las interacciones transregionales entre el Sudeste Asiático y la Unión Europea han fortalecido el reconocimiento de las regiones; de este modo, aparte del legado histórico, el rápido desarrollo económico y la mayor autoconfianza política son factores que han reforzado la construcción de la identidad del Sudeste Asiático.

Esta actitud independiente con respecto al antiguo soberano se manifiesta en el relativismo cultural asiático, que rechaza el universalismo europeo, convirtiendo a los valores asiáticos y la "manera asiática" de gestionar las relaciones internacionales en un tipo de poder blando único de los países del Sudeste Asiático, que adicionalmente ha tenido su influencia en el proceso de reglamentación global. Sus normas "bandera" incluyen principios como el pragmatismo, la flexibilidad, la informalidad, la toma de decisiones consensuada, el intergubernamentalismo, las instituciones débiles y el principio de no injerencia[①].

La investigación de los especialistas chinos sobre los intercambios transregionales se centran generalmente en los países en desarrollo y en el análisis correspondiente de casos, poniendo el foco de sus investigaciones

① Heiner Hänggi, Ralf Roloff, Jürgen Rüland (eds.), pp.9-10.

en el diálogo colectivo y los mecanismos de cooperación entre China y los grupos regionales pertenecientes al mundo en desarrollo.

Los académicos chinos suelen recalcar los principios de guía del gobierno, instituciones débiles y la no injerencia al tratar las características generalizadas de estos mecanismos, que se ajustan bien a las normas extendidas en las regiones en desarrollo y a las normas típicas de los países en desarrollo en materia de relaciones exteriores. Al mismo tiempo, nos encontramos con que los mecanismos de cooperación en distintas regiones suelen recibir una atención por parte de los especialistas chinos, aunque de distintos niveles.

Por ejemplo, el papel central que ocupa la cuestión de la ayuda al desarrollo en el Foro de Cooperación China-África; el eje principal de la cooperación energética propuesto en el Foro de Cooperación China-Estados Árabes; los contenidos de cooperación en la cuestión del "tren rápido de desarrollo de China", ligada a la cooperación China-Europa Central y Oriental; o también los diferentes niveles de consideración con respecto a los países con los que China todavía no mantiene relaciones diplomáticas, en el momento de diseñar los foros de cooperación entre China y África, y entre China y América Latina; los matices de posicionamiento de las organizaciones regionales dentro de los Foros de Cooperación China-África y China-CELAC; los ajustes estructurales de las organizaciones regionales en el marco de la cooperación entre China y Europa Central y Oriental, etc.

Un eslabón débil relativamente poco mencionado en estas investigaciones es el análisis cultural. ¿Sobre qué elementos se erigen los "sistemas blandos" en los diálogos colectivos y los mecanismos de cooperación entre potencias emergentes?

Aunque la entrada de factores políticos o de factores relativos a las relaciones exteriores sea inseparable de un determinado ambiente sociocultural, el funcionamiento de los acuerdos regionales o transregionales a veces se puede solucionar o puede fracasar tan solo dependiendo de factores humanos, como, por ejemplo, los efectos del liderazgo o los efectos culturales. Las investigaciones sobre cooperación regional y diálogo colectivo entre las potencias emergentes, especialmente los estudios y análisis comparativo entre las similitudes y diferencias, no han tenido en cuenta los factores culturales. Por ello, este tipo de investigaciones son todavía muy superficiales en cuanto a alcanzar el nivel de cognición más adecuado.

8.3 Cooperación colectiva entre China y América Latina: El avance en los intercambios culturales y la construcción del poder blando

El contenido y las maneras en la práctica política de las relaciones exteriores vienen determinados por condiciones espacio-temporales definidas y por sus requerimientos. Las relaciones entre China y América Latina y la cooperación total entre ambas incluyen toda una variedad de asuntos y ámbitos, cuyos modos de gestión y "vías de salida" son también muy variables. La cuestión clave consiste en las demandas principales de ambas partes y en las condiciones para hacerlas realidad en un momento dado.

En principio, cada uno de los contenidos pertenecientes a la cooperación integral, entendidos dentro de la "construcción en cinco áreas", puede ocupar una posición central en la relación bilateral en un momento histórico determinado; mientras que la cooperación "colectiva", formada o programada en la cooperación integral, necesariamente debe adaptarse y servir a las tareas centrales en un momento específico.

Siendo una de las esferas dentro de la "construcción en cinco áreas" en la cooperación integral, los intercambios culturales son un tipo de actividad comunicativa que se puede desarrollar de manera oportuna dentro del marco de la cooperación colectiva. Una diferencia importante entre dichos intercambios y el área económico-comercial reside en que los intercambios culturales son un área de cooperación que presenta la mínima exclusión entre los niveles colectivo, bilateral y multilateral.

El razonamiento descrito anteriormente se puede desarrollar de acuerdo con las siguientes dos líneas de planteamiento:

1. La evolución histórica de las relaciones entre China y América Latina

Después de la fundación de la República Popular, China y América Latina lograron desarrollar una comunicación diplomática entre sus pueblos. Con el triunfo de la Revolución cubana a finales de la década de 1950, las relaciones políticas entre ambas partes experimentaron un gran avance, dando lugar al establecimiento de relaciones y contactos oficiales.

Durante la década de 1970 se produjo el culmen del establecimiento de relaciones entre China y América Latina. La mayor parte de los países latinoamericanos establecieron relaciones oficiales con China y se comenzaron a fortalecer las relaciones económico-comerciales, además de realizarse acciones frecuentes y definir posiciones coordinadas en el marco internacional.

En las décadas de 1980 y 1990, las relaciones económico-comerciales se volvieron un contenido importante en la comunicación bilateral. A principios del siglo XXI, el comercio, la inversión y las finanzas entraron en una fase de rápido desarrollo. En la segunda década del siglo XXI, la expresión oficial de la posición de las relaciones entre China y América Latina fue la cooperación integral en el marco de una "construcción en cinco áreas", con la que se dio inicio a una nueva etapa histórica en las relaciones sino-latinoamericanas. Además de las cada vez más cercanas conexiones políticas, económicas y en las relaciones exteriores bilaterales, los intercambios culturales, así como la cooperación colectiva, constituyeron un contenido novedoso e importante en esta etapa.

En relación con la "construcción en cinco áreas" perteneciente a la cooperación integral sino-latinoamericana, la confianza política mutua, la comunicación económico-comercial y la coordinación de las relaciones exteriores van a permitir (sobre la base de ideas comunes y del reconocimiento mutuo) evitar las prácticas cortoplacistas y construir así unas relaciones más sólidas en un momento histórico en el que el mundo está experimentando cambios profundos y las interacciones entre los países, incluso civilizaciones, se encuentran cada vez más conectadas en su estructura profunda. El desarrollo de las relaciones entre China y América Latina debe ubicarse en un fuerte punto de soporte proporcionado por la "construcción en cinco áreas"; punto que precisamente consiste en que no puede faltar ninguna de las cinco esferas, siendo su esencia los intercambios culturales y los vínculos entre los pueblos. Indudablemente, desde una perspectiva orientada hacia esta cuestión, todo ello es una de las principales preocupaciones a la que la cooperación colectiva entre China y América Latina debe ofrecer respuesta, y es también una nueva área de cooperación en continuo desarrollo dentro de la cooperación colectiva, uno de los puntos de crecimiento y una de las direcciones necesarias para mantener los esfuerzos en la sostenibilidad.

Los intercambios culturales no solamente tienen un efecto instrumental que contribuye a la cooperación política, económico-comercial y diplomática, sino que en sí mismos son un tipo de comunicación e interacción que se produce en un nivel superior y aún más profundo.

Estos intercambios culturales se pueden entender como un avance en la cooperación colectiva entre China y América Latina en un nuevo periodo, cuyo objetivo es el contenido con mayor importancia dentro de la "comunidad de futuro compartido" y otros conceptos recientemente propuestos en China. En la segunda década del siglo XXI, el diálogo de civilizaciones entre China y América Latina y los intercambios culturales ya se encontraban en un nuevo estado con respecto a periodos históricos precedentes; los intercambios e interacciones eran cada vez más frecuentes y estaban en auge en asuntos de idiomas, culturales, académicos y de medios de comunicación.

Esto es resultado de la comunicación transregional acumulada a lo largo de la historia, que naturalmente ha sido fortalecida por los rápidos avances en las relaciones políticas y económicas entre China y América Latina. Simultáneamente, todo ello está en relación de dependencia con respecto a la perseverancia y el arduo trabajo de gobernantes, pueblos y mundo académico: las tareas y metas que están actualmente en la agenda, como mínimo, ya están incluyendo la cooperación relativa a los mecanismos que conforman los intercambios culturales, como también la cooperación que promueve al sector de la cultura. Sin duda, esta es una situación muy gratificante, si bien estamos solamente ante los primeros resultados del avance en los intercambios culturales.

2. El proceso de desarrollo de la cooperación regional e integración latinoamericanas

La cooperación regional solidaria fue el sueño de parte de las élites latinoamericanas desde las Guerras de Independencia. Con posterioridad a la Segunda Guerra Mundial, América Latina fue el segundo modelo de cooperación e integración regional después de la integración europea. Desde la década de 1950 hasta la de 1970, con el proceso de industrialización por sustitución de importaciones, los principales países latinoamericanos se vieron envueltos en una ola de creciente regionalismo. En la década de 1990, los países latinoamericanos fueron también los principales practicantes del llamado "regionalismo abierto", cuando se relanzaron y reformaron las organizaciones regionales y subregionales existentes, y hacían su aparición nuevas organizaciones.

A principios del siglo XXI, con la llegada al poder en muchos países latinoamericanos de fuerzas políticas de centro-izquierda, el movimiento de cooperación e integración regionales en América Latina experimentó la llegada del periodo del "regionalismo posneoliberal", definido por una agenda política y social y por una tendencia hacia una mayor independencia. En la segunda década del siglo XXI, la construcción regional latinoamericana había llegado a un momento importante en el que el movimiento de integración, que había sido vigoroso anteriormente, se encontraba en un periodo intermitente: las organizaciones regionales y subregionales bien esperaban a ser refundadas, o bien se mantenían en un perfil bajo. Las principales características del regionalismo latinoamericano son la diversidad y la superposición de organizaciones, miembros y objetivos, en donde las áreas de la política, la economía y las relaciones exteriores están en un momento de altibajos e incertidumbre. Empleando una perspectiva histórica de largo plazo, los lazos más consistentes entre los países miembros se basan en las relaciones históricas y culturales y, en el caso de la parte latinoamericana, los esfuerzos por encontrar un mayor acuerdo se muestran más realistas en el campo social y humanístico.

La CELAC se estableció formalmente en diciembre de 2012, y su función es la de ser un mecanismo de diálogo y negociación que favorezca consensos regionales entre sus 33 países miembros. Sirve, además, como foro para la promoción de la integración política, económica, social y cultural de la región, y para alcanzar un "equilibrio en unidad y diversidad" entre todos estos países①. La CELAC no se ha constituido en una organización estable, no pertenece a ninguna organización intergubernamental internacional y sus operaciones se basan principalmente en una presidencia rotatoria y en un "sistema de cuarteto"②. Sin embargo, periódicamente celebra reuniones entre jefes de Estado o de Gobierno, como también reuniones ministeriales en todos los ámbitos.

La CELAC ha sustituido y también ha fortalecido al Grupo de Río, a la Cumbre de la Unidad de América Latina y el Caribe y a sus respectivos mecanismos operativos. El Grupo de Río se estableció en la década de 1980 como un mecanismo de consulta política formado por 24 países en ese entonces para tratar los conflictos armados en América Central y la crisis de la deuda en los países latinoamericanos. Este grupo se constituyó a finales de la Guerra Fría y se trató de un esfuerzo importante de acción colectiva de los países en vías de desarrollo para evitar las injerencias de las superpotencias, solucionar así sus propias dificultades y resolver especialmente los principales problemas de la región.

① CELAC, *Declaración de Santiago de la I Cumbre CELAC,* Santiago: CELAC, 2013. Tomado de Denis Kennedy y Brian Beaton, "Two Steps Forward? Assessing Latin American Regionalism Through CELAC", en *Latin American Policy*, vol.7, núm.1, pp.52-79.

② Daniela Segovia, "Latin America and the Caribbean: Between the OAS and CELAC", en *European Review of Latin American and Caribbean Studies,* núm.95, 2013, pp.103-104.

Tras el fin de la Guerra Fría, aunque el Grupo de Río mantiene su mecanismo periódico de reunión, todavía no persigue constituirse formalmente en una organización internacional, sino que continúa manteniendo la flexibilidad típica que le confiere ser un grupo de países. El caso es que las relaciones entre países miembros y países externos al grupo no se ven restringidas ni afectadas por reglas comunes; por ejemplo, cuando México estableció con EE.UU. y Canadá el Área de Libre Comercio de América del Norte (NAFTA, siglas en inglés), no fue sometido durante dicho proceso a ningún tipo de presión por ser miembro del Grupo de Río.

Se puede decir, por tanto, que otra función del Grupo de Río consiste en ser un canal para expresar las demandas comunes de los países latinoamericanos en asuntos políticos y económicos en el ámbito internacional, de manera que sus miembros también puedan expresar sus deseos y objetivos para la cooperación regional, y buscar oportunidades de cooperación entre los países miembros. Sin embargo, los procedimientos anteriores carecen de fuerza vinculante para los países miembros y el grupo tampoco cuenta con un mecanismo de seguimiento y aplicación de las políticas. Así, el contenido específico de la cooperación depende de la consulta de varios grupos de trabajo.

Por su parte, la Cumbre de la Unidad de América Latina y el Caribe es un mecanismo de promoción de la integración regional constituido por países latinoamericanos durante la crisis global financiera de 2008. Esta cumbre fue el primer mecanismo en la historia regional latinoamericana que excluyó la presencia de Estados Unidos. Después de la fundación de la cumbre, sus objetivos y sus varias iniciativas básicamente han sido tomadas en cuenta en las múltiples agendas propuestas por la CELAC.

A modo de síntesis, los objetivos principales de la CELAC son: 1) afrontar los desafíos internos, tales como analfabetismo, discriminación racial, desigualdad de género, corrupción política, hambre y pobreza; 2) oponerse a la injerencia externa e intromisión en los asuntos internos; 3) expresar la preocupación de la región sobre los problemas de representación y discriminación dentro de las organizaciones internacionales; 4) establecer un sistema financiero regional; 5) proponer políticas para mejorar la infraestructura en los países miembros; 6) establecer zonas de preferencia comercial en la región y reducir los aranceles; 7) proponer políticas energéticas que den cobertura a toda la región; 8) coordinar la convocatoria de las cumbres comerciales tanto de los grupos de las regiones del mundo como de los países del Sur; 9) anunciar el establecimiento de una zona libre de armas nucleares y zona de paz en América Latina[①].

De lo anterior se desprende que la CELAC no solo ha heredado la tradición que el Grupo de Río tenía de "dar voz" a los países latinoamericanos en el terreno internacional, expresando las demandas de la región latinoamericana sobre los asuntos internacionales de tipo político, económico y social, sino que también ha mantenido directa y totalmente toda una serie de acuerdos políticos que la Cumbre de la Unidad de América Latina y el Caribe tenía dentro de los ámbitos de los impuestos, el comercio, la energía y la infraestructura.

Al mismo tiempo, debemos saber que la cobertura de los objetivos de la CELAC es muy amplia y es mucho más que la cooperación económica.

① CELAC, *Plan de Acción de Caracas 2012*, Caracas: CELAC, 2012; CELAC, *Declaración de La Habana*, Havana: CELAC, 2014: CELAC, *Plan de Acción de la CELAC 2015*, Belén, Costa Rica: CELAC, 2015. Tomado de Denis Kennedy y Brian Beaton, "Two Steps Forward? Assessing Latin American Regionalism Through CELAC", en *Latin American Policy*, vol.7, núm.1, pp. 52-79.

En este sentido, no faltan gestos políticos vinculados a los intereses "materiales", como demandas que incluyen cuestiones de desarrollo en energía, infraestructura y finanzas, ni tampoco deben ser ignorados los contenidos "inmateriales". Se ha de reconocer que, debido a su tardía institucionalización, falta de consenso interno y capacidad de aplicación de acuerdos, y al hecho de que los países miembros tienen sus propias posturas en cuestiones de desarrollo y relaciones internacionales, la CELAC afronta grandes desafíos al trabajar una colaboración económica en busca de intereses "materiales".

La importancia de la CELAC se manifiesta en otro aspecto: su contribución al reconocimiento de la identidad regional sobre bases históricas y culturales, lo que incluye la posición de los países del Sur y las economías en vías de desarrollo. Hasta cierto punto logra expresar los valores comunes e ideas de sus 33 miembros; por ejemplo, la paz y la soberanía, especialmente la no injerencia en política interna, el derecho internacional, el multilateralismo, etc. Para los países latinoamericanos, la importancia de todos estos aspectos no es secundaria respecto a la cooperación económica①.

Conclusiones

En esta tercera década del siglo XXI, y de forma similar a otras tendencias en la estrategia de las relaciones exteriores de China, las

① Denis Kennedy, Brian Beaton, "Two Steps Forward? Assessing Latin American Regionalism Through CELAC", en *Latin American Policy*, vol.7, núm.1, pp.52-79.

relaciones entre China y América Latina también afrontan nuevas oportunidades y desafíos.

El mundo entero está empezando a experimentar una gran transformación sin precedentes en el último siglo: tanto China como América Latina se enfrentan a la cuestión de cómo abordar las nuevas tareas históricas en este contexto. Debido a las muchas similitudes en sus experiencias históricas y en sus demandas realistas, ambas partes tienen la necesidad objetiva y el deseo subjetivo de cooperar juntas.

La posición y planificación de la cooperación total entre China y América Latina han trazado un plan que cubre un rango extremadamente amplio de temas, si bien su realización todavía requiere un arduo trabajo a largo plazo de ambas partes.

La cooperación colectiva entre China y América Latina ha supuesto todo un hito en el desarrollo de sus relaciones en la década anterior que, encontrándose en un momento crucial, debe utilizar su propio marco, mecanismos y cobertura con carácter único, asumiendo roles y misiones difíciles de reemplazar por otros medios para la coexistencia armoniosa entre los países, los grupos étnicos y las civilizaciones.

La perspectiva de la comunicación transregional en el estudio de las relaciones internacionales, especialmente en aquellos análisis de las instituciones y culturas involucradas, ha sentado una cierta base cognitiva para que podamos comprender la naturaleza e importancia de la cooperación colectiva sino-latinoamericana. En función de las ricas experiencias que emanan de la práctica, podemos ampliar plenamente la amplitud y profundidad en nuestra comprensión de este fenómeno de las relaciones internacionales.

En los análisis del pasado de las relaciones sino-latinoamericanas, la lejana distancia, la escasa comunicación y el insuficiente conocimiento fueron considerados como un importante obstáculo para las relaciones entre las dos partes. Hoy en día, cuando las dificultades físicas y tecnológicas pasadas van siendo superadas, somos conscientes de que la comprensión mutua entre ambas partes debe ser reflejada a través del espejo de la propia cultura, debe ser transmitida mediante terceros medios, o combinada con la influencia de factores como nuestras propias expectativas sobre la comprensión de la parte latinoamericana. Todo esto podría traer desafíos todavía mayores a la distancia, la falta de comunicación o el conocimiento mutuo superficial. También somos conscientes de que, puesto que el conocimiento se forma de manera gradual, este resultará razonablemente insuficiente en algún momento determinado. Además, terceras partes (por ejemplo, los europeos o estadounidenses) con más recursos y fuentes de información, igual podrán publicar noticias falsas o distorsionadas a su beneficio. Por lo tanto, los futuros intercambios culturales afrontarán pruebas aún más severas.

En la segunda mitad del siglo XX, China y América Latina fueron las dos grandes regiones geográficas más alejadas en términos políticos y económicos, siendo las interacciones de China con Europa, América del Norte, África y Asia más frecuentes que aquellas con América Latina. Con el paso al siglo XXI, las relaciones político-económicas entre China y América Latina se han ido intensificando progresivamente.

Mientras tanto, los intercambios intermitentes de productos y personas a lo largo de varios siglos han sentado, asimismo, una base preliminar para el entendimiento mutuo entre China y América Latina. Después de la fundación de la Nueva China fueron surgiendo en este país estudios e investigaciones sobre la historia y la cultura (idiomas, literatura) latinoamericanas, así como investigaciones en política, economía y relaciones internacionales al servicio del nuevo país. Todo esto, unido al desarrollo en los últimos años de temas relacionados con América Latina en otras disciplinas de las ciencias sociales (por ejemplo, arqueología y antropología), nos lleva a plantearnos las siguientes preguntas: ¿Nos encontramos ante una cuestión de "mejora de la calidad" en los intercambios entre ambas partes? ¿El contacto profundo entre ambas grandes civilizaciones se encuentra en una nueva coyuntura?

Según hemos propuesto en este capítulo, la construcción del poder blando puede convertirse en un punto de desarrollo en una nueva etapa de la cooperación colectiva sino-latinoamericana. Por una parte, "conectar" la historia y la cultura de los países latinoamericanos a través de los intercambios culturales ya tiene una base de consenso en la parte latinoamericana en su conjunto, y no plantea ningún desafío a la coordinación mutua entre los países latinoamericanos. Por otra parte, los contenidos "blandos" de los mecanismos pertenecientes a la cooperación colectiva sino-latinoamericana están a la espera de ser desarrollados.

Para ampliar la proporción y el peso de este tipo de cooperación dentro de los mecanismos de cooperación colectiva, China tiene abundantes recursos sobre la base de su historia y cultura, como también todo un grupo de especialistas a lo largo de muchos años de comunicación, investigación y docencia.

En cuanto al desarrollo y utilización completos de los procedimientos existentes y a continuar impulsando la construcción básica de aspectos tales como la historia, la cultura y los idiomas, la cooperación colectiva sino-latinoamericana presenta condiciones plenas para ejercer funciones sin precedentes después de que las relaciones entre ambas regiones hayan entrado en una nueva fase histórica.

Se espera que ello, por un lado, potencie las fuentes y energía de la cooperación colectiva y, por otro, contribuya a solucionar las cuestiones difíciles y superar los cuellos de botella dentro de otros ámbitos pertenecientes a la cooperación total. Es todavía aún más relevante el hecho de que, en el marco del diálogo entre civilizaciones, la cooperación colectiva pueda ayudar a transcender el nivel y los límites de la comunicación bilateral sino-latinoamericana, así como a construir una solución adecuada y efectiva en el marco de la propuesta de la comunidad de futuro compartido.

Como contenido perteneciente a la cooperación integral entre China y América Latina e incluido en la "construcción en cinco áreas", los intercambios culturales son, sin duda alguna, un canal primordial en este proceso de construcción. Estos intercambios se manifiestan de forma separada y destacada, con el objetivo de señalar que los intercambios e interacciones en cualquier campo de las relaciones sino-latinoamericanas involucran contactos y choques en la cognición, así como emociones e ideas entre las personas de ambas partes, aunque los resultados incluyen varias posibilidades.

Esperamos que a través de esta investigación, el círculo académico de América Latina preste una mayor atención a los nuevos aspectos emocionales y nuevas experiencias desarrollados con la entrada de China con su novedoso "rol externo" en América Latina y, consecuentemente, ayudar a encontrar algunos factores que faciliten el buen desarrollo de la relación entre ambas partes.

La cooperación colectiva entre China y América Latina ha supuesto un importante hito en el desarrollo de las recientes relaciones bilaterales y una cooperación que es el verdadero sentido de su misión y que va a ampliar la eficacia de dicha plataforma en todos los ámbitos. La cuestión del poder blando, los intercambios culturales y el diálogo de civilizaciones son adecuados en todos sus niveles. No obstante, muestran todo su sentido y valor únicos en el desarrollo del nivel de la cooperación colectiva.

ANEXO

ANEXO I

Instituciones de estudios latinoamericanos de China

	Institución	Año de establecimiento	Sede
1	中国社会科学院拉丁美洲研究所 Instituto de América Latina (Academia China de Ciencias Sociales)	1961	Beijing
2	中国现代国际关系研究院拉丁美洲研究所 Departamento de Estudios Latinoamericanos (Instituto de Relaciones Internacionales Contemporáneas de China)	1980	Beijing
3	中国社会科学院世界历史研究所拉丁美洲研究室 Departamento de Investigación Histórica Latinoamericana del Instituto de Historia Mundial (Academia China de Ciencias Sociales)	1964	Beijing
4	商务部国际贸易经济合作研究院美洲与大洋洲研究所 Instituto de América y Oceanía de la Academia de Comercio Internacional y Cooperación Económica (Ministerio de Comercio de China)	2017	Beijing
5	中国国际问题研究院拉丁美洲和加勒比研究所 Instituto Latinoamericano y del Caribe (Academia de Estudios Internacionales de China)	2019	Beijing
6	北京大学巴西文化中心 Centro Cultural Brasileño (Universidad de Beijing)	2004	Beijing
7	北京大学拉丁美洲研究中心 Centro de Estudios Latinoamericanos (Universidad de Beijing)	2003	Beijing
8	清华大学中国—拉丁美洲管理研究中心 Centro de Estudios sobre la Administración de China-América Latina (Universidad Tsinghua)	2013	Beijing
9	中国人民大学拉丁美洲研究中心 Centro de Estudios Latinoamericanos (Universidad Renmin de China)	2014	Beijing
10	对外经济贸易大学拉丁美洲研究中心 Centro de Estudios Latinoamericanos (Universidad de Economía y Negocios Internacionales)	2009	Beijing

	Institución	Año de establecimiento	Sede
11	对外经济贸易大学葡语国家研究中心 Centro de Investigación de Países Lusohablantes (Universidad de Economía y Negocios Internacionales)	2011	Beijing
12	对外经济贸易大学太平洋联盟国家研究中心 Centro de Investigación de la Alianza del Pacífico (Universidad de Economía y Negocios Internacionales)	2017	Beijing
13	中国政法大学拉美和加勒比地区法律和公共政策中心 Centro de Derecho y Políticas Públicas de América Latina y el Caribe (Universidad de Ciencias Políticas y Derecho)	2015	Beijing
14	北京外国语大学拉丁美洲研究中心 Centro de Estudios Latinoamericanos (Universidad de Estudios Extranjeros de Beijing)	2018	Beijing
15	北京第二外国语学院秘鲁文化研究中心 Centro Peruano para Estudios Latinoamericanos (Universidad de Estudios Internacionales de Beijing)	2015	Beijing
16	北京交通大学乌拉圭研究中心 Centro de Estudios Uruguayos (Universidad Jiaotong de Beijing)	2017	Beijing
17	北京语言大学拉丁美洲研究中心 Centro de Estudios Latinoamericanos (Universidad de Lengua y Cultura de Beijing)	2015	Beijing
18	首都师范大学中国与拉丁美洲古代文明比较研究所 Instituto de Estudios Comparativos de Civilizaciones Antiguas China-América Latina (Universidad Normal de la Capital)	2014	Beijing
19	外交学院拉丁美洲研究中心 Centro de Estudios Latinoamericanos (Universidad de Asuntos Exteriores de China)	2009	Beijing
20	外交学院西班牙语国家研究中心 Centro de Investigación de Países Hispanohablantes (Universidad de Asuntos Exteriores de China)	2019	Beijing
21	中央民族大学拉丁美洲社会文化研究中心 Centro de Estudios Socioculturales de América Latina (Universidad Minzu de China)	2018	Beijing
22	西南财经大学北京研究院拉丁美洲研究中心 Centro de Estudios Latinoamericanos (Instituto en Beijing de la Universidad de Finanzas y Economía del Suroeste)	2019	Beijing

	Institución	Año de establecimiento	Sede
23	华东师范大学拉丁美洲与跨文化研究中心 Centro de Estudios Latinoamericanos y Transculturales (Universidad Normal del Este de China)	2016	Shanghai
24	复旦大学复旦—蒙特雷科技中国拉美研究中心 Centro de Estudios Latinoamericanos de Fudan-Instituto Tecnológico y de Estudios Superiores de Monterrey (Universidad de Fudan)	2015	Shanghai
25	上海国际问题研究院美洲研究中心 Centro de Estudios Americanos (Instituto de Estudios Internacionales de Shanghai)	2006	Shanghai
26	上海外国语大学巴西研究中心 Centro de Estudios Brasileños (Universidad de Estudios Internacionales de Shanghai)	2015	Shanghai
27	上海外国语大学墨西哥研究中心 Centro de Estudios Mexicanos (Universidad de Estudios Internacionales de Shanghai)	2015	Shanghai
28	上海财经大学中国—拉美法律研究中心 Centro de Estudios Jurídicos China-América Latina (Universidad de Finanzas y Economía de Shanghai)	2015	Shanghai
29	上海大学拉丁美洲研究中心 Centro de Estudios Latinoamericanos (Universidad de Shanghai)	2016	Shanghai
30	南京农业大学美洲研究中心 Centro de Estudios Americanos (Universidad Agrícola de Nanjing)	2017	Nanjing (Jiangsu)
31	南京大学金陵学院拉丁美洲研究中心 Centro de Estudios Latinoamericanos (Instituto Jinling de la Universidad de Nanjing)	2006	Nanjing (Jiangsu)
32	江苏师范大学伊比利亚美洲研究中心 Centro de Estudios Iberoamericanos (Universidad Normal de Jiangsu)	2017	Xuzhou (Jiangsu)
33	江苏师范大学中拉人文交流研究基地 Base de Investigación de Intercambios Culturales China-América Latina (Universidad Normal de Jiangsu)	2019	Xuzhou (Jiangsu)
34	常州大学拉丁美洲研究中心 Centro de Estudios Latinoamericanos (Universidad de Changzhou)	2017	Changzhou (Jiangsu)
35	广东外语外贸大学拉丁美洲研究中心 Centro de Estudios Latinoamericanos (Universidad de Estudios Extranjeros de Guangdong)	2008	Guangzhou (Guangdong)

	Institución	Año de establecimiento	Sede
36	暨南大学拉丁美洲研究中心 Centro de Estudios Latinoamericanos (Universidad de Jinan)	2017	Guangzhou (Guangdong)
37	中山大学拉丁美洲研究中心 Centro de Estudios Latinoamericanos (Universidad Sun Yat-sen)	2017	Zhuhai (Guangdong)
38	河北对外经贸职业学院玻利维亚研究中心 Centro de Estudios Bolivianos (Escuela Profesional de Economía y Negocios Internacionales de Hebei)	2017	Qinhuangdao (Hebei)
39	河北师范大学秘鲁研究中心 Centro de Estudios Peruanos (Universidad Normal de Hebei)	2012	Shijiazhuang (Hebei)
40	河北大学拉丁美洲研究中心 Centro de Estudios Latinoamericanos (Universidad de Hebei)	2017	Baoding (Hebei)
41	南开大学拉丁美洲研究中心 Centro de Estudios Latinoamericanos (Universidad de Nankai)	1964	Tianjin
42	天津外国语大学拉丁美洲研究中心 Centro de Estudios Latinoamericanos (Universidad de Estudios Extranjeros de Tianjin)	2011	Tianjin
43	四川大学拉丁美洲研究所 Instituto de Estudios Latinoamericanos (Universidad de Sichuan)	2015	Chengdu (Sichuan)
44	西南科技大学拉丁美洲和加勒比研究中心 Centro de Estudios de América Latina y el Caribe (Universidad Tecnológica del Suroeste)	2010	Mianyang (Sichuan)
45	重庆科技学院墨西哥及拉丁美洲研究中心 Centro de Estudios Mexicanos y Latinoamericanos (Universidad de Ciencia y Tecnología de Chongqing)	2016	Chongqing
46	四川外国语大学拉丁美洲研究中心 Centro de Estudios Latinoamericanos (Universidad de Estudios Internacionales de Sichuan)	2011	Chongqing
47	湖北大学拉丁美洲研究院/巴西研究中心 Instituto de Estudios Latinoamericanos/Centro de Estudios Brasileños (Universidad de Hubei)	2012	Wuhan (Hubei)
48	武汉大学—西印度大学加勒比中心 Centro Caribeño Universidad de Wuhan University of the West Indies (Universidad de Wuhan)	2012	Wuhan (Hubei)

	Institución	Año de establecimiento	Sede
49	吉林大学伊比利亚美洲研究中心 Centro de Estudios Iberoamericanos (Universidad de Jilin)	2017	Changchun (Jilin)
50	大连外国语大学安第斯国家研究中心 Centro de Estudios de los Países Andinos (Universidad de Lenguas Extranjeras de Dalian)	2017	Dalian (Liaoning)
51	福建师范大学美洲史研究院 Instituto de Historia Americana (Universidad Normal de Fujian)	2011	Fuzhou (Fujian)
52	浙江外国语学院拉丁美洲研究所 Instituto de Estudios Latinoamericanos (Universidad de Lenguas Extranjeras de Zhejiang)	2011	Hangzhou (Zhejiang)
53	安徽大学拉丁美洲研究所 Instituto de Estudios Latinoamericanos (Universidad de Anhui)	2013	Hefei (Anhui)
54	西安外国语大学拉丁美洲研究中心 Centro de Estudios Latinoamericanos (Universidad de Estudios Internacionales de Xi'an)	2017	Xi'an (Shaanxi)
55	华北水利水电大学拉丁美洲研究中心 Centro de Estudios Latinoamericanos (Universidad de Recursos Hídricos y Energía Eléctrica del Norte de China)	2018	Zhengzhou (Henan)
56	青岛大学拉丁美洲中心 Centro de Estudios Latinoamericanos (Universidad de Qingdao)	2015	Qingdao (Shandong)
57	聊城大学加勒比研究中心 Centro de Estudios Caribeños (Universidad de Liaocheng)	2019	Liaocheng (Shandong)
58	湘潭大学西班牙语国家与地区研究中心 Centro de Estudios de Países y Regiones Hispanohablantes (Universidad de Xiangtan)	2015	Xiangtan (Hunan)

ANEXO II

Instituciones y grupos de estudios chinos de América Latina

	País	Institución	Año de establecimiento	Sede
1	Argentina	Grupo de Estudios del Este Asiático (Universidad de Buenos Aires)	2001	Buenos Aires
2	Argentina	Centro de Estudios de Argentina-China (Universidad de Buenos Aires)	2018	Buenos Aires
3	Argentina	Grupo de Estudios sobre Asia y América Latina (Universidad de Buenos Aires)	2015	Buenos Aires
4	Argentina	Programa Ejecutivo sobre China Contemporánea (Universidad Católica Argentina)	2019	Buenos Aires
5	Argentina	Programa de Cooperación y Vinculación Sino-Argentino (Universidad Nacional de Lanús)	2015	Buenos Aires
6	Argentina	Especialización en Estudios de Asia Oriental (Universidad Nacional de Córdoba)	2008	Córdoba
7	Argentina	Escuela de Estudios Orientales (Universidad del Salvador)	1967	Buenos Aires
8	Argentina	Centro de Estudios Chinos (Universidad Nacional de La Plata)	1996	Buenos Aires
9	Argentina	Centro de Estudios sobre Asia del Pacífico e India (Universidad Nacional de Tres de Febrero)	Falta información	Buenos Aires
10	Argentina	Centro de Estudios Asiáticos (Universidad Nacional de Rosario)	Falta información	Rosario
11	Argentina	Grupo de Estudio sobre China y Argentina (Universidad Nacional de Rosario)	2015	Rosario

	País	Institución	Año de establecimiento	Sede
12	Argentina	Programa de Estudios de Asia Pacífico (Universidad Torcuato Di Tella)	2012	Buenos Aires
13	Argentina	Centro de Estudios de Corea y China (Universidad Nacional de Mar del Plata)	Falta información	Mar del Plata
14	Argentina	Centro de Estudios Interdisciplinarios sobre China (Universidad Nacional de San Martín)	Falta información	San Martin
15	Argentina	Observatorio Sino-Argentino	2019	Buenos Aires
16	Argentina	Centro Latinoamericano de Estudios Políticos y Económicos de China	2014	Buenos Aires
17	Argentina	Asociación Cultural Chino Argentina	2005	Buenos Aires
18	Argentina	Asociación de ex Becarios Argentina-China	2017	Buenos Aires
19	Argentina	Asociación Civil para la Cooperación Argentino-China	2012	Buenos Aires
20	Argentina	Casa Argentina de la Cultura China	2019	Buenos Aires
21	Argentina	Casa de la Cultura China (Universidad de Congreso)	2015	Buenos Aires
22	Brasil	Grupo de Estudos Brasil-China (Universidad Estatal de Campiñas)	2011	Campiñas
23	Brasil	Centro de Estudos sobre a China (Universidad Estatal de Campiñas)	2019	Campiñas
24	Brasil	Núcleo de Estudos China-Brasil (Fundación Getulio Vargas)	2017	Río de Janeiro
25	Brasil	Centro de Estudos da Ásia Oriental (Universidad Federal de Minas Gerais)	Falta información	Minas Gerais
26	Brasil	Centro de Estudos Asiáticos (Universidad Federal Fluminense)	Falta información	Fluminense

	País	Institución	Año de establecimiento	Sede
27	Brasil	Centro de Estudos sobre a China (Pontificia Universidad Católica de Sao Paulo)	2006	Sao Paulo
28	Brasil	Núcleo de Estudos Asiáticos (Universidad de Brasilia)	1987	Brasilia
29	Brasil	Centro de Ásia e América Latina (Universidad de Brasilia)	Falta información	Brasilia
30	Brasil	Instituto de Estudos Orientais (Universidad Federal de Santa Catarina)	2000	Florianópolis
31	Brasil	Instituto de Estudos da Ásia (Universidad Federal de Pernambuco)	2015	Recife
32	Brasil	Laboratório de Estudos Asiáticos (Universidad Federal de Río de Janeiro)	2010	Río de Janeiro
33	Brasil	Centro China-Brasil de Mudança Climática e Tecnologias Inovadoras para Energia (Universidad Federal de Río de Janeiro)	2009	Río de Janeiro
34	Brasil	Instituto Sociocultural Brasil China	2018	Sao Paulo
35	Brasil	Instituto Brasileiro de Estudos da China e Ásia-Pacífico	2004	Río de Janeiro
36	Brasil	Instituto de Estudos Brasil-China	2011	Río de Janeiro
37	Brasil	Grupo China (Centro Brasileiro de Relações Internacionais)	Falta información	Río de Janeiro
38	Brasil	LIDE-CHINA	2013	Sao Paulo
39	Brasil	Centro Ásia	2008	Curitiba
40	Brasil	Rede Brasileira de Estudos da China	2017	Campiñas
41	Chile	Programa de Estudios de China (Universidad de Chile)	2018	Santiago

	País	Institución	Año de establecimiento	Sede
42	Chile	Centro de Estudios Latinoamericanos sobre China (Universidad Andrés Bello)	2011	Santiago
43	Chile	Centro de Estudios y Desarrollo Asia Pacífico (Universidad Católica de la Santísima Concepción)	2005	Concepción
44	Chile	Centro de Estudios de Relaciones Internacionales (Universidad del Desarrollo)	2016	Santiago
45	Chile	Centro Asia Pacífico (Universidad Diego Portales)	2010	Santiago
46	Chile	Centro de Estudios Asiáticos (Pontificia Universidad Católica de Chile)	2012	Santiago
47	Chile	Programa Asia Pacífico (Pontificia Universidad Católica de Valparaíso)	2008	Valparaíso
48	Chile	Red China y América Latina: Enfoques Multidisciplinarios	2015	Santiago
49	Chile	Cruzando el Pacífico	2012	Santiago
50	Chile	Centro Cultural Chino	2005	Santiago
51	Colombia	Centro de Estudios Asia Pacífico (Universidad EAFIT)	2006	Antioquia
52	Colombia	Centro de Investigaciones y Proyectos Especiales (Universidad Externado de Colombia)	Falta información	Bogotá
53	Colombia	Grupo de Estudios Chinos (Universidad Nacional de Colombia)	2013	Bogotá
54	Colombia	Centro de Estudios de Asia-Pacífico y Programa de Misiones a China (Universidad Sergio Arboleda)	2017	Bogotá
55	Colombia	Cátedra Asia-Pacífico (Universidad del Norte)	2007	Barranquilla
56	Colombia	Centro de Estudios Asiáticos (Universidad Tecnológica de Bolívar)	2006	Cartagena

	País	**Institución**	**Año de establecimiento**	**Sede**
57	Colombia	Red Asia en América Latina	2019	Bogotá
58	Colombia	Observatorio Virtual Asia-Pacífico	2013	Bogotá
59	Cuba	Centro de Estudios sobre Asia y Oceanía	Falta información	La Habana
60	Ecuador	Centro de Estudios Chinos (Instituto de Altos Estudios Nacionales)	2017	Quito
61	Ecuador	Centro de Estudios Asia-Pacífico (Escuela Superior Politécnica del Litoral)	2011	Guayaquil
62	México	Centro de Estudios de Asia y África (Colegio de México)	1967	Ciudad de México
63	México	Centro de Estudios China-México (Universidad Nacional Autónoma de México)	2006	Ciudad de México
64	México	Programa Universitario de Estudios de Asia y África (Universidad Nacional Autónoma de México)	2013	Ciudad de México
65	México	Centro de Estudios China-Veracruz (Universidad Veracruzana)	2008	Xalapa
66	México	Centro de Estudios Asiáticos, (Universidad Autónoma de Nuevo León)	2006	Monterrey
67	México	Programa de Estudios Asia Pacífico (Instituto Tecnológico Autónomo de México)	Falta información	Ciudad de México
68	México	Centro de Estudios e Investigaciones sobre la Cuenca del Pacífico (Universidad de Colima)	1989	Colima
69	México	Asociación Latinoamericana de Estudios de Asia y África	1976	Ciudad de México
70	México	Red Académica de América Latina y el Caribe sobre China	2012	Ciudad de México
71	Paraguay	Grupo de Estudios: Paraguay y China Popular	2018	Asunción

	País	Institución	Año de establecimiento	Sede
72	Perú	Centro de Estudios sobre China y Asia-Pacífico (Universidad del Pacífico)	2013	Lima
73	Perú	Centro de Estudios Orientales (Pontificia Universidad Católica del Perú)	1987	Lima
74	Perú	Centro de Estudios Asiáticos (Universidad Nacional Mayor de San Marcos)	2018	Lima
75	Perú	Instituto de Estudios Clásicos Occidentales y Orientales (Universidad Ricardo Palma)	Falta información	Lima
76	Perú	Asociación de ex Becarios Peruanos de China	2018	Lima
77	Uruguay	Centro de Estudios China-América Latina para el Comercio y la Empresa (Universidad de Montevideo)	2019	Montevideo
78	Uruguay	Portal China Uruguay	2015	Montevideo
79	Venezuela	Grupo de Estudios Económicos sobre Asia (Universidad de Los Andes)	2017	Mérida
80	Venezuela	Centro de Estudios de África, Asia y Diásporas Latinoamericanas y Caribeñas "José Manuel Briceño Monzillo" (Universidad de Los Andes)	Falta información	Mérida
81	Venezuela	Centro Venezolano de Estudios sobre China	2012	Caracas
82	Venezuela	Asociación Venezolana de Estudios sobre China	2018	Mérida

EPÍLOGO

Este libro es una colaboración de Zhang Fan, Guo Cunhai, Lin Hua, Zhao Zhongyang y Lou Yu, quienes son investigadores del Instituto de América Latina de la Academia China de Ciencias Sociales. El proceso de planteamiento y elaboración del presente estudio ha sido experimentado en primera persona por los autores en esta nueva etapa de las relaciones exteriores de China. En medio de los constantes cambios acontecidos en el escenario internacional, los autores han seguido con detenimiento un campo concreto de la diplomacia china, a saber, el intercambio cultural entre China y los países de América Latina y el Caribe. Durante este periodo, se han desarrollado una serie de actividades y logros académicos, como la propuesta y organización conjunta del Seminario Internacional "China y América Latina: Diálogo entre Civilizaciones", la participación en el establecimiento de un mecanismo de intercambio cultural a nivel oficial y civil, los intercambios académicos *in situ* en China y en el extranjero, un mayor número de resultados en las publicaciones académicas, entre otros. De esta manera, se busca proveer información, ideas y reflexiones de valor para la investigación académica y la implementación de políticas sobre cuestiones conexas.

El presente libro resume y analiza la situación en varios ámbitos principales del intercambio cultural entre China y América Latina hasta la segunda década del siglo XXI. Se enfoca en la situación general y en las principales medidas políticas tomadas en estos ámbitos dentro del intercambio bilateral. Asimismo, presenta un marco cognitivo respecto a la situación de estos intercambios y los diversos fenómenos culturales que los acompañan. A diferencia de la esencia del contenido presente en ámbitos como la política, la economía, la diplomacia, entre otros, nuestro estudio se enfoca en la interacción, la colisión y la integración a nivel cultural y social. Consideramos que América Latina tiene unas condiciones preferenciales en el intercambio cultural de China con el exterior y representa un escenario prometedor en cuanto al diálogo cultural entre China y otros países, así como en cuanto al proyecto histórico de la creación de una Comunidad de Futuro Común para la Humanidad. Desde 2020, a raíz de la virulencia de la pandemia de COVID-19, la situación internacional se ha vuelto cada vez más compleja y vulnerable. La edición en chino de la presente obra fue culminada en mayo de 2020, por lo que no se ha podido considerar en detalle el impacto que la pandemia del nuevo coronavirus ha tenido en las formas de los intercambios culturales entre China y América Latina. Sin embargo, los cambios a nivel internacional han hecho que los principales temas destacados en el presente libro sean aún más relevantes, a saber, la posición y el papel clave que juegan los intercambios culturales en las relaciones internacionales presentes y futuras.

La publicación de la presente obra se ha beneficiado de múltiples organizaciones que han estimulado nuestra reflexión o que junto con nosotros han puesto en práctica el intercambio cultural con América Latina y han aumentado el conocimiento mutuo entre China y América

Latina. Entre ellas se encuentran: la editorial Blossom Press y la Academia de Estudios sobre la China Contemporánea y el Mundo del Grupo de Publicaciones Internacionales de China, el Departamento de Estudios Chinos Mundiales de CNKI (China National Knowledge Infrastructure) y el Centro de Intercambio de Prensa China-América Latina y el Caribe de la Asociación de Diplomacia Pública de China.

Por último, queremos expresar nuestro agradecimiento especial a la Dra. Luo Huiling, quien ha realizado la traducción al castellano de la mayor parte del libro; a la Dra. Guo Xiaona, traductora del capítulo 4; y a Michael Zárate, especialista peruano y revisor de la versión en castellano.

Beijing, 6 de junio de 2021

图书在版编目（CIP）数据

中国与拉美：软实力视域下的人文交流：西文版 / 张凡等著 .-- 北京：朝华出版社，2021.10

ISBN 978-7-5054-4842-1

Ⅰ.①中… Ⅱ.①张… Ⅲ.①中外关系—文化交流—研究—中国、拉丁美洲—西班牙文 Ⅳ.① G125 ② G173.05

中国版本图书馆 CIP 数据核字 (2021) 第 198056 号

中国与拉美：软实力视域下的人文交流

作　　者　张　凡　郭存海　等
译　　者　罗慧玲　郭晓娜
审　　定　［秘］Michael Zárate

出 版 人　汪　涛
责任编辑　张　璇
执行编辑　张炜航
特约编辑　楼　宇
责任印制　陆竞赢　崔　航
排版制作　维诺传媒

出版发行　朝华出版社
社　　址　北京市西城区百万庄大街 24 号　　**邮政编码**　100037
订购电话　（010）68996050　68995512
传　　真　（010）88415258（发行部）
联系版权　zhbq@cipg.org.cn
网　　址　http://zhcb.cipg.org.cn
印　　刷　天津图文方嘉印刷有限公司
经　　销　全国新华书店
开　　本　710 mm × 1000 mm　1/16　　**字　　数**　320 千字
印　　张　24.5
版　　次　2021 年 10 月第 1 版　2021 年 10 月第 1 次印刷
装　　别　精
书　　号　ISBN 978-7-5054-4842-1
定　　价　119.00 元

Primera edición e impresión: octubre de 2021

Un diálogo infinito: El intercambio cultural entre China y América Latina

Texto: Zhang Fan, Guo Cunhai, et al.

Traducción: Luo Huiling y Guo Xiaona

Revisión: Michael Zárate

Editora colaboradora: Lou Yu

Publicación: Blossom Press

Dirección: Avenida Baiwanzhuang n.º 24, distrito de Xicheng, Beijing 100037, China

Teléfono: (010) 68996050 68995512

Fax: (010) 88415258 (departamento de distribución)

Impresión: Tuwenfangjia Printing Co., Ltd.

ISBN 978-7-5054-4842-1

Impreso en la República Popular China